Währungsunion und deutscher Kapitalmarktzins

Europäische Hochschulschriften
Publications Universitaires Européennes
European University Studies

Reihe V
Volks- und Betriebswirtschaft

Série V Series V
Sciences économiques, gestion d'entreprise
Economics and Management

Bd./Vol. 2421

PETER LANG
Frankfurt am Main · Berlin · Bern · New York · Paris · Wien

Ralf Welge

Währungsunion und deutscher Kapitalmarktzins

PETER LANG
Europäischer Verlag der Wissenschaften

Die Deutsche Bibliothek - CIP-Einheitsaufnahme

Welge, Ralf:

Währungsunion und deutscher Kapitalmarktzins / Ralf Welge. - Frankfurt am Main ; Berlin ; Bern ; New York ; Paris ; Wien : Lang, 1999
(Europäische Hochschulschriften : Reihe 5, Volks- und Betriebswirtschaft ; Bd. 2421)
Zugl.: Paderborn, Univ., Diss., 1998
ISBN 3-631-34578-X

D 466
ISSN 0531-7339
ISBN 3-631-34578-X

„I no longer read the material on EMU
which crosses my desk:
I weigh it."
Kevin Gardiner [April 1996] S. 27[1]

[1] *Die Aussage von Kevin Gardiner steht für eine Vielzahl von namentlich mehr oder weniger bekannten Finanzmarktanalysten, die sich im Zuge des europäischen Integrationsprozesses „gezwungenermaßen" unermüdlich mit der Währungsunion auseinandersetzen müssen. Kevin Gardiner arbeitete zu diesem Zeitpunkt bei Morgan Stanley.*

Danksagung

Die vorliegende Arbeit ist im Rahmen einer externen Promotion am Lehrstuhl für Volkswirtschaftslehre, insbesondere Finanzwissenschaft, der Universität-Gesamthochschule Paderborn entstanden. Begleitet wurde sie durch eine zweijährige Tätigkeit im Investment Research der Commerzbank Frankfurt am Main, Abteilung Renten/Währungen.

Allen voran möchte ich Herrn Prof. Dr. Bernd Rahmann und Herrn Klaus Holschuh danken. Durch ihre thematische Weitsicht und unterstützende Zuversicht ist diese Arbeit erst ermöglicht worden. Darüber hinaus möchte ich Herrn Prof. Dr. Bernd Rahmann für die angenehme, verständnisvolle und zu jeder Zeit sachkundige Betreuung und Frau Prof. Dr. Bettina Schiller für ihre flexible Unterstützung danken.

Natürlich erfolgt kaum eine Arbeit ohne Kollegen und Mitstreiter. So danke ich dem gesamten Team am Lehrstuhl der Universität und den Kollegen in der Commerzbank, insbesondere der Abteilung Renten/Währungen unter Leitung von Herrn Matthias Hansmann. Herrn Peter Pietsch möchte ich für seine „offenen Türen" im Vorfeld der Arbeit und Herrn Nick Vidalis vom Europäischen Währungsinstitut für seine „offenen Ohren" während der „heißen Phase" der Arbeit danken.

Besonderen Dank schulde ich Herrn Dr. Werner Koch, Herrn Dr. Uwe Kern, Frau Christine Engelbrecht und Frau Elke Prelle, ohne deren Mithilfe diese Arbeit sicherlich ein anderes Gesicht bekommen hätte.

Abbildungen, Tabellen, Schaubilder und Exkurse

Exkurse

Graphiken

Tabellen

Schaubilder

Notationsverzeichnis für die EWU-Wahrscheinlichkeitsindikatoren

${}_tE({}_{t+f}EWU)$:	durchschnittliche Erwartung der Finanzmarktteilnehmer '${}_tE$', daß die Währungsunion zum Zeitpunkt 't+f' starten wird.
${}_tE({}_{t+f}KEWU)$:	durchschnittliche Erwartung der Finanzmarktteilnehmer '${}_tE$', daß die Währungsunion zum Zeitpunkt 't+f' nicht starten wird.
${}_tE(i \in core \backslash {}_{t+f}EWU)$:	die durchschnittliche Erwartung der Finanzmarktteilnehmer, daß die Währung 'i' dem gemeinsamen Währungsgebiet angehören wird, sofern es zum Zeitpunkt 't+f' existiert.
${}_tE(i \notin core \backslash {}_{t+f}EWU)$:	die durchschnittliche Erwartung der Finanzmarktteilnehmer, daß die Währung 'i' nicht dem gemeinsamen Währungsgebiet angehören wird, sofern es zum Zeitpunkt 't+f' existiert.
${}_tE({}_{t+f}EWU^{i,y})$:	durchschnittliche Erwartung der Finanzmarktteilnehmer '${}_tE$', daß die beiden betrachteten Währungen 'i' und 'y' zum Zeitpunkt 't+f' eine Währungsunion bilden (mit verschiedenen Referenzwährungen möglich)
${}_tE({}_{t+f}KEWU^{i,y})$:	durchschnittliche Erwartung der Finanzmarktteilnehmer '${}_tE$', daß die beiden betrachteten Währungen 'i' und 'y' zum Zeitpunkt 't+f' keine Währungsunion bilden (mit verschiedenen Referenzwährungen möglich)

$_tE(_{1.1.99}EWU^{DM,ECU})$: durchschnittliche Erwartung der Finanzmarktteilnehmer '$_tE$', daß die beiden betrachteten Währungen 'DM' und 'ECU' zum Zeitpunkt 1.1.99 eine Währungsunion bilden.
: = *durchschnittliche Erwartungshaltung der Finanzmarktteilnehmer, daß die Währungsunion zum 1. Januar 1999 starten wird*

$_tE(_{1.1.99}EWU^{i,DM})$: durchschnittliche Erwartung der Finanzmarktteilnehmer '$_tE$', daß die beiden betrachteten Währungen 'i' und 'DEM' zum 1.1.1999 eine Währungsunion bilden.
: = *durchschnittliche Erwartungshaltung der Finanzmarktteilnehmer, daß die Währung 'i' zu den Teilnehmerstaaten der Währungsunion am 1. Januar 1999 gehören wird.*

$_{t+f}zD^{i,y,F,m}$: aktuelle Terminzinsdifferenz 'zD^F' zwischen den Währungen 'i' und 'y' für den Zeitpunkt 't+f' mit der Restlaufzeit 'm'
(mit verschiedenen Referenzwährungen möglich)

$_{t+f}SD^{i,y,F,m}$: wie $_{t+f}zD^{i,y,F,m}$, nur wird die aktuelle Terminzinsdifferenz über die Differenz der impliziten Forward Rates ermittelt, die auf Basis der Zinsswap-Renditestrukturkurven der jeweiligen Währung berechnet wird.
(mit verschiedenen Referenzwährungen möglich)

$_tE(_{t+f}zD^{i,y,m} \backslash _{t+f}EWU^{i,y})$: die durchschnittlich erwartete Kassazinsdifferenz '$_tE(zD)$' zwischen den Währungen 'i' und 'y' für den Zeitpunkt 't+f' mit der Restlaufzeit 'm' unter der Annahme, daß die beiden betrachteten Währungen eine Währungsunion zum Zeitpunkt 't+f' bilden
(mit verschiedenen Referenzwährungen möglich)

$_{t}E(_{t+f}zD^{i,y,m}\backslash_{t+f}KEWU^{i,y})$: die durchschnittlich erwartete Kassazinsdifferenz '$_{t}E(zD)$' zwischen den Währungen 'i' und 'y' für den Zeitpunkt 't+f' mit der Restlaufzeit 'm' unter der Annahme, daß die betrachteten zwei Währungen keine Währungsunion zum Zeitpunkt 't+f' bilden
(mit verschiedenen Referenzwährungen möglich)

$_{t}S(_{t+f}zD^{i,y,m}\backslash_{t+f}KEWU^{i,y})$: Schätzwert für $_{t}E(_{t+f}zD^{i,y,m}\backslash_{t+f}KEWU^{i,y})$
(mit verschiedenen Referenzwährungen möglich).

$_{t}S(_{t+f}SD^{i,y,m}\backslash_{t+f}KEWU^{i,y})$: Schätzwert für $_{t}E(_{t+f}zD^{i,y,m}\backslash_{t+f}KEWU^{i,y})$ berechnet auf Basis der Referenzsätze für Swapgeschäfte
(mit verschiedenen Referenzwährungen möglich)

$_{t}E(_{t+f}zD^{i,ECU,m}\backslash i \in core \wedge {}_{t+f}EWU)$: die durchschnittlich erwartete Kassazinsdifferenz der Währungen 'i' und 'ECU' mit der Laufzeit 'm' unter der Annahme, daß 'i' den Währungen des gemeinsamen Währungsgebietes angehören wird, sofern es zum Zeitpunkt 't+f' existiert.

$_{t}E(_{t+f}zD^{i,ECU,m}\backslash i \notin core \wedge {}_{t+f}EWU)$: die durchschnittlich erwartete Kassazinsdifferenz der Währungen 'i' und 'ECU' mit der Laufzeit 'm' unter der Annahme, daß 'i' nicht den Währungen des gemeinsamen Währungsgebiet angehören wird, sofern es zum Zeitpunkt 't+f' existiert.

$_{t}S(_{t+f}zD^{i,ECU,m}\backslash i \notin core \wedge {}_{t+f}EWU)$: Schätzwert für $_{t}E(_{t+f}zD^{i,ECU,m}\backslash i \notin core \wedge {}_{t+f}EWU)$.

$_{t}S(_{t+f}SD^{i,ECU,m}\backslash i \notin core \wedge {}_{t+f}EWU)$: Schätzwert für $_{t}S(_{t+f}SD^{i,ECU,m}\backslash i \notin core \wedge {}_{t+f}EWU)$ berechnet auf Basis der Referenzsätze für Swapgeschäfte.

$_{t}E(_{t+f}zD^{i,ECU,m}\backslash_{t+f}KEWU)$: die durchschnittlich für den Zeitpunkt 't+f' erwartete Kassazinsdifferenz der Währungen 'i' und 'ECU' mit der Laufzeit 'm' für den Fall, daß die Währungsunion zum Zeitpunkt 't+f' nicht existiert.

$_{t}S(_{t+f}zD^{i,ECU,m}\backslash_{t+f}KEWU)$: Schätzwert für $_{t}E(_{t+f}zD^{i,ECU,m}\backslash_{t+f}KEWU)$.

$_{t}S(_{t+f}SD^{i,ECU,m}\backslash_{t+f}KEWU)$: Schätzwert für $_{t}E(_{t+f}zD^{i,y,m}\backslash t{+}f KEWU)$ berechnet auf Basis der Referenzsätze für Swapgeschäfte.

Einleitung

Am Mittwoch, den 11. Februar 1998, fiel erstmalig in der deutschen Nachkriegsgeschichte die Rendite einer zehnjährigen Bundesanleihe zwischenzeitlich unter die Marke von 5 Prozent: Wahrhaft ein historisches Ergebnis, wenngleich es den deutschen Rentenmarkt nur für eine kurze Zeit in Atem hielt, da sich in den darauffolgenden Wochen die Nachrichten von historischen Renditetiefständen an den deutschen Wertpapiermärkten regelrecht einander ablösten. (Am 20. März 1998, dem Datum des Abschlusses dieser Arbeit, notiert die zehnjährige Benchmark-Anleihe des Bundes bei 4,87 Prozent).

Zeitgleich stehen Deutschland und die Mehrzahl der Mitgliedstaaten der Europäischen Union vor einem historischen Ereignis anderer Tragweite: Am 2. Mai 1998 wählt der Europäische Rat in Zusammensetzung der Staats- und Regierungschefs diejenigen Teilnehmerstaaten der Europäischen Währungsunion aus, die termingerecht am 1. Januar 1999 zum gemeinsamen Währungsraum übergehen sollen. An den Finanzmärkten wird mehrheitlich eine Teilnehmergruppe von elf Mitgliedstaaten erwartet. Neben den sogenannten Kernwährungsländern Deutschland, Frankreich, Österreich, Belgien, Luxemburg und den Niederlanden werden erwartungsgemäß Portugal, Spanien und Italien ebenso zu den Teilnehmerstaaten gehören wie Finnland und Irland.

In dieser Arbeit soll nun der Frage nachgegangen werden, ob die Renditeentwicklung am deutschen Kapitalmarkt in der zweiten Stufe zur Wirtschafts- und Währungsunion nachweisbar und systematisch durch die erwartete Währungsunion beeinflußt worden ist. Dabei entsprang die Idee zu dieser Untersuchung aus dem Jahr 1995.

Zu diesem Zeitpunkt waren Beiträge zu diesem Thema noch spärlich gesät. So beklagt z. B. Heinemann im März 1996 zu Recht, daß es zwar zahlreiche Beiträge zur institutionellen Analyse der Maastrichter Verträge gäbe, es bislang aber an empirischen Studien fehle, die Auskunft darüber geben würden, wie die Akteure an den Finanzmärkten die Qualität des Euro einschätzten. So wäre doch zu vermuten, daß sich ein ausgeprägter Stabilitätspessimismus für die europäische Währung tendenziell bereits im Vorfeld der Währungsunion in einem ansteigenden langfristigen DM-Zins niederschlage (vgl.: Heinemann [März 1996] S. 1).

Erst mit der Veröffentlichung des Grünbuches durch die Europäische Kommission im Mai 1995 und dem Madrider Gipfeltreffen der Staats- und Regierungschefs im Dezember 1995 änderte sich das Bild. Mit Nachdruck begannen die europäischen Finanzinstitute, sich mit den Kapitalmarktwirkungen der Währungsunion zu beschäftigen. Dabei war man sich insbesondere auf deutscher Seite hinsichtlich einer Frage im Tenor schon einig: Wenn die Währungsunion kommen sollte, dann wird sie im Vorfeld mit einer EWU-bedingten Risikoprämie auf den deutschen Kapitalmarktzins zu bezahlen sein.

Gleichzeitig unternahmen einige Institute den Versuch, aus der Preisbildung an den Anleihemärkten Hinweise auf die Erwartungshaltung der Marktteilnehmer hinsichtlich des Starttermins oder der Zusammensetzung der Währungsunion zu erlangen. Entgegen der wissenschaftlichen Kontroverse, ob die Maastrichter Verträge in bezug auf den Übergang zum gemeinsamen Währungsraum einen Automatismus festschreiben oder nicht, war dieser Automatismusgedanke an den Finanzmärkten wenig ausgeprägt. Die methodischen Grundlagen zur Herleitung entsprechender finanzmarktgestützter Erwartungsindikatoren bilden die Arbeiten von Folkerts-Landau/Garbner (März 1992 und März 1995) sowie Steinherr (1994), die sich auf die Anleihepreisbildung an den ECU-Märkten beziehen und die Grundlagenarbeit von de Grauwe (Mai 1996), die sich auf die Anleihepreisbildung an den Terminmärkten konzentriert.

Aus diesem Umfeld heraus entstammen die Anregungen zu dieser Arbeit. Dabei war die ursprüngliche Grundidee, aus einem Vergleich der tatsächlichen Kapitalmarktrendite mit einem Schätzwert, der die Kapitalmarktverhältnisse ohne Währungsunioneinfluß beschreiben soll, Aufschlüsse über eine eventuell währungsunionbedingte Über- oder Unterbewertung des deutschen Kapitalmarktzinses zu erhalten.

In einem ersten Schritt stellte sich die Aufgabe, einen Vergleichzinssatz (Schätzwert) zu ermitteln, der ein Kapitalzinsniveau bemißt, das eingetreten wäre, wenn es die Währungsuniondiskussion nicht gegeben hätte. Um den Vorwurf einer ergebnisbezogenen Modellbildung zu umgehen, wird in dieser Arbeit der Schätzansatz nicht selbst entwickelt, sondern auf die Ergebnisse eines „bewährten" quantitativen Erklärungsansatzes des Investment Research der Commerzbank zurückgegriffen. Dieser Ansatz bildete bis Mitte 1997 in der Commerzbank die quantitative Basis zur Schätzung der langfristigen deutschen Kapitalmarktrendite und war bis zu dem genannten Zeitpunkt eine begleitende Entscheidungsgrundlage zur Allokationsempfehlung.

Nun reicht es aber in der Fragestellung der vorliegenden Arbeit nicht aus, mittels eines bloßen Vergleiches der tatsächlichen Kapitalmarktrendite mit seinem modellbestimmten Schätzwert eine „Fehlbewertung" zu belegen, sondern es bleibt vielmehr die Frage zu klären, ob und in welchem Verhältnis diese Fehlbewertung zur Erwartungshaltung der Währungsunion steht. Es bedarf eines Schätzers, der die Einschätzung der Marktteilnehmer hinsichtlich des Starttermins der Währungsunion (und deren Zusammensetzung) bemißt.

Aus diesem Bedarf heraus wurden vom Autor im Rahmen seiner Tätigkeit im Investment Research der Commerzbank auf Grundlage der Arbeiten von de Grauwe (Mai 1996) und Weidmann (Juli 1996) sogenannte finanzmarktgestützte Zuversichtsindikatoren entwickelt, die per definitionem die durchschnittliche Erwartungshaltung der Finanzmarktteilnehmer hinsichtlich des Starttermins der Währungsunion zum 1. Januar 1999 bzw. hinsichtlich der erwarteten Teilnahme einer bestimmten Währung beziffern. Diese Zuversichtsindikatoren, die schon im Verlauf dieser Arbeit als „Commerzbank-Wahrscheinlichkeitsindikatoren" oder unter dem Namen „Commerzbank Klima-Indikator" veröffentlicht worden sind, sahen sich im Jahr 1996/97 mit den Ergebnissen ähnlicher Erwartungsindikatoren konfrontiert, die in diesem Zeitraum wie „Pilze aus dem Boden" schossen.

Obwohl in dieser Arbeit nur die Ergebnisse der Commerzbank-Indikatoren weiter Verwendung finden, werden doch sämtliche Ansätze, die in den Jahren 1996/97 zu den geläufigsten methodischen Verfahren gehörten, mit in die Darstellung der Commerzbank-Indikatoren integriert. Es werden bewußt Fragen und Unklarheiten aufgegriffen, die sich 1997 in der methodischen Abgrenzung der Erwartungsindikatoren stellten, um einen umfassenden Überblick über deren Entwicklung und deren Zusammenhang zu geben. Dabei werden die vereinzelten methodischen Berechnungsansätze im Rahmen einer zusammenfassenden Darstellung im Anhang dieser Arbeit erstmals auch mathematisch ineinander überführt, so daß Gemeinsamkeiten und Unterschiede deutlich herausgearbeitet werden können.

Ausgerüstet mit den Ergebnissen der Commerzbank-Wahrscheinlichkeitsindikatoren konnte der Frage nachgegangen werden, ob die zu beobachtende Fehlbewertung der Kapitalmarktrendite, gemessen an der Wertabweichung der tatsächlichen Rendite von ihrem modellbestimmten Schätzwert, in einem systematischen Verhältnis zur Währungsunionerwartung steht. Eine einfache Korrelationsanalyse dieser beiden Größen führt dabei zu dem empirischen Ergebnis, daß die Erwartung einer Währungsunion einen zinssenkenden Einfluß auf den deutschen Kapitalmarktzins in der zweiten Stufe zur Wirtschafts- und Währungsunion ausgeübt hat – ein Ergebnis, das Anfang 1997, als die ersten Resultate der Korrelationsanalyse vorlagen, zunächst auf ein tiefes Unverständnis stieß. Immerhin erwartete man eine EWU-bedingte Risikoprämie am deutschen Kapitalmarkt und nicht einen währungsunionbedingten Zinsabschlag.

In der zweiten Jahreshälfte 1997, als sich die Talfahrt der deutschen Kapitalmarktrendite ungebrochen fortsetzte und sich auch die Erwartung eines termingerechten Starts der Währungsunion mit einer großen Teilnehmergruppe zunehmend verfestigte, konstatierten z. B. auch Goldman Sachs (September 1997), daß die deutsche Kapitalmarktrendite im Verlauf des Jahres 1997 ihr fundamental gerechtfertigtes Niveau deutlich und dauerhaft unterschreiten würde. U. a. machen Goldman Sachs die zunehmende „Interdependenz" der europäischen Rentenmärkte für diese Entwicklung verantwortlich.

Kurz zuvor war es im Rahmen der Forschungsarbeiten zu dieser Arbeit gelungen, diese von Goldman Sachs beschriebene zunehmende Interdependenz anschaulich anhand eines erwartungstheoretischen Ansatzes der Anleihepreisbildung zu belegen. In diesem Ansatz bilden die erwarteten Terminzinssätze für die Laufzeit der Anleihe, die in das neue Währungsgebiet fällt, in Abhängigkeit zur Erwartungshaltung hinsichtlich des Starttermins der Währungsunion und der jeweiligen Teilnahme des betrachteten Landes, eine einheitliche Bewertungsgrundlage für die Anleihepreisbildung sämtlicher erwarteter Teilnehmerstaaten.

Vorausblickend wird als Ergebnis dieser Arbeit festzuhalten sein, daß die bevorstehende Währungsunion höchstwahrscheinlich einen zinssenkenden Einfluß auf den deutschen Kapitalmarktzins ausgeübt hat. Dieses Ergebnis widerspricht aber nicht der intuitiven Behauptung, daß der deutsche Kapitalmarktzins eine EWU-bedingte Risikoprämie tragen müsse; vielmehr ist diese Prämie – sofern sie überhaupt existiert – ein nicht zu isolierender Bestandteil sich überlagernder Einflußfaktoren, die in ihrer Summe zu einem Zinsabschlag geführt haben, der wiederum – bewertet an den Ergebnissen dieser Arbeit – in gegenläufiger Beziehung zur Währungsunionerwartung steht.

In ihrem Aufbau besteht die Arbeit aus drei Abschnitten:

- Im ersten Abschnitt werden der nominale Kapitalmarktzins, die Zinsstruktur und die Zinsdifferenz begrifflich abgegrenzt (Abschnitt 1.1), das Kapitalmarktzinsmodell der Commerzbank dargestellt (Abschnitt 1.2) und ausgewählte Aspekte herausgegriffen, die helfen sollen, die Frage zu erörtern, wie sich prinzipiell die Erwartungshaltung einer Währungsunion auf die Anleihepreisbildung im Übergangsprozeß zur Währungsunion auswirken müßte (Abschnitt 1.3). Dabei werden in Abschnitt 1 Begriffe und Instrumente eingeführt, die schwerpunktgemäß in Abschnitt 3 wieder aufgegriffen werden.

- Abschnitt 2 befaßt sich ausschließlich mit der Erwartungshaltung der Finanzmarktteilnehmer hinsichtlich des Starttermins und der Zusammensetzung der Währungsunion. Es werden Umfrageergebnisse angeführt (Abschnitt 2.1) und die finanzmarktgestützten Erwartungsindikatoren erörtert (Abschnitt 2.2). Unter den finanzmarktgestützten Indikatoren werden hier die methodischen Ansätze angeführt, die sich auf die ECU-Märkte (Abschnitt 2.2.1) und die Terminmärkte (Abschnitt 2.2.2) beziehen. Zu den zuletzt genannten Ansätzen zählen auch die Erwartungsindikatoren der Commerzbank.

- In Abschnitt 3 werden im Rahmen einer einfachen Korrelationsanalyse die Ergebnisse der Commerzbank-Indikatoren mit den Ergebnissen des in Abschnitt 1.2 dargestellten Zinserklärungsmodells zusammengeführt. Zuvor wird jedoch diskutiert, daß frühe Analyseansätze ganz unter dem Eindruck einer EWU-bedingten Risikoprämie am deutschen Kapitalmarkt standen (Abschnitt 3.1).

Es kann aber gezeigt werden, daß der isolierte Nachweis einer solchen Prämie mit dem gegebenen Instrumentarium empirisch nicht möglich ist (Abschnitt 3.2). Aus dieser Erkenntnis heraus müssen die Ergebnisse der Korrelationsanalyse neutral als währungsunionbedingter Zinsauf- oder Zinsabschlag interpretiert werden. Zum Verständnis des empirischen Ergebnisses der Korrelationsanalyse werden Erklärungsansätze der Anleihepreisbildung aus Abschnitt 1.3 herangezogen (Abschnitt 3.3).

Abgeschlossen wird die Arbeit durch eine Ergebniszusammenfassung und einen Ausblick.

1. Die Entwicklung des deutschen Kapitalmarktzinses und Erklärungsversuche

Im ersten Abschnitt dieser Arbeit werden die begrifflichen und methodischen Grundlagen dargelegt, die für eine – im Sinne dieser Arbeit gewählte – schwerpunktgerechte Behandlung des Themas „Währungsunion und deutscher Kapitalmarktzins" als notwendig erachtet werden. Weite Teile dieser einleitenden Abschnitte sind rein deskriptiv und müssen aufgrund der Notwendigkeit einer Schwerpunktlegung als „auszugsartig" bezeichnet werden.

Dabei werden in Abschnitt 1.1 zunächst der nominale deutsche Kapitalmarktzins, die deutsche Zinsstruktur und die Differenz der Kapitalmarktzinsen der EU-Mitgliedstaaten begrifflich abgegrenzt. Jeweils im Anschluß wird ein kurzer Überblick über die tatsächliche Entwicklung dieser Größen gegeben.

Mittels der Darstellung einer anwendungsbezogenen, quantitativ orientierten Methodik der Zinsanalyse wird in Abschnitt 1.2 versucht, auffällige Bewegungen der Erklärungsgröße „deutscher Kapitalmarktzins" zu beschreiben, die nicht im Rahmen eines gewählten Modellansatzes erklärt werden können. Aus der Vielzahl denkbar möglicher Modellansätze bezieht sich diese Arbeit auf die Ergebnisse des Zinserklärungsmodells der Commerzbank. Bei diesem Ansatz handelt es sich um ein übliches quantitatives Verfahren, das den Kapitalmarktzins anhand einer begrenzten Anzahl geeigneter ökonomischer Fundamentalfaktoren im Rahmen einer multiplen linearen Regression zu erklären versucht. Ein Vergleich zwischen den tatsächlichen Renditen und den Schätzwerten des gewählten Modellansatzes soll dabei Aufschlüsse über eine temporäre Über-/Unterbewertung des deutschen Kapitalmarktzinses gemessen an der Entwicklung der als fundamental erachteten Einflußfaktoren geben. Die Resultate dieses Vergleiches werden dann im dritten Abschnitt dieser Arbeit wieder aufgegriffen, um der Frage nachzugehen, ob die zu beobachtende Über-/Unterbewertung des deutschen Kapitalmarktzinses eventuell in einem systematischen Verhältnis zur Währungsuniondebatte stehen könnte.

Zuvor wird jedoch in Abschnitt 1.3 die Frage erörtert, wie sich die Erwartungshaltung einer Währungsunion prinzipiell auf die Anleihepreisbildung an den europäischen Kapitalmärkten im Übergangsprozeß zur Währungsunion auswirken müßte. Dabei werden zwei Erklärungsansätze herausgearbeitet, die aus unterschiedlichen Blickwinkeln heraus beschreiben, wie die europäischen Anleihemärkte in Abhängigkeit zur Erwartung einer Währungsunion schon im Vorfeld dieses Ereignisses einer „einheitlichen Bewertungsgrundlage" unterliegen. Beide Erklärungsansätze werden ebenfalls im dritten Abschnitt wieder aufgegriffen, um die empirischen Ergebnisse des dritten Abschnitts zu interpretieren.

1.1 Darstellung der Entwicklung

In einem ersten Schritt werden in den folgenden Abschnitten der Kapitalmarktzins, die Zinsstruktur und die Zinsdifferenz in ihrer Begrifflichkeit abgegrenzt. Neben einer Vielzahl denkbarer Quantifizierungsansätze wird in dieser Arbeit der Kapitalmarktzins mit der Endfälligkeitsrendite repräsentativer Anleihen der zehnjährigen Laufzeitklasse gleichgesetzt. Die Repräsentanz wird über die Merkmale Bonität (Kreditausfallrisiko) und Liquidität (Veräußerbarkeit) bestimmt. In Anlehnung an die angelsächsische Begrifflichkeit wird das Wertpapier mit der höchsten Repräsentanz auch als „Benchmark" bezeichnet. Die Zinsstruktur wird ebenfalls anhand eines ausgewählten Ansatzes beschrieben, und zwar über die Differenz der repräsentativen Zinssätze der zehnjährigen und der einjährigen Laufzeitklasse. Die Kapitalmarktzinsdifferenz zweier Währungsräume wird abschließend anhand der Endfälligkeitsrenditen der Benchmark-Anleihen der betrachteten Währungsräume beschrieben.

Als Benchmark für den deutschen Kapitalmarkt werden Bundeswertpapiere, insbesondere Bundesanleihen herangezogen. Die Betrachtung der Kapitalmarktzinsdifferenz wird sich themengemäß auf die Staaten der Europäischen Union beschränken, mit Ausnahme von Luxemburg (bildet mit Belgien einen gemeinsamen Währungsraum) und Griechenland (besitzt keine vergleichbaren Anleihen der betrachteten Laufzeitklasse). Aus der Betrachtung der historischen Entwicklung von Zinsniveau und Zinsstruktur am deutschen Kapitalmarkt sowie der Zinsdifferenz zu den Staaten der Europäischen Union, die sich im wesentlichen auf die neunziger Jahre bezieht, werden als markante Eindrücke zurückbleiben:

- Das deutsche (und europäische) Kapitalmarktzinsniveau verläuft in den neunziger Jahren fallend und erreicht sein historisches Zinstief am Ende der Betrachtungsperiode dieser Arbeit (Dezember 1997).

- Die Zinsstruktur am deutschen Kapitalmarkt erreicht im Mai 1996 einen historisch maximalen Steilheitsgrad.
- Die Kapitalmarktzinsdifferenz zu einer Vielzahl europäischer Nachbarstaaten sinkt im Jahresverlauf 1997 auf absolute Tiefstwerte.

1.1.1 Der nominale Kapitalmarktzins

In einfacher Abgrenzung kann der Zins als Preis für die intertemporale Überlassung von Kaufkraft aufgefaßt werden (vgl. z. B.Deutsche Bundesbank [November 1996] S. 17). In dieser Definition verknüpft der Zins als intertemporale Größe gegenwärtige und zukünftige Vorgänge des Wirtschaftens (vgl. z. B.: Issing [1993] S. 117-119). Der Preis bzw. der nominale Kapitalmarktzins kann gedanklich als Summe verschiedener Komponenten aufgefaßt werden: der erwarteten Realverzinsung, der erwarteten Inflationsrate sowie verschiedener Risikoprämien, wie z. B. Liquidität und Bonität (vgl. z. B.: Deutsche Bundesbank [November 1996] S. 18).

Wird vom deutschen Kapitalmarktzins[1] gesprochen, so wird sich in der Regel auf das nominale Renditeniveau langlaufender festverzinslicher inländischer Wertpapiere bezogen. Als allgemeines Maß für die Zinssituation am Kapitalmarkt dient die Umlaufrendite inländischer Rentenwerte, die als gewichtete Rendite aller umlaufenden tarifbesteuerten Inhaberschuldverschreibungen[2] mit einer Restlaufzeit von mehr als drei Jahren ermittelt wird (vgl.: Deutsche Bundesbank [November 1996] S. 19).

Ein weiterer Maßstab zur Schätzung der allgemeinen Zinssituation am deutschen Kapitalmarkt ist der Deutsche Rentenindex (REX). Hierbei handelt es sich um die gewichtete Rendite eines synthetischen Portefeuille. Mittels einer Schätzglei-

---

[1] Der Kapitalmarkt ist ein Teilmarkt des Kreditmarkts. Zu dem Kapitalmarkt werden im engeren Sinne die organisierten Wertpapiermärkte gerechnet. Gemessen am Volumen ist der Rentenmarkt, als Markt für festverzinsliche Wertpapiere (öffentliche Anleihen, Bankschuldverschreibungen und Industrieobligationen), der bedeutendste der Wertpapiermärkte. Der Kapitalmarkt wird definitorisch vom Geldmarkt anhand der Fristigkeit und der gehandelten Vermögensaktiva abgegrenzt. Der Geldmarkt umfaßt neben dem Zentralbankgeld in Buchform auch die liquiditätsnahen Medien und Instrumente mit einer Laufzeit bis zu zwei Jahren (vgl. z. B.: Deutsche Bundesbank [1993] S. 29-47 oder Holschuh [1996]).

[2] Hierbei handelt es sich um Bankschuldverschreibungen, Industrieobligationen und Anleihen der öffentlichen Hand. Außer Betracht bleiben Wandelschuldverschreibungen, Bankschuldverschreibungen mit unplanmäßiger Tilgung, Nullkupon-Anleihen, variabel verzinsliche Anleihen und Fremdwährungsanleihen inländischer Emittenten (vgl.: Deutsche Bundesbank [September 1996] S. 61).

chung auf Grundlage sämtlich gehandelter Bundesanleihen und Bundesobligationen mit einer Restlaufzeit von mindestens einem Jahr wird für eine synthetische Laufzeit- (ein bis zehn Jahre) und synthetische Kuponstruktur (6%, 7,5% und 9%) die gewichtete Rendite berechnet (vgl. z. B.: Deutsche Börse [Juni 1994] S. 13-23 oder z. B. Loistl [1991] S. 267-289).[1)]

Zur Schätzung des Kapitalmarktzinses einer bestimmten Laufzeitgruppe stehen ebenfalls mehrere Berechnungskonzeptionen zur Verfügung. So kann der REX in einzelne Subindizes aufgegliedert werden. Diese geben die anhand der synthetischen Kuponstruktur gewichtete Verzinsung einzelner spezieller Laufzeitgruppen wieder. Nicht über ein synthetisches Portefeuille, sondern ebenfalls anhand eines Regressionsansatzes anhand ausgewählter öffentlicher Wertpapiere, ermittelt die Bundesbank die Verzinsung bestimmter Laufzeitgruppen (vgl.: Abschnitt 1.1.2). Aus praktischen Erwägungen bezieht sich die Verzinsung einzelner Laufzeitgruppen häufig auf die Endfälligkeitsrendite laufzeitkongruenter Wertpapiere. Innerhalb dieser Laufzeitklasse wird in der Regel das Wertpapier mit der höchsten Bonität und Liquidität selektiert. Die Rendite dieser sogenannten „Benchmark" wird dann als repräsentative Schätzung einer gesamten Laufzeitgruppe angeführt. Am deutschen Kapitalmarkt übernehmen diese Funktion die Endfälligskeitsrenditen ausgewählter Bundeswertpapiere.

In dieser Arbeit wird der letztgenannten Vorgehensweise gefolgt. Desweiteren wird der Kapitalmarktzins mit der Verzinsung der zehnjährigen Laufzeitgruppe, gemessen an der Rendite einer repräsentativen zehnjährigen Bundesanleihe, gleichgesetzt. Damit wird der aktuell herrschende Kapitalmarktzins über die Endfälligkeitsrendite dieser Anleihe beschrieben. Die Endfälligkeitsrendite ist dem Wert nach dem internen Diskontierungsfaktor größengleich, der die abdiskontierten Zahlungsströme der Anleihe zum Marktkurs der Anleihe egalisiert (vgl.: Exkurs 1.1.1.0.0 E1).

[1)] Genauso könnte ein Rentenindex auf Grundlage von Bankschuldverschreibungen – dem größten Marktsegment am Rentenmarkt – herangezogen werden. Ein solcher Index wird regelmäßig von der Commerzbank veröffentlicht (vgl.: Hansmann [April 1997]).

Exkurs 1.1.1.0.0 E1

Die Endfälligkeitsrendite – das „yield-to-maturity" Konzept

Die Grundlage einer Renditeberechnung ist die Barwertmethode. Nach dieser Methode wird der Gegenwartswert einer in der Zukunft liegenden Auszahlung über einen internen Diskontierungsfaktor ermittelt.

In der Regel weisen Anleihen jedoch mehrere über die Zeit verteilte Auszahlungsströme auf: die in regelmäßigen Abständen erfolgende Kuponzahlung [C] und die einmalige Auszahlung in Höhe des Nominalwerts der Anleihe [N]. Die Rendite der Anleihe [r_M] wird als derjenige Diskontierungsfaktor definiert, der den Gegenwartswert der in der Zukunft liegenden Auszahlungsströme [CF] zum aktuellen Marktpreis der Anleihe egalisiert.

$$\sum_{t=1}^{T} \frac{CF_t}{(1+r_M)^t} = \sum_{t=1}^{T} \frac{C_t}{(1+r_M)^t} + \frac{N_T}{(1+r_M)^T} = \text{aktueller Kurswert}$$

Die „yield-to-maturity" entspricht dem Diskontierungsfaktor, der den Gegenwartswert eines versprochenen, in der Zukunft liegenden Auszahlungsstroms zum Marktpreis egalisiert (vgl. z. B.: Fabozzi [1987] S. 64).

Der Kapitaleinsatz (aktueller Marktkurs beim Kauf) ist nicht über die gesamte Laufzeit der Anleihe gebunden. Vielmehr wird zwischenzeitlich Kapital über die Kuponzahlungen freigesetzt, welches zum aktuell herrschenden Renditeniveau reinvestiert werden kann. Das „yield-to-maturity"-Konzept trägt dieser Reinvestitionsmöglichkeit der Kuponzahlung Rechnung; es nimmt implizit an, daß die Kuponzahlungen zur Höhe des Diskontierungsfaktors („yield-to-maturity") bis zum Laufzeitende der ursprünglich gekauften Anleihe reinvestiert werden können (vgl. z. B.: Fabozzi [1987] S. 71).

Je länger die Laufzeit und je höher die Kuponzahlung, desto größer ist der Anteil des Reinvestitionsertrages an den gesamten Ertragskomponenten der Anleihe (welche sich aus den Kuponzahlungen, dem Kursgewinn eines unter Pari-Kaufpreises und dem Reinvestitionsertrag zusammensetzen).

Je nach tatsächlicher Reinvestitionsmöglichkeit kann der Ertrag eines z. B. zehnjährigen Investments erheblich vom Wert der „yield-to-maturity" einer zehnjährigen Anleihe abweichen (vgl. z. B.: Fabozzi [1987] S. 74-77). Aus diesem Grund wird die „yield-to-maturity" häufig auch als „versprochene Rendite" bezeichnet.

In der praktischen Berechnung der Endfälligkeitsrendite, die auf dem „yield-to-maturity"-Konzept basiert, überwiegen die Probleme der taggenauen Renditeberechnung und der damit verbundenen Stückzinsberechnung. Mehrere Berechnungsmethoden stehen gleichberechtigt nebeneinander zur Auswahl. Sie unterscheiden sich nur, wenn die Renditen nicht für Anleihen mit vollen Laufzeitjahren und Jahreskupons berechnet werden (vgl. z. B.: Loistl [1993] S. 251-252).

Die Entwicklung des deutschen Kapitalmarktzinsniveaus ist in der Graphik 1.1.1.0.0 G1 dargestellt. Die Darstellung basiert auf monatliche Durchschnittswerte der Endfälligkeitsrendite der repräsentativen Benchmark-Anleihen der zehnjährigen Laufzeitklasse. Der Betrachtungszeitraum beginnt im Januar 1981 und endet mit Dezember 1997. Innerhalb der Betrachtungsperiode liegen die Zinstiefs im April 1986 bei einem Wert von 5,39 Prozent, im Dezember 1993 bei 5,71 Prozent und im Dezember 1997 bei 5,30 Prozent. Die drei Zinshochs des Betrachtungszeitraums liegen im August 1981 bei einem Wert von 10,69 Prozent, im Oktober 1991 bei 9,01 Prozent und im Dezember 1994 bei 7,65 Prozent. In grober Tendenz läßt sich aus dem historischen Vergleich erkennen, daß die Zinsgipfel im Zeitverlauf fallend sind, die Zinstiefs hingegen relativ konstant ausfallen.

Graphik 1.1.1.0.0 G1

Deutsches Kapitalmarktzinsniveau (Januar 1981 - Dezember 1997)

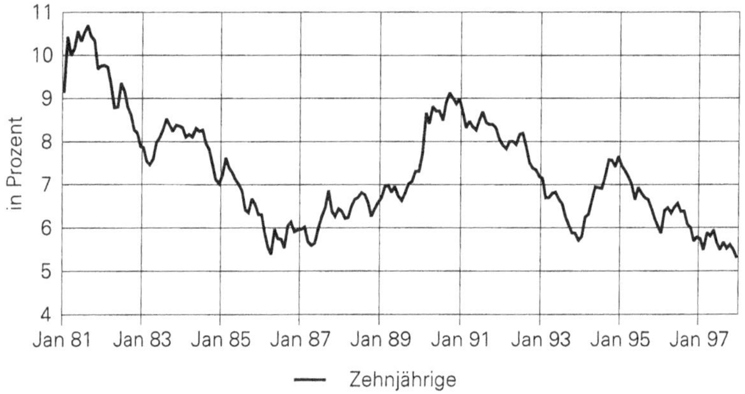

Daten: Monatswerte (Datastream)
Eigene Darstellung

1.1.2 Die Zinsstruktur

Die Zinsstruktur beschreibt das Verhältnis der einzelnen Zinssätze zueinander (vgl. z. B.: Issing [1993] S. 119). In der Regel setzt sie den Zins zur Kapitalbindungsdauer ins Verhältnis. Sie wird graphisch dargestellt, indem auf der Abzisse die Kapitalbindungsdauer und auf der Ordinate der Zins abgetragen wird. Diese Darstellungsform wird auch als „Zinsstrukturkurve" bezeichnet. Wie jedoch schon im vorherigen Abschnitt gezeigt, wird man sich in das Gedächtnis rufen müssen, daß es „den" Zins nicht gibt, geschweige denn eine Vielzahl von ausschließlichen Zinssätzen für jede entsprechende Laufzeitdauer (vgl. z. B.: Filc [1992] S. 114).

Da der Zins über die Endfälligkeitsrenditen festverzinslicher Wertpapiere bestimmt wird, müßte die Zinsstruktur die Gesamtheit der Renditen sämtlicher festverzinslicher Wertpapiere untereinander in Beziehung setzen. Die Zinsstrukturkurve wäre in der graphischen Darstellung eine Punktwolke, die nur eine geringe Aussagekraft enthielte. Bezieht sich die Punktwolke nur auf Papiere, die hinsichtlich Bonität, Liquidität, Tilgungsmodus, Verzinsungsmodus und Gebühren vergleichbar sind, dann reduziert sich nicht nur die Streuung der Punktwolke, sondern auch die Anzahl der zu berücksichtigenden Wertpapiere: Die Grundgesamtheit wird homogener.

Die Deutsche Bundesbank schätzte bis vor kurzem nach einer solchen Vorgehensweise die Zinsstrukturkurve für den deutschen Kapitalmarkt.[1] In diesem Ansatz bezieht sich die Grundgesamtheit ausschließlich auf börsennotierte Bundeswertpapiere, „(...) da diese Emissionen eine einigermaßen homogene Gruppe von Wertpapieren bilden, die sich im wesentlichen nur hinsichtlich ihrer Restlaufzeit unterscheiden, zugleich aber auch eine ausreichende statistische Repräsentanz für das interessierende gesamte Restlaufzeit-Spektrum von etwa ein bis zehn Jahren gewährleisten" (Deutsche Bundesbank [September 1996] S. 61). Die Zinsstrukturkurve wird mittels einer Regressionsschätzung über diese Grundgesamtheit anhand eines Interpolationspolynoms nach der Methode der kleinsten Quadrate geschätzt (vgl.: Exkurs 1.1.2.0.0 E1). Im Ergebnis stellt die so ermittelte Zinsstrukturkurve der Bundesbank nur eine mögliche Approximation der Zinsverhältnisse am Kapitalmarkt dar. Zur besseren Abgrenzung wird sie aus diesem Grund auch „Renditestrukturkurve" genannt.[2]

---

[1] *Nach dem neuen Ansatz wird die Zinsstruktur anhand einer geschätzten Nullkupon-Renditekurve angegeben (vgl.: Bundesbank [Oktober 1997] S. 61-66, und das Grundlagenpapier von Schich [Oktober 1996]).*

[2] *Die Zinsstrukturkurve kann als nach einem ökonometrischen Verfahren über sämtliche Renditestrukturkurven ermittelte „Durchschnittskurve" verstanden werden (vgl.: Loistl [1993] S. 253). Geläufiger ist es hingegen, die Nullkupon-Renditestrukturkurve als Zinsstrukturkurve zu bezeichnen (vgl. z. B.: Deutsche Bundesbank [Oktober 1997] S. 61-66).*

Exkurs 1.1.2.0.0 E1

Ermittlung einer Renditestrukturkurve auf Basis homogener Kupon-Anleihen

Zur Verdeutlichung wird hier die Renditestrukturkurve für einen Stichtag in Anlehnung an eine Methode der Deutschen Bundesbank geschätzt (vgl.: Deutsche Bundesbank [September 1996] S. 61-62). Die Grundgesamtheit umfaßt die Endfälligkeitsrenditen von Bundesanleihen. Stichtag ist der 6. Februar 1998. Der Stichprobenumfang umfaßt die Endfälligkeitsrenditen von 71 Wertpapieren der Laufzeiten ein bis zehn Jahre.[1]

Die Renditestrukturkurve wird auf Grundlage einer linearen Regressionsfunktion mit logarithmischen Korrekturgliedern geschätzt:

$$R_{(RLZ)} = a_o + a_1 RLZ + a_2 \ln(\mathrm{RLZ}) + a_3 C + a_4 \ln(\mathrm{C})$$

Wobei $R_{(RLZ)}$ die geschätzte Rendite von Bundesanleihen der Restlaufzeitklasse 'RLZ', 'a_0' bis 'a_4' die Regressionskoeffizienten sind und 'C' für den Kupon der Anleihe steht. Für den 6. Februar 1998 errechnet sich die geschätzte Regressionsfunktion (Bestimmtheitsmaß 0,996)[2]:

$$R_{(RLZ)} = 3{,}59 + 0{,}07 RLZ + 0{,}40 \ln(\mathrm{RLZ}) + 0{,}01 C - 0{,}04 \ln(\mathrm{C})$$

Der Einfluß der Kuponhöhe auf die Renditestruktur wird isoliert, indem der Kupon der einzelnen Laufzeitklassen mit dem durchschnittlichen Kupon sämtlicher in die Stichprobe einbezogenen Wertpapiere angesetzt wird. So kann die Renditestrukturkurve eindimensional als eine Funktion der Restlaufzeit dargestellt werden (vgl. z. B.: Loistl [1993] S. 290 und Deutsche Bundesbank [September 1996] S. 61 bis 62). Die durchschnittliche Kuponhöhe der Stichprobe liegt bei 6,6 Prozent (für die graphische Darstellung vgl. Graphik 1.1.2.0.0 G1).

[1] Der Stichprobenumfang der Bundesbank umfaßt in der Regel rund 150 Wertpapiere (vgl.: Deutsche Bundesbank [September 1996] S. 61).

[2] Das Bestimmtheitsmaß (R^2) setzt die erklärte Abweichungsquadratsumme zu der zu erklärenden Abweichungsquadratsumme ins Verhältnis. Ihren maximalen Erklärungswert hat die Regressionsfunktion bei einem R^2 von eins, keinen Erklärungsbeitrag bei einem R^2 von 0 (vgl. z. B.: Bleymüller et al. [1989] S. 145).

Graphik 1.1.2.0.0 G1

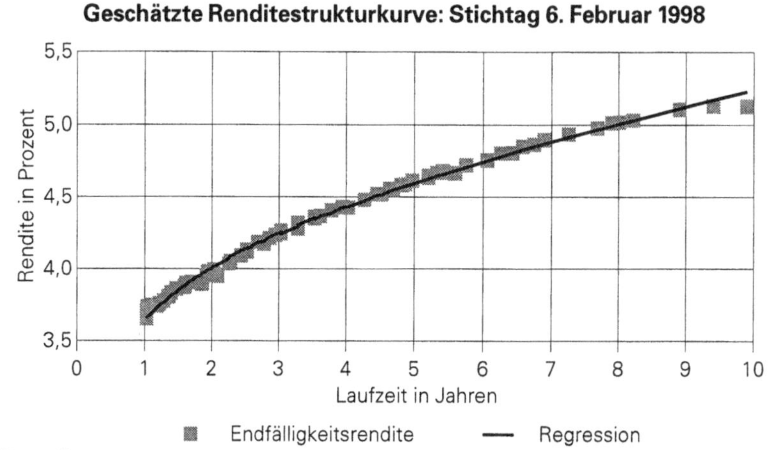

Daten: Datastream
Eigene Darstellung und Berechnung

Ebenso kann eine Renditestrukturkurve auf Grundlage des REX gebildet werden, indem die ermittelten Subindizes (vgl.: Abschnitt 1.1.1) für das relevante Laufzeitspektrum von einem bis zu zehn Jahren zusammengestellt werden. Theoretisch könnte zwar für jede beliebige Laufzeit (und synthetische Kuponstruktur) auf Grundlage der ermittelten Schätzgleichung die Rendite ermittelt werden, in der praktischen Anwendung wird sich jedoch auf die Endjahresstruktur beschränkt. Im Rahmen einer weiteren Vereinfachung wird die Renditestrukturkurve häufig auch auf Basis der Endfälligkeitsrenditen von Benchmark-Anleihen gewonnen.

Im eigentlichen Sinn kann die Zinsstrukturkurve nur auf Grundlage von Nullkupon-Anleihen – sogenannten „Zero-Coupon-" oder „Zero Bonds" – gebildet werden (vgl. z. B.: Filc [1992] S. 114). Nur bei Nullkupon-Anleihen stimmt der Auszahlungsstrom in seiner Fälligkeitsstruktur mit der Kapitalbindungsdauer des Wertpapiers überein. Nullkupon-Anleihen sind dadurch charakterisiert, daß sie nur einen Zahlungsstrom aufweisen. Es entfällt somit die Diskontierung zwischenzeitlicher Zinszahlungen, wie sie bei einer Kupon-Anleihe entstehen, und damit die Bewertung mehrerer über die Zeit verteilter Auszahlungen innerhalb der Referenzperiode. Die Rendite einer Nullkupon-Anleihe gibt somit direkt die zu einem bestimmten Zeitpunkt für eine bestimmte Referenzperiode tatsächlich zu erzielende durchschnittliche jährliche Verzinsung wieder. Die Renditen von Kupon-Anleihen beinhalten dagegen die implizite Annahme, daß die Kuponerträge zur Endfälligkeitsrendite der Anleihe reinvestiert werden können (vgl.: Exkurs 1.1.1.0.0 E1). Die Zinsstrukturkurve wird durch diesen Effekt verzerrt.

In der Regel werden drei Verlaufsformen der Zinsstrukturkurve unterschieden. Es wird von einer flachen Zinsstrukturkurve gesprochen, wenn der Verlauf über das relevante Laufzeitspektrum einer nahezu waagerecht liegenden Geraden ähnelt. Sie wird als invers bezeichnet, sofern die Zinsen am kurzen Ende (geldmarktnahe Zinsen) höher sind als am langen Ende (Kapitalmarktzinsen). Im umgekehrten Verlauf wird sie als normal bezeichnet (vgl. z. B. : Jones/Wolkowitz [1987]).[1] Für den theoretischen Fall eines absolut flachen Verlaufs ist die Zinsstrukturkurve, auch wenn sie anhand von Kupon-Anleihen ermittelt wird, unverzerrt. Nur in diesem Fall können die Kupon-Auszahlungen zur Endfälligkeitsrendite der Anleihe reinvestiert werden. Indirekt liegt damit dem yield-to-maturity Konzept die Annahme einer flachen Zinsstrukturkurve zugrunde.

In der praktischen Anwendung beschränkt sich die Beschreibung der Zinsstrukturkurve oftmals nur auf das Attribut „Steilheit". Gemessen wird diese Größe in der Regel über den Renditeabstand zwischen zehn- und einjährigen Benchmark-Anleihen (vgl. z. B.: Deutsche Bundesbank [November 1996] S. 27). Auch in dieser Arbeit soll dieser Vorgehensweise gefolgt werden.

Die Entwicklung der deutschen Zinsstrukturkurve wird in Graphik 1.1.2.0.0 G2 dargestellt. Grundlage sind durchschnittliche Monatswerte inländischer Benchmark-Anleihen der zehnjährigen Laufzeitklasse und der jeweiligen repräsentativen deutschen Einjahreszinsen. Der Berichtszeitraum beginnt im Januar 1981 und endet im Dezember 1997.

Zunächst weist die deutsche Zinsstrukturkurve im Berichtszeitraum von Januar 1981 bis August 1982 einen inversen bzw. flachen Verlauf auf. Von September 1982

[1] *Die theoretischen Ansätze zur Erklärung des Verlaufs der Zinsstrukturkurve lassen sich im wesentlichen in drei Hauptrichtungen unterteilen. Grundlage sind drei verschiedene Hypothesen, die als dominante Einflußfaktoren des Zinsstrukturverlaufs angesehen werden: die Liquiditätshypothese, die Markt-Segmentationshypothese und die Erwartungshypothese (vgl. z. B: Jones/Wolkowitz [1987] S. 150-166). Auf den zuletzt genannten Ansatz wird im Verlauf der Arbeit noch zurückgegriffen (vgl.: Exkurs 1.3.2.0.0 E1).*

bis Februar 1989 verläuft sie normal, kippt jedoch vom März 1989 bis Juni 1993 wieder ins inverse bzw. flache Verhältnis. Seit Juli 1993 ist der Verlauf wieder normal. Im inversen Verhältnis erreicht die Zinsstrukturkurve ihren maximalen Steilheitsgrad im Mai 1991. Mit einem Wert von - 2,18 Prozentpunkten übersteigt der repräsentative deutsche Einjahreszins die Rendite der zehnjährigen Laufzeitklasse um 2,18 Prozentpunkte. Im August 1992 erreicht die Zinsstrukturkurve abermals ihr maximales Verhältnis in Höhe von -1,88 Prozentpunkten. Im normalen Verhältnis erreicht die Zinsstrukturkurve ihren maximalen Steilheitsgrad über die gesamte Berichtsperiode im Mai 1996. Mit einem Wert von 3,17 Prozentpunkten übersteigt sie die beiden historischen Steilheitsgrade vom April 1988 (2,76 Prozent) und Juni 1983 (2,59 Prozent).

Graphik 1.1.2.0.0 G2

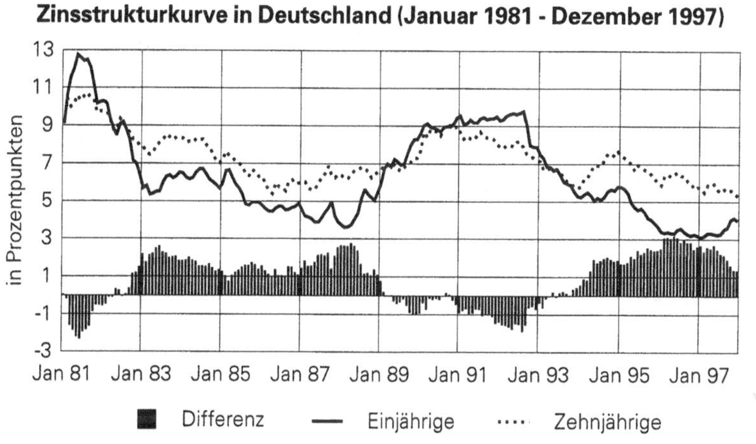

Daten: Monatswerte (Datastream)
Eigene Darstellung

1.1.3 Der nominale Kapitalmarktzins im europäischen Vergleich

Um die Zinsentwicklung am deutschen Kapitalmarkt mit der Entwicklung der europäischen Unionstaaten vergleichen zu können, ist es erforderlich, Zinsen gegenüberzustellen, die über die betrachteten Länder hinweg annähernd homogen sind. Da in dieser Arbeit das Kapitalmarktzinsniveau anhand der Renditen von Benchmark-Anleihen der zehnjährigen Laufzeitklasse geschätzt wird, basiert auch der internationale Vergleich auf den Renditen inländischer Benchmark-Anleihen der europäischen Unionstaaten. In allen Fällen handelt es sich um Staatsanleihen der zehnjährigen Laufzeitklasse. In der Regel weisen sie vergleichbare Ausstattungsmerkmale auf und sind zusätzlich innerhalb der Laufzeitklasse mit dem geringsten Ausfallrisiko behaftet (vgl.: Deutsche Bundesbank [November 1996] S. 23-24).[1)]

Die historische Betrachtung der Zinsdifferenz der Europäischen Unionstaaten zum deutschen Kapitalmarktzinsniveau konzentriert sich auf die Entwicklung in den neunziger Jahren. In diesem Zeitabschnitt sind die europäischen Kapitalmarktrenditen im Trend deutlich gefallen (vgl.: Deutsche Bundesbank [November 1996] S. 24). Parallel zu dieser Entwicklung verringerte sich in den betrachteten Staaten 1996 und 1997 die Zinsdifferenz zum deutschen Kapitalmarktzins. In fast sämtlichen europäischen Unionstaaten erreichte die Kapitalmarktzinsdifferenz im Betrachtungszeitraum 1997 ihr historisches Tief (vgl.: Tabelle 1.1.3.0.0 T1).

Der Trend sinkender Kapitalmarktrenditeniveaus wurde zwischenzeitlich von Januar 1994 bis zum Frühjahr 1995 unterbrochen (vgl.: Deutsche Bundesbank [November 1996] S. 24). Auch das deutsche Kapitalmarktzinsniveau erreichte nach seinem zweiten historischen Tief im Januar 1994 sein drittes Zinshoch zum Jahreswechsel 1994/1995 (vgl.: Graphik 1.1.1.0.0 G1). In diesem Zeitraum steigender Nominalzinsniveaus ist der Renditevorsprung der Mehrheit der europäischen Staaten gegenüber deutschen Anleihen erneut angewachsen (vgl.: Tabelle 1.1.3.0.0 T1).

[1)] Hier soll angemerkt werden, daß die Renditeentwicklungen an den europäischen Kapitalmärkten in einer engen Wechselbeziehung zueinander stehen. Statistisch meßbar wird diese Wechselbeziehung anhand der Korrelationen. Zwar enthält die Höhe der Korrelation zweier Variablen noch keine Aussage über den Kausalzusammenhang, dennoch gibt sie einen ersten Eindruck über den Gleichlauf dieser Variablen (vgl. z. B.: Pindyck/Rubinfeld [1991] S. 63-64). Für eine kurze empirische Darstellung des internationalen Zinszusammenhangs vgl.: Deutsche Bundesbank (November 1996) S. 25.

Tabelle 1.1.3.0.0 T1

Durchschnittliche Renditedifferenz zur D-Mark (1991 bis 1997)

		1991	1992	1993	1994	1995	1996	1997
Frankreich	FRF	0,62	0,82	0,33	0,43	0,71	0,10	-0,10
Niederlande	NLG	0,13	0,13	-0,08	0,11	0,08	-0,07	-0,07
Belgien	BEF	0,91	0,90	0,78	0,96	0,66	0,27	0,12
Dänemark	DKK	0,86	1,23	0,86	1,06	1,44	0,98	0,59
Großbritannien	GBP	1,76	1,35	1,12	1,20	1,33	1,57	1,35
Irland	IEP	0,95	1,46	1,28	1,30	1,58	1,08	0,61
Spanien	ESP	3,80	3,98	3,75	3,22	4,46	2,55	0,72
Italien	ITL	4,81	5,48	4,97	3,80	5,38	3,24	1,19
Portugal	PTE	–	–	3,75	3,22	4,46	2,55	0,70
Schweden	SEK	2,30	2,14	2,09	2,78	3,44	1,88	1,01
Finnland	FIM	–	4,25	2,34	2,23	1,94	0,93	0,29

Eigene Darstellung und Berechnung (Jahresdurchschnitte auf Tagesdatenbasis)
Daten: Datastream Tagesdaten

Über die gesamte Jahresdurchschnittbetrachtung weisen nur die Niederlande über mehrere Perioden eine negative Zinsdifferenz zu dem deutschen Kapitalmarktzinsniveau auf. In der graphischen Betrachtung wird deutlich, daß auch Frankreich Ende 1993/Anfang 1994 zwischenzeitlich eine negative Zinsdifferenz aufweist (vgl.: Graphik 1.1.3.0.0 G1). Ab Mai 1996 befinden sich die französischen Renditen dauerhaft auf bzw. unterhalb des deutschen Vergleichsmaßstabes. Zunächst hatte sich die Renditedifferenz zu den französischen Anleihen mit dem Anstieg des deutschen Kapitalmarktzinsniveaus Anfang 1994 wieder ausgeweitet. Im Herbst 1995 setzte die rasante Zinseinengung zum deutschen Kapitalmarktzinsniveau ein. Eine ähnliche Entwicklung ist auch in Belgien zu beobachten, nur daß sie hier schon im Herbst 1994 einsetzte. Belgien weist seit Oktober 1996 eine im historischen Vergleich extrem niedrige Renditedifferenz auf.

Auch die Zinsdifferenz zu den drei südeuropäischen Staaten Portugal, Spanien und Italien ist über das Jahr 1994 zunächst wieder angestiegen. Der Abstand zum deutschen Referenzmarkt erreichte Anfang 1994 ein zwischenzeitliches und über das Jahr 1997 ein historisches Tief. Bemerkenswert ist der relative Gleichlauf der südländischen Staaten. Wie Belgien, Frankreich und die Niederlande erreichen die südeuropäischen Unionsstaaten über das Jahr 1997 eine im historischen Vergleich extrem niedrige Zinsdifferenz.

Die letztgenannte Aussage ist für Großbritannien nicht haltbar und besitzt auch für Dänemark nur beschränkte Gültigkeit. Keiner der beiden Staaten erreicht über das Jahr 1997 sein historisches Zinstief. Bemerkenswert ist die Entwicklung Groß-

Graphik 1.1.3.0.0 G1

Renditedifferenz zu zehnjährigen deutschen Anleihen
(Frankreich, Belgien, die Niederlande, Portugal, Spanien und Italien)

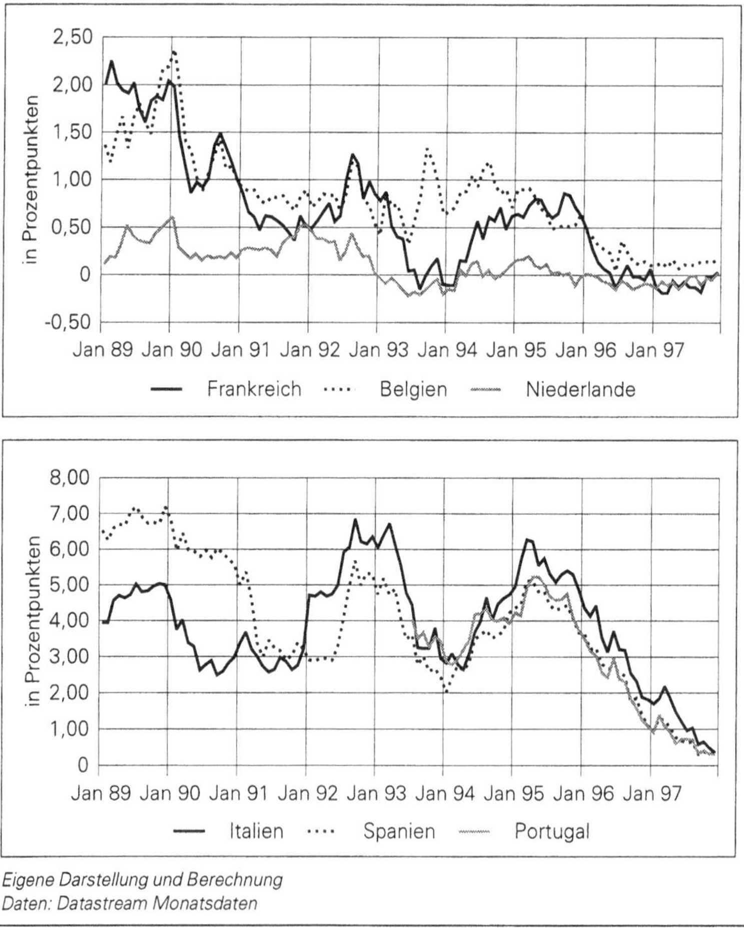

Eigene Darstellung und Berechnung
Daten: Datastream Monatsdaten

britanniens, das sich seit Beginn des Jahres 1996 gegen den europäischen Trend rückläufiger Zinsdifferenzen bewegt. Erst im Verlauf des Jahres 1997 kommt es auch in Großbritannien zu einer deutlichen Einengung der Zinsdifferenz . Auch Finnland und Schweden haben über das Jahr 1997 ihren historischen Tiefs im Zinsabstand zum deutschen Vergleichsmarkt erreicht. Ansonsten folgten Schweden und Finnland in einem kürzeren Intervall der nun schon bekannten typischen Entwick-

Graphik 1.1.3.0.0 G2

Renditedifferenz zu zehnjährigen deutschen Anleihen
(Schweden, Finnland, Großbritannien, Dänemark)

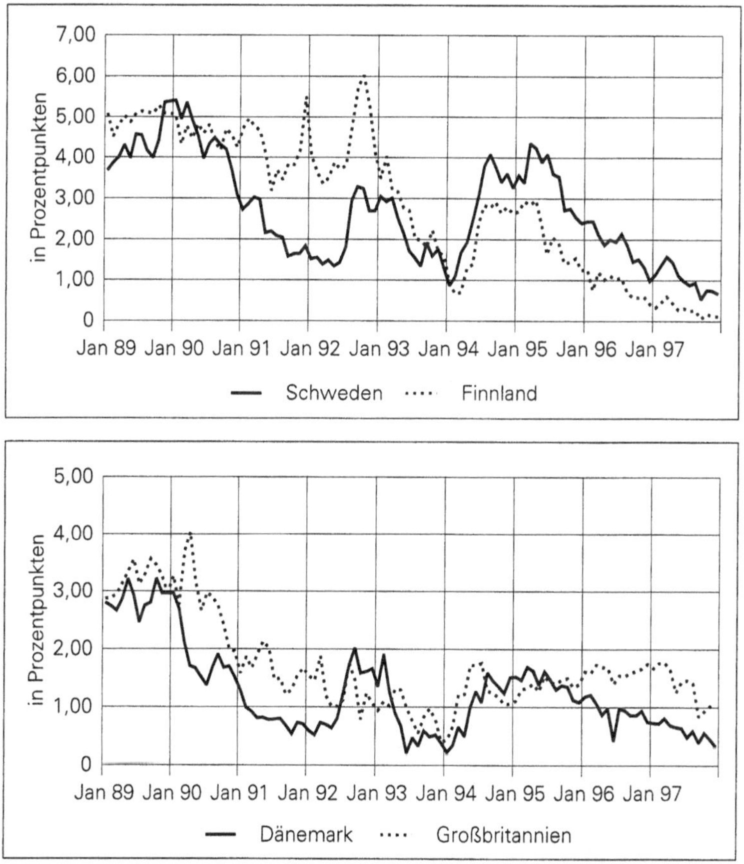

Eigene Darstellung und Berechnung
Daten: Datastream Monatsdaten

lung des Jahres 1994. Bemerkenswert für Finnland ist die deutliche Unterschreitung schwedischer Vergleichswerte ab Ende 1994. Im wesentlichen folgen beide Staaten jedoch derselben Entwicklung.

1.2 Ein quantitativer Erklärungsansatz: Das Kapitalmarktzinsmodell der Commerzbank

Nach Filc (1992) stellt sich der empirischen Wirtschaftsforschung die Aufgabe, „(...) die empirische Validität theoretisch abgeleiteter Zusammenhänge zu überprüfen" (Filc [1992] S. 53). Die theoretischen Zusammenhänge werden aus der wirtschaftswissenschaftlichen Theorie entlehnt, die auf Grundlage spezifizierter Annahmen über die Funktionsweise wirtschaftlicher Systeme kausale Zusammenhänge zwischen ökonomischen Variablen herleitet (vgl.: Filc [1992] S. 53). Dabei bedient sich die empirische Wirtschaftsforschung quantitativer Methoden, die zur Datenanalyse, zur Überprüfung theoretischer Hypothesen und zur Beurteilung alternativer wirtschaftspolitischer Strategien dienen.

Ansätze zur Definition und Erklärung des Zinsniveaus sind in der wirtschaftswissenschaftlichen Theorie vielschichtig und teilweise widersprüchlich (vgl. z. B.: Lutz/Niehans [1980] S. 530-548). In der anwendungsbezogenen, quantitativ orientierten Methodik zur Zinsanalyse liegt der Schwerpunkt der Zinsanalyse in dem Erkennen und der Systematisierung ökonomischer Zinseinflußfaktoren, um in einem zweiten Schritt aus dem historischen Zusammenhang der verwendeten Einflußfaktoren mit dem Zins Rückschlüsse auf die zukünftige Entwicklung des Zinsniveaus schließen zu können. Dabei sind diejenigen Variablen in den Erklärungsansatz aufzunehmen, die innerhalb eines spezifizierten Beobachtungszeitraums (Stützzeitraum) systematische Veränderungen der zu erklärenden Variable hervorgerufen haben (vgl. z. B.: Schober [1989] S. 26).

Der Aufbau eines Erklärungs- und Prognosemodells wird im wesentlichen „(...) von den zugrundegelegten wirtschaftstheoretischen Hypothesen, von bestimmten, durch vielfache Beobachtung gut abgesicherten Zusammenhängen, von den verfügbaren statistischen Daten und vom vorgesehenen Verwendungszweck des Modells bestimmt" (Schober [1989] S. 26). Die methodische Vorgehensweise erfolgt in der Regel in vier Stufen: in der Periodenabgrenzung des Stützzeitraums, der isolierten Analyse partieller Zusammenhänge, der Integration ausgewählter fundamentaler Einflußvariablen in einem methodischen Erklärungs- und Prognoseansatz sowie in einem abschließenden Schritt in der Kontrolle der Schätzergebnisse (vgl.: Filc [1992] Kapitel 8). Der modellierte Erklärungs- und Prognoseansatz steht dabei unter dem Anspruch statistischer Signifikanz und ökonomischer Sinnhaftigkeit, wobei in der praktischen Anwendung die Prognosegüte des modellierten Erklärungsansatzes eine zusätzlich ausschlaggebende Komponente darstellt.

Die wirtschaftswissenschaftliche Theorie ist reich an Erklärungsansätzen fundamentaler Einflußfaktoren des Zinsniveaus (vgl.: Exkurs 1.2.0.0.0 E1). Aus der Operationalisierung der empirischen Wirtschaftsforschung können eine Vielzahl ökonomischer Variablen angeführt werden, die in einem partiellen Zusammenhang zur Entwicklung des deutschen Kapitalmarktzinses stehen könnten. Gemäß einer Befragung professioneller Analytiker finden folgende Zinseinflußfaktoren Beachtung (zusammengefaßt und geordnet nach dem jeweiligen Gewichtungsfaktor für die Prognose) (vgl.: Filc [1992] S. 225):

1. US-Zinsniveau
2. Veränderung von Leitzinssätzen
3. Preissteigerungserwartungen
4. Dollarkursänderungserwartungen
5. Veränderungen der Nettokreditaufnahme des Staates
6. Wachstumsrate der Zentralbankgeldmenge
7. Preissteigerungsrate für den privaten Verbrauch
8. Veränderungsrate der Zentralbankgeldversorgung
9. Dollarkursänderung
10. Dollarkurs
11. Leistungsbilanzsaldo
12. „Politische" Einflüsse
13. „Marktpsychologische" Einflüsse
14. Spartätigkeit der privaten Haushalte
15. Investitionsvolumen
16. „Markttechnische" Faktoren
17. Einkommensentwicklung
18. Auslastungsgrad des Produktionspotentials
19. Änderung von Steuertarifen

Schober (1989) schränkt ein, daß die Anzahl der Variablen, die einen systematischen Einfluß auf die Zinsentwicklung haben, aber durchaus begrenzt ist (vgl.: Schober [1989] S. 26).[1] Als einen im statistischen Sinne wirklich gesicherten Einflußfaktor der langfristigen Rendite am deutschen Kapitalmarkt nennt z. B. Henri (1989) den langfristigen amerikanischen Zins neben dem heimischen Geldmarktzinssatz (vgl.: Henri [1989] S. 17-19).[2]

Auch führende Kreditinstitute beschränken sich in ihren Erklärungs- und Prognosemodellen zur Beschreibung der langfristigen deutschen Kapitalmarktrendite in der Regel auf wenige Einflußfaktoren. Das Erklärungsmodell des Deutsche Bank Research beinhaltet z. B. neben der Preissteigerungsrate (alte Bundesrepublik), dem Dreimonats-Geldmarktsatz und dem US-Dollar-Wechselkurs die Rendite für zehnjährige US-Anleihen (vgl.: Deutsche Bank Research [November 1995] S. 7).[3] Das Global Fixed Income Research von Merrill Lynch konzentriert sich auf die jährliche Veränderungsrate des realen Bruttoinlandproduktes und den nominalen Dreimonats-Geldmarktsatz (vgl.: Merrill Lynch [Mai 1997] S. 34).[4] Das Asset Management Research von LGT-Lichtenstein schließlich bezieht sich in der Schätzung der Wertentwicklung eines währungsgesicherten internationalen Rentenportefeuilles auf den jeweiligen länderspezifischen Geldmarktzinssatz, auf realwirtschaftliche Aktivitätsvariablen, die länderspezifische Inflationsrate, das Wechselkursverhältnis gegenüber dem US-Dollar und das Niveau ausländischer Anleiherenditen (vgl.: LGT-Lichtenstein (1997) S. 27).

---

[1] *Auch nach Filc genügt es, auf einige wenige Variablen zu achten, die Auskunft über Zinsänderungserwartungen, Vermögenswertänderungsrisiken, den internationalen Zinszusammenhang und der Entwicklung im realwirtschaftlichen und monetären Bereich geben. Gebauer et al. (Juni 1993) gruppieren die Einflußfaktoren des langfristigen Zinses ausgewählter europäischer Staaten in die Segmente heimischer kurzfristiger Zins, realwirtschaftliches Aktivitätsniveau, Inflationserwartung, Geldmengenaggregate und kurzfristiger ausländischer Zins (vgl.: Gebauer et al. [Juni 1993] S. 2-4).*

[2] *Mittels eines Schätzverfahrens auf Basis der Kleinste-Quadrate-Methode unter Berücksichtigung von Residuenautokorrelation. Getestet wurden folgende Einflußfaktoren: US-Zins, Veränderungsrate des DM/$-Wechselkurses, Nettoneuverschuldung, Industrieproduktion (Konjunktur), Geldaggregat M1 (Geldpolitik), Geldmarktzinssatz, Veränderungsrate des Konsumentenpreisindex (Inflation) und der Zins der Vorperiode.*

[3] *Dem Sondereinfluß der deutschen Einigung wurde durch eine sogenannte „Dummy"-Variable Rechnung getragen (vgl.: Deutsche Bank Research [November 1995] S. 7).*

[4] *Auch Merrill Lynch trägt der deutschen Einigung durch eine „Dummy"-Variable Rechnung (vgl.: Merrill Lynch [Mai 1997] S. 34)*

Exkurs 1.2.0.0.0 E1

Dominante Zinseinflußfaktoren nach Filc (Filc [1992] S. 163-164)

Einflußfaktor	Zuordnung/Kommentar
(1) reale Ertragsrate aus Sachkapital	neoklassische Zinstheorie/nicht direkt beobachtbar; Hilfsgröße: Wachstumsrate des realen Bruttoinlandprodukts
(2) Zeitpräferenzrate	neoklassische Zinstheorie/nicht beobachtbar; Hilfsgröße: Sparquote privater Haushalte
(3) Geldmengenwachstum	keynesianische Zinstheorie/Liquiditätseffekt; gilt nur bei konstanter Geldnachfrage
(4) Preissteigerungen	keynesianische Zinstheorie
(5) Unsicherheit	keynesianische Zinstheorie/nicht beobachtbar; Hilfsgröße: Varianz ökonomischer Variablen
(6) Einkommenswachstum	keynesianische Zinstheorie/für sich genommen wenig aussagekräftig, weil auch andere Interpretationen möglich (vgl.: (1))
(7) Marktwert des Realkapitalbestandes	postkeynesianische Transmissionstheorie/Schätzwert: Aktienkursindex
(8) funktionale Einkommensverteilung	Oberhauser-Ansatz auf Grundlage keynesianischer Kreislauftheorie der Verteilung
(9) Liquiditätseffekt	keynesianische Zinstheorie/Schätzwerte: Zentralbankgeldversorgung und Bankraten
(10) Preissteigerungserwartung	Fisher-Effekt/nicht direkt beobachtbar; Hilfsgröße: tatsächliche Preissteigerungsrate: vgl.: (4), quantitätstheoretischer Zusammenhang
(11) Leitzinsänderungen	Refinanzierungskosten/Theorie informationseffizienter Märkte
(12) Laufzeitstruktur der Zinssätze	Theorie der Zinsstruktur/geldpolitischer Einfluß auf kurzfristige Zinssätze als Signal geldpolitischer Steuerung
(13) Dollar-Zinssätze	internationaler Zinszusammenhang; allein im Zusammenhang mit Wechselkurserwartung verwendbar
(14) Wechselkursänderungserwartung	internationaler Zinszusammenhang; empirisch kaum zu erfassen (vgl.: (13))
(15) Risikoprämien auf einer Dollaranlage	internationaler Zinszusammenhang; empirisch kaum zu erfassen
(16) Struktur von Ertragsraten und Risiken aller Vermögensbestände	Portfoliotheorie; empirisch kaum zu erfassen
(17) Vermögensbestandsänderungen der Privaten	Portfoliotheorie; für die kurzfristige Analyse und Prognose in Ermangelung von Daten nicht verwendbar
(18) Staatsdefizit	Flow-of-funds-Analyse; Zusammenhänge weitgehend konjunkturabhängig
(19) Leistungsbilanzsaldo	Flow-of-funds-Analyse

Die ermittelten Einflußgrößen weisen über den jeweiligen Stützzeitraum im statistisch und wirtschaftstheoretisch konsistenten Erklärungsansatz einen stabilen Zusammenhang zur langfristigen deutschen Kapitalmarktrendite auf. Mit Hilfe dieser Gleichgewichtsbeziehung kann, unter den gegebenen wirtschaftlichen Rahmenbedingungen (also der jeweiligen aktuellen Datenkonstellation der fundamentalen Einflußfaktoren), ein Renditeniveau ermittelt werden, das sich aus dem historischen Verlauf fundamentaler Einflußfaktoren erklärt. Diese aus fundamentaler Sicht als „fair" (LGT-Lichtenstein [1997] S. 28) anzusehende Rendite, kann im Vergleich zur tatsächlichen Rendite Anhaltspunkte über das Ausmaß einer fundamentalen Über- oder Unterbewertung des tatsächlichen Renditeniveaus geben.

Im folgenden wird der quantitative Erklärungsansatz für die deutsche Kapitalmarktrendite des Investment Research der Commerzbank referiert. Dieser Ansatz stellt sowohl in methodischer Hinsicht als auch in der Auswahl der Einflußfaktoren nur eine Variante aus einer Vielzahl möglicher unterschiedlicher Erklärungsansätze dar. In einem zweiten Schritt wird die Entwicklung des Kapitalmarktzinses im Erklärungsmodell dargestellt. Als Ergebnis zeigt sich, daß der Kapitalmarktzins ab August 1993 in geringerem Umfang den fundamentalen Einflußfaktoren folgt und zum Jahreswechsel 1993/94 und über das Jahr 1997 deutlich unterhalb des Erklärungsbandes liegt.

1.2.1 Modellansatz und Einflußfaktoren

Der quantitative Erklärungs- und Prognoseansatz des langfristigen deutschen Kapitalmarktzinsniveaus der Commerzbank (gemessen an der Rendite festverzinslicher Bundeswertpapiere zehnjähriger Laufzeit) fußt auf einer multiplen linearen Regression auf Grundlage fünf fundamentaler Einflußfaktoren.[1]

Die multiple lineare Regression ist ein quantitatives Verfahren, das zur Erklärung einer Finanzmarktgröße durch geeignete ökonomisch-fundamentale Ein-

---

[1] Das Modell wurde in der Zeitschrift „Der langfristige Kredit" 1989 vorgestellt (vgl.: Holschuh/Soika [1989] S. 43-46). In den internen Publikationen der Commerzbank ist das Modell häufiger referiert worden (vgl. z. B.: Investment Research [Januar/Februar 1995] S. 12-15). Es bildet die quantitative Basis zur Schätzung der langfristigen deutschen Kapitalmarktrendite und ist begleitende Entscheidungsgrundlage zur Allokationsempfehlung. Die nachfolgenden Ausführungen beziehen sich gänzlich auf die beiden genannten Aufsätze und werden deshalb nicht mehr gesondert gekennzeichnet.

[2] Für die formale Darstellung der multiplen Regression vgl. z. B.: Pindyck/Rubinfeld [1991] S. 73-93.

flußfaktoren eingesetzt werden kann.[2] Der Grundgedanke hierbei ist die Fortschreibung von Wirkungszusammenhängen, wie sie sich aus einer (statistisch abgesicherten) Analyse historischer Daten für einen abgegrenzten Stützzeitraum ergeben haben. Dabei werden die Strukturen der Vergangenheit numerisch beschrieben, um sie auf die Zukunft zu übertragen. Die quantitativen Zusammenhänge zwischen den erklärenden Einflußfaktoren und der zu erklärenden Größe werden über eine lineare Verknüpfung beschrieben. Jedem erklärenden Einflußfaktor wird über die Methode der Kleinste-Quadrate ein Regressionskoeffizient zugewiesen.[1] Dieser Koeffizient gibt für die entsprechende Einflußgröße den jeweiligen quantitativen Einfluß auf die zu erklärende Größe an.

Die Commerzbank hat mögliche Einflußfaktoren des langfristigen deutschen Kapitalmarktzinses anhand statistischer Kriterien auf ihren systematischen Erklärungsgehalt hin überprüft. Erste Hinweise auf einen möglichen Erklärungsgehalt einzelner Zinsdeterminaten ergeben sich aus der einfachen graphischen Gegenüberstellung dieser Größen und dem Zins. Als systematische Einflußfaktoren bezieht sich die Commerzbank auf die realwirtschaftliche Entwicklung, die staatliche Kreditaufnahme, die Wachstumsrate der Geldmenge, die Inflationsrate und das Zinsniveau im Ausland. Operationalisiert werden die Einflußgrößen anhand

- der Veränderungsrate des Bruttoinlandproduktes gegenüber dem Vorjahr[2],
- der Neuverschuldung der öffentlichen Hand im Verhältnis zum Bruttoinlandsprodukt[3],
- des kurzfristigen Interbankengeldmarktzinses FIBOR (Frankfurt Interbank Offered Rate),
- der Veränderungsrate des Konsumentenpreisindex gegenüber dem Vorjahr und
- der Rendite zehnjähriger US-Staatsanleihen[4]

---

[1] Nach der Kleinst-Quadrate-Methode werden die Koeffizienten derart optimiert, daß die Summe der quadrierten Abweichungen zwischen den geschätzten und den historisch realisierten Zinswerten minimiert wird und somit eine möglichst gute Anpassung des Modells im Vergangenheitszeitraum erreicht wird. Für eine formale Darstellung vgl. z. B.: Maddala [1992] S. 68.

[2] Glättung über eine Durchschnittswertbildung mit sechsmonatigem Vor- und Nachlauf.

[3] Zähler und Nenner des Quotienten werden jeweils über eine Durchschnittsbildung mit sechsmonatigem Vor- und Nachlauf geglättet. In einem zweiten Schritt wird der Quotient im sechsmonatigen Vorlauf geglättet.

[4] Zusätzlich wird dem Sondereinfluß der deutschen Einigung durch eine Dummy-Variable Rechnung getragen.

Graphik 1.2.1.0.0 G1

Relative Gewichtung der Zinseinflußfaktoren im Commerzbank-Regressionsmodell

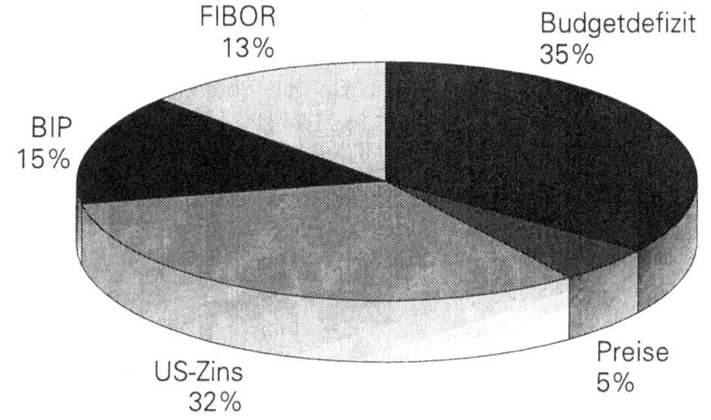

Daten: Commerzbank (Stand Oktober 1997)
Eigene Darstellung

Die über die Regression ermittelten Koeffizienten bestimmen das Gewicht, mit dem die jeweilige Einflußgröße in das Erklärungsmodell eingeht (vgl.: Graphik 1.2.1.0.0 G1). Die Gewichtungsfaktoren sind ein direktes Maß für die Änderung des Kapitalmarktzinses bei einer Erhöhung der jeweiligen Einflußgröße (unter Konstanz der übrigen) um eine Basiseinheit. Die Vorzeichen der Gewichte erweisen sich über den Stützzeitraum als widerspruchsfrei zur ökonomischen Theorie.[1] Dabei ist die Stabilität der Gewichtungsfaktoren unter der Variation des Stützzeitraums ein wesentliches Kriterium der Modellgüte.

Die Commerzbank bezeichnet ihr Erklärungs- und Prognosemodell als statistisch abgesichert und ökonomisch plausibel (vgl.: Exkurs 1.2.1.0.0 E1). Die Schätzgleichung erklärt 88 Prozent der Varianz der Renditen langlaufender festverzinslicher Wertpapiere. Damit weist das Modell einen hohen Erklärungsgehalt für die Zinsentwicklung der Vergangenheit auf und eignet sich für eine verläßliche Zinsprognose. Nach Untersuchungen der Commerzbank wirken die Einflußgrößen im direkten Zusammenhang auf die zu erklärende Größe, so daß eine Berücksichtigung eines zeitlichen Vor- oder Nachlaufs der Einflußfaktoren nicht erfolgen muß.

[1] *Zur kurzen Einordnung der Einflußgrößen in die ökonomische Theorie vgl.: Filc [1992] Kapitel 3-7 und Holschuh/Soika [1989] S. 44-46.*

Exkurs 1.2.1.0.0 E1

Das Kapitalmarktzinsmodell der Commerzbank – die Schätzgleichung

Das Erklärungs- und Prognosemodell des langfristigen deutschen Kapitalmarktzinses (gemessen an der Rendite umlaufender festverzinslicher Bundeswertpapiere zehnjähriger Laufzeit (R)) basiert auf einem Stützzeitraum mit Beginn Januar 1986. Die Koeffizienten der linearen Schätzgleichung werden mit der Ausweitung des Stützzeitraums angepaßt. Die Koeffizienten sind damit geringfügig variabel, im langfristigen Vergleich erweisen sie sich dennoch als hinreichend stabil. Die ausdrückliche Schätzgleichung der fundamentalen Einflußfaktoren (Veränderungsrate Bruttoinlandprodukt (x_1), Neuverschuldung öffentliche Hand (x_2), Inflation (x_3), Rendite langlaufender US-Staatsanleihen (x_4) und FIBOR (x_5)) ermittelt die Commerzbank wie folgt (Oktober 1997):

$$R_i = 2{,}15 + 0{,}24\,x_{1,i} + 0{,}44\,x_{2,i} + 0{,}12\,x_{3,i} + 0{,}20\,x_{4,i} + 0{,}17\,x_{5,i}$$

t-Werte (9,5) (8,2) (2,7) (4,1) (6,7)

$R^2=0{,}88$

$DW=0{,}43$

Mit einem Bestimmtheitsmaß (R^2) von 0,88 leisten die Schätzwerte einen hohen Beitrag zur Erklärung der Abweichungen der einzelnen Beobachtungswerte des langfristigen Zinsniveaus vom Mittelwert über den Stützzeitraum. Das Bestimmtheitsmaß wird als Gütekriterium der Regressionsfunktion angeführt. Es drückt den Anteil der durch die Regressionsfunktion erklärten Abweichungsquadratsumme an der zu erklärenden Abweichungsquadratsumme aus. Es kann Werte zwischen eins (vollständige Erklärung) und null (kein Erklärungsgehalt) annehmen (vgl. z. B.: Pindyck/Rubinfeld [1991] S. 76-81).

Der 't-Wert' gibt als statistische Prüfgröße Auskunft über den tatsächlichen Erklärungsgehalt einzelner Variablen. Der t-Wert bildet sich als Quotient aus Koeffizient und Standardfehler. Dabei weist der 't-Test' die statistische Wahrscheinlichkeit aus, daß der theoretische Mittelwert der tatsächlichen Koeffizienten der unbekannten Grundgesamtheit Null ist (Nullhypothese). Je höher der t-Wert ist, desto größer ist die Sicherheit, daß die Nullhypothese zu einer bestimmten Wahrscheinlichkeit abgelehnt werden kann, und die Einflußgröße damit einen in statistischer Hinsicht gesicherten Einfluß auf die zu erklärende Variable ausübt. Als grobe Richtmarke sollten die t-Werte der Koeffizienten außerhalb des Intervalles [-2/+2] liegen (vgl. z. B.: Pindyck/Rubinfeld [1991] S. 55-59).

Der Durbin-Watson-Koeffizient (D.W.) gibt an, in welchem Umfang eine Autokorrelation erster Ordnung der Residuen vorliegt. Als Residuum wird die Abweichung des beobachteten Wertes vom Schätzwert bezeichnet. Residuen sollten im Idealfall das Ergebnis des zufälligen Einflusses einer Störvariable sein. Wenn sie auftreten, sollten sie zu keinem Zeitpunkt in einem systematischen Zusammenhang zu einer vor- oder nachgelagerten Störgröße stehen (stochastische Unabhängigkeit). Nimmt der D.W.-Koeffizient einen Wert von zwei ein, so gilt die stochastische Unabhängigkeit in statistischer Hinsicht als gesichert. Bei Werten zwischen zwei und vier (null und zwei) liegt eine negative (positive) Autokorrelation der Residuen vor, die u. a. auf eine mögliche Fehlspezifikation bzw. Unvollständigkeit der Regressionsgleichung hindeutet (vgl. z. B.: Pindyck/Rubinfeld [1991] S. 143-147). Die Schätzung der Commerzbank weist einen zu niedrigen D.W.-Wert auf. Die Residuen sind somit positiv autokorreliert. [1]

[1] *Die statistische Signifikanz kann u. a. durch eine Modellschätzung auf Differenzen erhöht werden. In der Regel verbessert sich der DW bei gleichzeitiger Verschlechterung des Erklärungsgehalts (R2). In den praktischen Modellansätzen wird häufig nur der Erklärungsgehalt mit dem Hinweis maximiert, daß bei Finanz-*

Graphik 1.2.2.0.0 G1

Entwicklung des Kapitalmarktzinssatzes im Commerzbank-Modell (Jan. 1985 bis Dez. 1997)

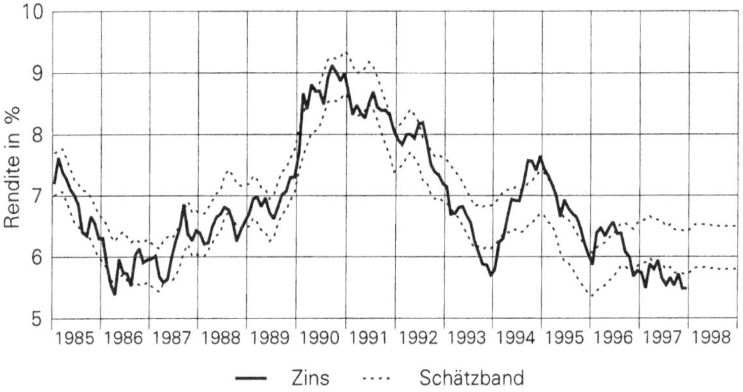

Daten: Commerzbank
Eigene Darstellung

Weiterhin sei die Problematik trendbehafteter Einflußfaktoren durch die Operationalisierung weitgehend eingegrenzt. Als wesentlichen Pluspunkt der multiplen linearen Regression bezeichnet die Commerzbank die Modelltransparenz neben der konzeptionell und statistisch abgesicherten Methodik. Hierdurch würden die Schwächen des Verfahrens – insbesondere die Annahme linearer Wirkungszusammenhänge – kompensiert.

1.2.2 Die Entwicklung des Kapitalmarktzinses im Erklärungsmodell

Wie gezeigt, kann der Verlauf des langfristigen Zinssatzes über einen wohl spezifizierten quantitativen Erklärungsansatz zu wesentlichen Teilen aus der Datenkonstellation der als fundamental wichtig erachteten ökonomischen Einflußfaktoren beschrieben werden. Abweichungen tatsächlich realisierter Zinswerte von den Schätzwerten aus dem Erklärungsansatz können daher – aus fundamentaler Hinsicht – als Fehlbewertung der zu erklärenden Variable interpretiert werden.

marktdaten die Autokorrelation von Residuen nicht ungewöhnlich sei (vgl. z. B.: Filc [1992] S. 193) und zudem dem „Erklärungsgehalt" der Schätzgleichung eine höhere Wertigkeit eingeräumt werde. Die durch den niedrigen DW-Koeffizienten im statistischen Sinne eingeschränkte Aussagefähigkeit des Commerzbank-Referenzmodells ist dem Autor bewußt, dem deskriptiven Praxisbezug soll aber Vorrang eingeräumt werden. Die Arbeit ist diesbezüglich mit weiteren Hinweisen versehen (vgl.: Seite 208 und Ausblick).

Auch im Erklärungsansatz ist es in der Regel nicht möglich, die Entwicklung der zu erklärenden Variable vollständig aus den fundamentalen Einflußfaktoren heraus zu erklären. Schon allein aus diesem Grund weichen die beobachteten Werte vom Schätzwert der Modellgleichung ab. Als Konsequenz werden die beobachteten Werte der zu erklärenden Variable in der Regel in ein Band wahrscheinlicher Ausprägungen der Schätzwerte der Schätzgleichung gelegt. Als Bandbreite verwendet die Commerzbank den zweifachen Standardfehler der Schätzgleichung um den zentralen Schätzwert (vgl.: Graphik 1.2.2.0.0 G1).

Der Fehler einer Schätzgleichung wird über die Differenz des beobachteten Wertes zum Schätzwert der zu erklärenden Variable ermittelt. Im Erklärungsansatz berechnet sich der Schätzwert über die realisierte Datenkonstellation der Fundamentalfaktoren. Der Standardfehler der Schätzgleichung definiert als statistische Meßgröße einen Bereich um den Fehler der Schätzgleichung, in dem sich der Fehler mit einer Wahrscheinlichkeit von zwei Dritteln bewegt.[1] Die Bandbreite berechnet sich aus dem zentralen Schätzwert plus/minus einer Standardabweichung. In der Interpretation wird das Band als Bereich verstanden, in dem mit einer gegebe-

Graphik 1.2.2.0.0 G2

Entwicklung des Kapitalmarktzinssatzes im Commerzbank-Modell (Jan. 1992 bis Dez. 1997)

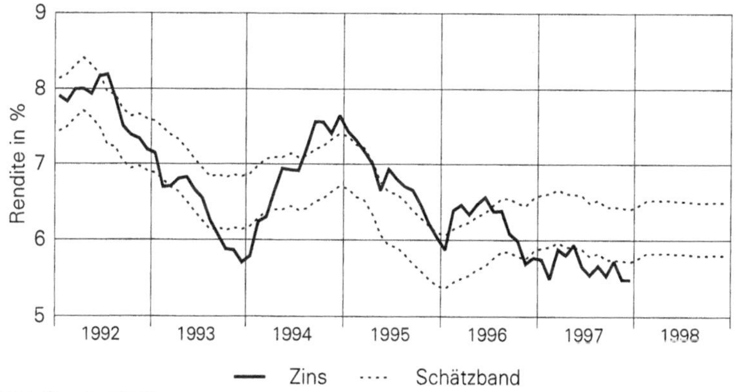

Daten: Commerzbank
Eigene Darstellung

[1] *Für die Darstellung der Berechnungsmethode des Standardfehlers und ihrer Voraussetzungen vgl. z. B.: Pindyck/Rubinfeld [1991] Kapitel 3 und 4.*

nen Wahrscheinlichkeit die Ausprägungen der zu erklärenden Variable liegen, sofern sie aus den Fundamentalfaktoren bestimmt sind.

Gemessen an der Entwicklung der Fundamentalfaktoren weist die Entwicklung des deutschen Kapitalmarktzinses im Zeitraum 1992 bis 1997 zwei Besonderheiten auf (vgl.: Graphik 1.2.2.0.0 G2). Zum einen liegt der Zins jeweils zum Jahreswechsel 1993/94 und über das Jahr 1997 deutlich unterhalb des Erklärungsbandes. Zum anderen liegt der Zins seit August 1994 bis zum Mai 1996 (mit kurzfristiger Ausnahme zum Januar 1996) am Rande oder deutlich oberhalb des Erklärungsbandes. Gemessen an den Ergebnissen dieses Erklärungsmodells liegt die Vermutung nahe, daß sich der deutsche Kapitalmarktzins seit August 1993 im verringerten Ausmaß an der Entwicklung der fundamentalen Einflußfaktoren orientiert.

1.3 Einfluß der Europäischen Integration auf den nominalen Kapitalmarktzins

Auf dem Weg zur vertiefenden Europäischen Integration werden im schrittweisen Übergang zu einem gemeinsamen Währungsraum nicht nur die nationalen Anleihemärkte zu einem gemeinschaftlichen westeuropäischen Kapitalmarkt verschmelzen, sondern auch das Verhältnis der nationalstaatlichen Rentenmärkte untereinander wird sich neu strukturieren.

Dabei wird es generell nicht überraschen, daß angekündigte Ereignisse schon im Vorfeld des Ereigniseintritts Anpassungsreaktionen bei den betroffenen Marktteilnehmern hervorrufen werden. Insbesondere mit der Fixierung der Wechselkursverhältnisse im Übergang zum gemeinsamen Währungsraum und der Übertragung der geldpolitischen Verantwortung an die Europäische Zentralbank werden Fakten geschaffen, „(...) die schon heute das Verhalten der Finanzmarktteilnehmer beeinflussen dürften." (BHF-Bank [August 1995] S. 1). Breuer, ein Vorstandsmitglied der Deutschen Bank, weist im November 1995 „seherisch" darauf hin, daß, je näher der Termin für die Implementierung der Europäischen Währungsunion rücke, desto stärker würden die Rückwirkungen auf die europäischen Rentenmärkte sein (vgl.: Breuer [November 1995]). Breuer betont allerdings das Problem, daß Finanzmärkte weniger von Fakten als vielmehr von Erwartungen getrieben würden:

„Die Marktteilnehmer werden im Vorfeld der EWU Entscheidungen auf der Grundlage ihrer unsicheren Einschätzungen treffen müssen. Reaktionen – auch überzogene – sind dann nicht auszuschließen, wenn sich Erwartungen über den Teilnehmerkreis aufgrund wirtschaftlicher oder politischer Entscheidungen ändern, oder die tatsächlichen Entscheidungen nicht mit den erwarteten übereinstimmen." (Breuer [November 1995]).

Im selben Tenor äußerte sich schon im März 1995 das Research der Deutschen Bank. Die Kapitalmärkte und das Währungsgeschehen würden in den kommenden Jahren „(...) zunehmend über die Erwartungen über die Realisierung der Währungsunion beeinflußt werden" (Deutsche Bank Research [März 1995] S. 2). Sind damit letztendlich die Erwartungen der Marktteilnehmer hinsichtlich Terminierung und Ausgestaltung der Währungsunion während der zweiten Stufe die dominierenden Einflußfaktoren für die Preisbildung an den europäischen Rentenmärkten?

Außer Frage steht, daß die Renditedifferenzen potentieller Teilnehmerstaaten während der Übergangsphase sensibel auf veränderte Erwartungen hinsichtlich des Starttermins der Währungsunion und der Teilnahme des betrachteten Landes reagieren werden. Dieses Faktum resultiert im originären Effekt aus der Definition einer Währungsunion. Eine glaubhaft irreversible Währungsunion wird über den Fortfall des Wechselkursänderungsrisikos zu einer Konvergenz von Anleiherenditen zwischen den potentiellen Teilnehmerstaaten führen (vgl.: Heinemann [März 1996] S. 10). Die Konvergenz wird sich umso schneller vollziehen, je glaubhafter der Starttermin für den Übergang zum gemeinsamen Währungsraum fixiert ist und je wahrscheinlicher mit der Teilnahme des betrachteten Landes gerechnet werden kann. Diese Zinskonvergenz ist in ihrer Richtung aber nicht in ihrem zeitlichen Verlauf unabhängig von der Konstellation der ökonomischen Fundamentalvariablen.

An einem einfachen Beispiel kann dieser Zusammenhang verdeutlicht werden. Betrachten wir z. B. die stilisierte Zinskonvergenz (vgl.: Schaubild 1.3.0.0.0 S1) zwei identischer [1)] fünfjähriger Nullkupon-Anleihen, die in unterschiedlichen Währungen denominiert sind. Folgt die Kursbildung der idealtypischen Abgrenzung der offenen Zinsparität, so bestimmt sich die Renditedifferenz der Anleihen aus der erwarteten

[1)] Die Anleihen unterscheiden sich hinsichtlich Laufzeit, Kuponhöhe, Kündigungsbedingung, steuerlicher Behandlung, Bonität des Emittenten und Liquidität des Anleihesegmentes nicht.

Wechselkursänderungsrate. Wird nun angenommen, daß die betrachteten Länder 1999 glaubhaft eine Währungsunion bilden werden, dann setzt schon im Vorfeld der Wechselkursfixierung ein Zinsangleichungsprozeß ein, dessen Verlauf abhängig von der erwarteten Wechselkursänderungsrate[1] über den Laufzeitbereich ist. Dabei wird die erwartete Wechselkursänderungsrate in den einfachen Beispielen des Schaubildes 1.3.0.0.0 S1 als eine hypothetische Größe verstanden, die von der geplanten Wechselkursfixierung abstrahiert und eine an den makroökonomischen Fundamentalvariablen[2] ausgerichtete Wechselkursrisikoprämie widerspiegelt.

Aus den stilisierten Verläufen des Schaubildes 1.3.0.0.0 S1 ist erkennbar, daß die aus der Wechselkursfixierung resultierende „technische" Zinskonvergenz die aus Sicht der makroökonomischer Fundamentalvariablen gerechtfertigte Wechselkursrisikoprämie überlagert. In der Realität erweist es sich als äußerst schwierig, den Anteil der „technischen" Zinskonvergenz vom fundamental gerechtfertigten Zinskonvergenzprozeß zu trennen. So betont die Deutsche Bundesbank in ihrem November-Monatsbericht 1996, daß die zu beobachtende Zinskonvergenz in Europa (vgl.: Abschnitt 1.1.3) nicht gleichbedeutend mit einer bereits erfolgten makroökonomischen Konvergenz sei.

> „Daher ist die starke Annäherung der Renditeniveaus der meisten EU-Länder in der letzten Zeit nicht zwangsläufig gleichbedeutend mit einer bereits erfolgten makroökonomischen Konvergenz. Schon die Erwartung, daß ein Land an der dritten Stufe der Europäischen Währungsunion teilnehmen wird, bewirkt eine Angleichung der Renditeniveaus: eine solche „politische" Zinskonvergenz würde nach Beginn der Währungsunion eine – zunächst möglicherweise noch fehlende – fundamentale Konvergenz erzwingen. Dies wäre aber eine schwere Hypothek für die Glaubwürdigkeit einer gemeinsamen europäischen Geldpolitik." (Deutsche Bundesbank [November 1996] S. 26)

---

[1] In den Beispielen der stilisierten Zinskonvergenz (vgl.: Schaubild 1.3.0.0.0 S1) wird vereinfacht angenommen, daß die erwartete Wechselkursänderungsrate für einen bestimmten Zeitraum konstant ist. Im Beispiel 1 wird eine im gesamten Zeitverlauf konstante erwartete Wechselkursänderungsrate unterstellt. Im Beispiel 2 (3) steigt (fällt) die erwartete Wechselkursänderungsrate von 1994 bis 1998 und wird dann konstant gehalten.

[2] Wird z. B. die Gültigkeit der relativen Kaufkraftparität unterstellt, so orientiert sich die erwartete Wechselkursänderungsrate an der im Laufzeitbereich erwarteten Inflationsdifferenz der betrachteten Staaten.

Schaubild 1.3.0.0.0 S1

Stilisierte Zinskonvergenz fünfjähriger Anleihen im Vorfeld der Währungsunion

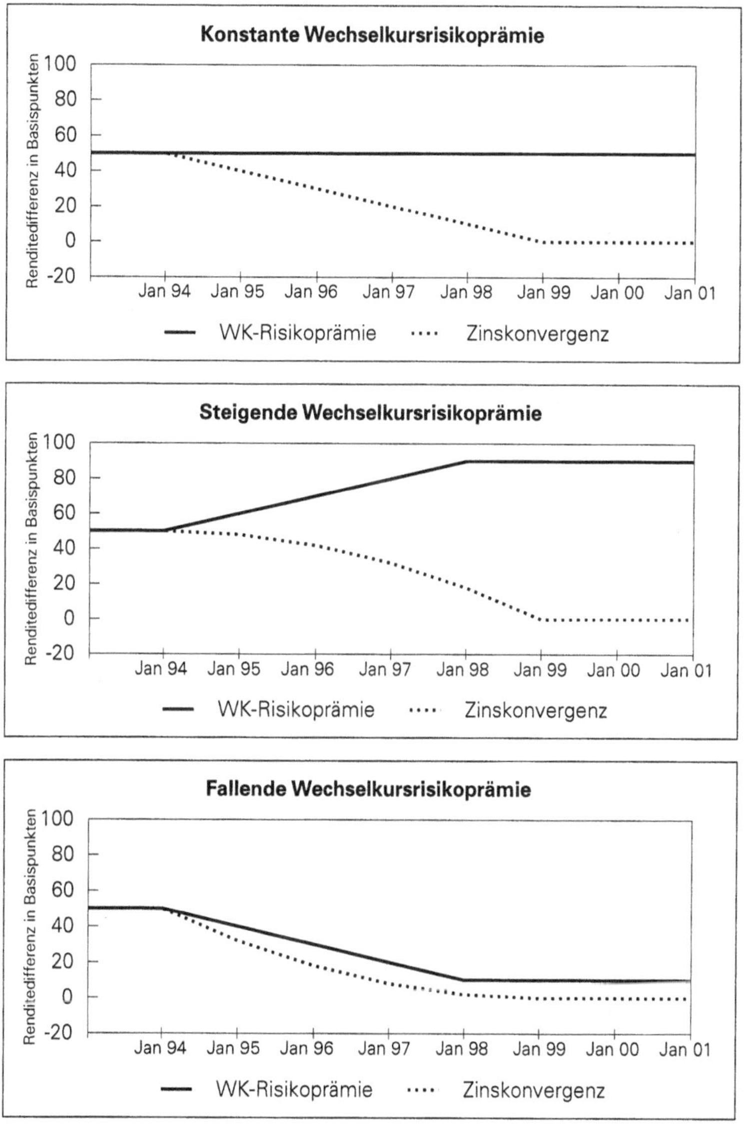

Eigene Darstellung und Berechnung

Das Europäische Währungsinstitut betont hingegen, daß die europäische Renditekonvergenz zu wesentlichen Teilen eine fundamental begründete Zinskonvergenz sei. Insbesondere die Länder, die deutliche Fortschritte in der Einengung der Renditeunterschiede über das Jahr 1996 verzeichnen konnten, und die noch zum Jahresbeginn 1996 die höchsten Risikoprämien aufwiesen, wie Spanien, Italien, Portugal und Schweden, konnten auch erhebliche Fortschritte in der makroökonomischen Konvergenz aufweisen. Eine begleitende „technische" Zinskonvergenz will das Europäische Währungsinstitut hingegen auch nicht ausschließen.

> „Diese Entwicklung ist offenbar dem Zusammenwirken verschiedener Einflußfaktoren zuzuschreiben, wie etwa einer erheblichen Reduzierung der erwarteten Inflationsunterschiede innerhalb der EU, der Wahrnehmung von Fortschritten bei der Haushaltskonsolidierung, der relativen Stabilität der Wechselkurse und den nachlassenden politischen Unsicherheiten in einer Reihe von Ländern. Diese Faktoren wurden von den Märkten dahingehend interpretiert, daß sie die Aussichten für die Wirtschafts- und Währungsunion verbessert haben – was wiederum eine Rolle bei der Rückbildung der Renditeabstände gespielt haben mag, und zwar sowohl direkt als auch dadurch, daß sich die Aussichten für die Wechselkursstabilität weiter verbesserten." (Europäisches Währungsinstitut [April 1997] S. 47)

In diesem Zusammenhang wird deutlich, daß sich die „technische" Zinskonvergenz nicht unabhängig von der Entwicklung ausgewählter makroökonomischer Fundamentalvariablen vollzieht. Vielmehr orientiert sich die Erwartungshaltung der Marktteilnehmer hinsichtlich der Aufnahme einzelner Mitgliedstaaten (direkte Voraussetzung für die „technische" Zinskonvergenz) und dem tatsächlichen Start der Währungsunion (indirekte Voraussetzung für eine hinreichende Anzahl von Mitgliedstaaten) an dem Erfüllungsgrad ausgewählter makroökonomischer Fundamentalvariablen: den Konvergenzkriterien. In diesem Sinn ist auch das Zinskriterium der Maastrichter Verträge formuliert. Über die Konvergenz der langfristigen Zinsniveaus soll die Dauerhaftigkeit der von einem Mitgliedstaat erreichten Konvergenz und seiner Teilnahme am Wechselkursmechanismus zum Ausdruck gebracht werden (vgl.: Art. 109j Absatz 1[1)] und Europäisches Währungsinstitut [April 1995] S. 57).

[1)] *Alle in dieser Arbeit genannten Artikel beziehen sich auf den Vertrag der Europäischen Union.*

Zusammenfassend zeigt die Renditeentwicklung an den europäischen Finanzmärkten in der zweiten Stufe eine verflochtene Struktur. Zum einen deutet die Konvergenz der langfristigen Zinssätze darauf hin, „(...) daß länderspezifische Umstände – wie beispielsweise Inflationserwartungen sowie Veränderungen in den Risikoprämien und damit auch Fragen im Zusammenhang mit der Dauerhaftigkeit (...) – eine wichtige Rolle gespielt haben" (Europäisches Währungsinstitut [November 1996] S. 49). Zum anderen gehören aber ebenso die Erwartungen über den Starttermin der Währungsunion und die Konstellation der Teilnehmerländer zu den tragenden Kräften der europäischen Renditekonvergenz. Zu diesem „Votum der Märkte" gibt Bundesbankpräsident Tietmeyer zu bedenken, daß zwischen einer Anleihebewertung, deren Stärke auf der fiskalpolitischen und ökonomischen Solidität des Emittenten beruhe und einer Konvergenz, die allein in der Erwartungshaltung der Finanzmärkte ihren Ursprung finde, deutlich zu unterscheiden sei (vgl.: Börsen-Zeitung [08.04.97]). Ein in der Art ausgestaltetes Convergence-trading könne nach Ansicht Tietmeyers gefährlich für das betroffene Land werden, da bei der Konvergenzprüfung im Februar 1998 das Europäische Währungsinstitut prüfe, was hinter den Daten stehe (vgl.: Börsen-Zeitung [08.04.97]). [1)]

Im folgenden soll sich der Frage nach dem Einfluß der Währungsunion auf den nominalen Kapitalmarktzins (und damit auch der Erklärung der Renditekonvergenz) in methodischer Hinsicht schwerpunktmäßig aus einem anderen Blickwinkel genähert werden. Hier steht im Ausgangspunkt die Frage, welche expliziten Risiken der Halter einer langlaufenden Anleihe schon im Vorfeld der Währungsunion berücksichtigen muß. In der klassischen Risikoanalyse von Anleihen werden in der Regel fünf Risikoklassen getrennt (vgl. z. B.: Kapner/Marshall [1992] Kapitel 2):

- das Zinsänderungsrisiko,
- das Wiederanlagerisiko,
- das Wechselkursrisiko,
- das Ausfallrisiko („default-risk" oder „credit-risk") und
- das Liquiditätsrisiko.

1) So widmete sich z. B. die Landeszentralbank des Freistaates Bayern im Herbst 1997 der Aufgabe, die „technische" Zinskonvergenz aus der allgemeinen Zinskonvergenz mit Hilfe der in dieser Arbeit vorgestellten Währungsunion-Wahrscheinlichkeitsindikatoren der Commerzbank (vgl.: Abschnitt 2.2.2.1 und 2.2.2.2) zu isolieren. Auf die (theoretische) Möglichkeit zur Beantwortung dieser Fragestellung weisen Favero et al. hin (vgl.: Favero et al. (Juli 1997) S. 14-16).

Das Zinsänderungsrisiko mißt die Preisreagibilität einer Anleihe auf eine Zinsänderung im entsprechenden Währungsraum. Bei gegebener Zinsänderung wird das Ausmaß der Preisreagibilität über die zeitliche Verteilung des Auszahlungsstroms der Anleihe bestimmt.[1] Eng mit dem Zinsänderungsrisiko ist das Wiederanlagerisiko verbunden. Wie in Abschnitt 1.1.1 beschrieben, setzt die Renditeberechnung auf Endfälligkeit implizit voraus, daß die geleisteten Kuponauszahlungen zur berechneten Endfälligkeitsrendite beim Kauf der Anleihe reinvestiert werden können. Weicht der Marktzinssatz beim Kupontermin von der Kaufendfälligkeitsrendite ab, dann verändert sich der über den Anlagezeitraum tatsächlich erzielte Ertrag der Finanzinvestition. Mit dem Übergang zum gemeinsamen Währungsraum werden sich die Bestimmungsfaktoren für die Risiken der ersten beiden Klassen nicht mehr an dem länderspezifischen Zinsumfeld, sondern an dem des neuen gemeinsamen Währungsraums ausrichten und damit vereinheitlichen.

Abschnitt 1.3.1 befaßt sich mit Hilfe eines traditionellen Ansatzes mit der Zinskonvergenz im Übergangsprozeß und damit ausdrücklich mit den verbleibenden drei Risikoklassen. Das Wechselkursrisiko erfaßt die Gefahr, daß der in inländischer Währung realisierte Anlageertrag einer Fremdwährungsanlage durch Wechselkursschwankungen geschmälert wird. Wie bereits beschrieben, ist der definitive Fortfall der Wechselkursrisikoprämie in einer irreversiblen Währungsunion ausschlaggebend für die erfolgende Zinskonvergenz im Vorfeld des Ereignisses. Wie weit diese Konvergenz jedoch fortschreiten wird, ist abhängig von den unterschiedlichen Ausprägungen spezifischer Risiken, die mit dem Anlagesegment und dem Emittent der Anleihe verbunden sind. Dabei erfaßt das Ausfallrisiko die Möglichkeit einer Nicht-Begleichung oder Verschiebung des garantierten Auszahlungsstroms der Anleihe und das Liquiditätsrisiko Unterschiede in den Veräußerungsbedingungen. Im besonderen konzentriert sich Abschnitt 1.3.1 auf die Aspekte des Wechselkursänderungs- und des Ausfallrisikos.

Abschnitt 1.3.2 greift einen erwartungstheoretischen Ansatz der Anleihebewertung auf. Über die traditionelle Einordnung des Abschnitt 1.3.1 hinaus ermöglicht dieser Ansatz in einer praxisorientierten Nuancierung, das Zinsumfeld im Vorfeld der Europäischen Währungsunion quantitativ zu analysieren. Wie die traditionelle Einordnung führt auch der erwartungstheoretische Ansatz zu der Erkennt-

[1] *Die geläufigsten Quantifizierungsansätze bilden die Duration-Konzepte (vgl. z. B.: Bierwag et. al [1983]).*

nis, daß sich die Anleihebewertung im Vorfeld der Währungsunion über das (erwartete) Zinsumfeld und damit laufzeitentsprechend anhand der makroökonomischen Fundamentalvariablen des neuen Währungsraums bestimmt. Der erwartungstheoretische Ansatz ermöglicht es, die einheitliche Bewertungsgrundlage der europäischen Anleihepreisbildung für die erwarteten Teilnehmerstaaten qualitativ zu isolieren und quantitativ zu bestimmen. In erwartungstheoretischer Abgrenzung werden die erwarteten Terminzinssätze für den europäischen Währungsraum als laufzeitentsprechend einheitliche Bewertungsgrundlage für die Anleihemärkte der erwarteten Teilnehmerstaaten herausgearbeitet.

1.3.1 Der Zinskonvergenzprozeß: eine traditionelle Sicht

Für die erwarteten Teilnehmerstaaten verschiebt sich schon im Vorfeld der Währungsunion die Bewertungsgrundlage für nationale Anleihetitel. Titel, die mit dem Laufzeitbereich in das neue Währungsregime hineinreichen, bewerten neben der Einschätzung hinsichtlich der gesamtwirtschaftlichen Situation des Teilnehmerlandes und des Emittenten auch Informationen über die Einschätzung des neuen Währungsraumes. Das Europäische Währungsinstitut führt zu diesem Zusammenhang aus:

> „Für die Mitgliedstaaten, von denen angenommen wird, daß sie sich für die Ländergruppe qualifizieren, die die einheitliche Währung einführen wird, verschiebt sich mit dem Näherrücken der Währungsunion jedoch der Schwerpunkt des Interesses: von Bedeutung ist weniger der Blick auf das einzelne Land als vielmehr die Markteinschätzung für die wahrscheinlichen Wirtschaftsaussichten für den Währungsraum als Ganzes – gleichwohl können gewisse länderspezifische Risikoprämien weiterhin bestehen." (Europäisches Währungsinstitut [November 1996] S. 51).

Dieser Zusammenhang läßt sich über eine vereinfachende formale Darstellung in einer traditionellen Untergliederung beschreiben (vgl.: Exkurs 1.3.1.0.0 E1). Dabei wird deutlich, daß die (erwarteten) gesamtwirtschaftlichen Fundamentalvariablen für den gemeinsamen europäischen Währungsraum in Abhängigkeit zur Laufzeit der Anleihe und den Erwartungen hinsichtlich der möglichen Starttermine der Währungsunion eine einheitliche Bewertungsgrundlage für sämtliche Anleihen der erwarteten Teilnehmerstaaten bilden. Diese Bewertung ist nicht unabhängig von

Exkurs 1.3.1.0.0 E1

Das Zinsniveau im Übergangsprozeß – eine formale Darstellung

In einfacher Abgrenzung kann der Kapitalmarktzins, gemessen an der Endfälligkeitsrendite langfristiger Staatsanleihen, anhand von zwei Gruppen von Einflußgrößen beschrieben werden (vgl. z. B. Heinemann (März 1996).

- Die erste Gruppe bilden die gesamtwirtschaftlichen Fundamentalvariablen wie z. B die Inflationserwartung (h), die konjunkturelle Situation (o) oder die Kapitalmarktbeanspruchung seitens des Staates, der Privaten und der Unternehmen.
- Die zweite Gruppe der Einflußgrößen ergibt sich aus den spezifischen Eigenschaften des Anleihemarktsegmentes und des Emittenten, wie z. B eine Risikoprämie für das Ausfallrisiko (a) oder eine Liquiditätsprämie (l).

Für eine deutsche Anleihe läßt sich der Zusammenhang wie folgt formulieren:

$$z_{D,t}^{DM} = g^{DM}(o^{DM}, h^{DM}, \ldots, t) + v(a_D, l_D, \ldots, t)$$

Dabei bezeichnet 'D' das Emittenten-Superskript, und 'DM' steht für den länderspezifischen deutschen Währungsraum. Ferner bezeichnet 'g' bzw. 'v' den nicht weiter spezifizierten funktionalen Zusammenhang zwischen den Fundamentaldaten bzw. den spezifischen Eigenschaften des Anleihemarktsegmentes und des Emittenten. 't' bezeichnet die Restlaufzeit der betrachteten Anleihe.

Mit der Option zum Übergang zum gemeinsamen Währungsraum verändert sich die Zinserklärungsgleichung. So wird die Anleihepreisbildung nach Maastricht – aber vor dem Beginn der Währungsunion – zusätzlich laufzeitentsprechend auch erwartete Fundamentalvariablen des gemeinsamen Währungsraums berücksichtigen. Dabei gilt: Je näher das konkrete Übergangsdatum 'τ' am aktuellen Zeitpunkt der Renditebetrachtung liegt, desto stärker fällt der potentielle Einfluß der Zinseinflußdeterminanten des Euro-Währungsraums auf die Anleihepreisbildung aus.

$$z_{D,t}^{DM}(\tau) = f^{DM}(o_\tau^{DM}, h_\tau^{DM}, \ldots, o_{t-\tau}^{Euro}, h_{t-\tau}^{Euro}, \ldots, t, \tau) + v(a_D, l_D, \ldots, t)$$

(Vereinfachend wird angenommen, daß die zweite Gruppe der Zinseinflußdeterminanten in ihrer Ausprägung währungsregimeunabhängig ist).

Berücksichtigt man ferner, daß eine Vielzahl möglicher Übergangstermine existieren, denen jeweils eine gewisse Wahrscheinlichkeit zugeordnet werden kann [EWU (τ)], dann erhalten wir die abschließende Zinserklärungsgleichung im Übergangsprozeß in diskreter Formulierung:

$$z_{D,t}^{DM} = \sum_{\tau=0}^{t} EWU(\tau) \cdot z_{D,t}^{DM}(\tau)$$

$$= \sum_{\tau=0}^{t} EWU(\tau) \cdot f^{DM}(o_\tau^{DM}, h_\tau^{DM}, \ldots, o_{t-\tau}^{Euro}, h_{t-\tau}^{Euro}, \ldots, t, \tau) + v(a_D, l_D, \ldots, t)$$

mit $\sum_{\tau=0}^{t} EWU(\tau) = 1$ wobei $EWU(\tau) \geq 0$

der erwarteten Zusammensetzung der Währungsunion, da über sie die Ausprägung der gesamtwirtschaftlichen Fundamentalvariablen und ihr funktionaler Zusammenhang bestimmt wird. Ferner wird in dieser Abgrenzung deutlich, daß Renditedifferenzen aufgrund spezifischer Eigenschaften des Anleihemarktsegmentes und des Emittenten weiterhin bestehen bleiben.

So wird der Anleihemarkt für Staatstitel des gemeinsamen Währungsraums neben der unterschiedlichen Veräußerbarkeit (Liquidität)[1] und steuerlichen Behandlung nationaler Anleihetitel im wesentlichen über das unterschiedliche Ausfallrisiko segmentiert werden. Der Abschnitt 1.3.1.2 konzentriert sich auf den letztgenannten Punkt. Dabei erweist sich die selektive Quantifizierung der zu erwartenden länderspezifischen Ausfallrisikoprämien als äußerst schwierig. In der öffentlichen Diskussion divergieren die Angaben zwischen null und fast einhundert Basispunkten. Im Mittel erwarteten die meisten Kreditinstitute einen Zinsaufschlag gegenüber Bundestiteln in Höhe von bis zu 50 Basispunkten (vgl. z. B.: BHF-Bank [Februar 1997] S. 3; Investment Research [Juli/August 1997] S. 3 und Bayerische Hypotheken- und Wechselbank [April 1997] S. 35). Eine in methodischer Hinsicht einfache praxisorientierte Näherungslösung vermittelt in Abschnitt 1.3.1.2 einen ersten Eindruck über die Schwankungsbreite und das Ausmaß der Risikoprämie. Anhand der gewählten Berechnungsmethode erweist sich im Ergebnis

- das Ausfallrisiko im Zeitablauf als nicht konstant
- und gemessen am Durchschnitt des Jahres 1996 als relativ gering.[2]

Bis zur endgültigen Fixierung der Wechselkursverhältnisse zwischen den Mitgliedstaaten des neuen gemeinsamen Währungsraums wird ein international agie-

[1] *Insgesamt gewinnt der europäische Anleihemarkt im neuen Währungsraum an Breite und Tiefe. Je nach Anzahl der Teilnehmerländer schwankt der prozentuale Anteil am Weltanleihemarkt gemessen am Umlaufvolumen zwischen 23 Prozent (Kernwährungsunion) und 34 Prozent (sämtliche EU-Mitgliedstaaten). Der europäische Anleihemarkt wird damit hinter den USA und vor Japan zum zweitgrößten Anleihemarkt der Welt (vgl. Salomon Brothers [August 1996] S. 1). Der Wettbewerb zwischen den Marktsegmenten im europäischen Anleihemarkt wird jedoch größer. Unterschiede im Volumen, Handelbarkeit und Plazierungsverfahren werden zu Preisunterschieden führen. Als Orientierungsgröße dürften hier Renditeunterschiede zwischen Bundes- und Länderanleihen dienen. Im Juli 1997 rentierte z. B. die zehnjährige Bundesanleihe bei 6,34 Prozent. Laufzeitentsprechende Landesschuldverschreibungen hingegen bei 6,55 Prozent.*

[2] *Auf die Betrachtung der Veränderung der Ausfallrisikoprämie mit Übergang zur Währungsunion soll aufgrund der Schwerpunktlegung dieser Arbeit verzichtet werden. Für eine allgemeine Einführung in die veränderten institutionellen Rahmenbedingungen vgl. Schlesinger et al. [1993] S. 130-145. Für eine spezifischere Einführung vgl.: Merrill Lynch [November 1996] und für eine spezielle Sicht einer Rating-Agentur vgl.: Moody's Investors Service [Februar 1997].*

render Investor aber zunächst in seiner Anlageentscheidung weiterhin zu berücksichtigen haben, daß der in nationalen Währungseinheiten erzielte Anlageertrag durch Schwankungen im Wechselkursverhältnis beeinflußt werden kann.[1] Den Fortfall dieses Wechselkursänderungsrisikos bezeichnen Emerson et al. (1991) als dauerhaften Gewinn der Währungsunion für Schwachwährungsländer: [2]

> „Selbst wenn die Investoren nicht erwarten, daß sich die Wechselkurse in absehbarer Zukunft ändern werden, bleiben doch auf Fremdwährung lautende Anlagen riskanter als inländische Aktiva der gleichen Kategorie. (...) So lange die Wechselkurse zu geringen Kosten geändert werden können, wissen die Investoren, daß in den Schwachwährungsländern die Möglichkeit einer realen Abwertung besteht. Daher können Währungsrisikozuschläge für einstmals schwache Währungen auch dann noch fortbestehen, wenn die Wechselkurse lange Zeit hindurch fest bleiben. Da die WWU das Wechselkursrisiko völlig ausschalten würde, würde sie auch den Wechselkursrisikozuschlag beseitigen. Das wäre für die Schwachwährungsländer ein dauerhafter Gewinn." (Emerson et al. [1991] S. 139)

Abschnitt 1.3.1.1 befaßt sich mit einigen Implikationen des Fortfalls des Wechselkursänderungsrisikos für den Übergang zum gemeinsamen Währungsraum auf Basis der methodischen Abgrenzung der gedeckten Zinsparität. Als wesentliches Ergebnis der Betrachtung im Verständnis dieser Arbeit sind zwei Punkte anzuführen:

- Zum einen hat die Wahl des Umstellungskurses, zu denen die Mitgliedstaaten der Währungsunion am Umstellungstag ihre Wechselkurse fixieren, keinen Einfluß auf die vollständige Zinskonvergenz zwischen den Teilnehmerstaaten.
- Zum anderen stellt sich heraus, daß die Terminzinssätze der Teilnehmerstaaten ab dem Übergangsdatum für den gemeinsamen Währungsraum identisch sein müssen.

---

[1] *Nach Berechnungen von Hott und Kuhn erzielte z. B ein Engagement in Dollaranleihen in den letzten zehn Jahren auf DM-Basis lediglich einen durchschnittlichen jährlichen Ertrag von 3,8 Prozent im Vergleich zu einem nominalen Ertrag auf Dollar-Basis in Höhe von 8,6 Prozent (vgl.: Hott/Kuhn [09.07.96]).*

[2] *Der stellvertretende italienische Ministerpräsident Walter Veltroni beziffert die Zinseinsparungen des italienischen Haushalts bei einer einprozentigen Zinssenkung auf ein Volumen von 20 Mrd. DM jährlich (vgl.: Reuters [28.11.96]). Die durchschnittliche Restlaufzeit der ausstehenden italienischen Staatsanleihen betrug Ende 1996 drei Jahre und vier Tage (vgl.: Banca d'Italia [Februar 1997] S. 71).*

1.3.1.1 Die Wechselkursrisikoprämie

In der idealtypischen Abgrenzung des monetären Ansatzes der Finanzmarkttheorie entspricht der Inlandszins für vergleichbare Wertpapiere [z] dem Auslandszins [z*] zuzüglich einer erwarteten Wechselkursänderungsrate. Dieses Verhältnis wird als „ungedeckte" oder „offene" Zinsparität bezeichnet (vgl. z. B.: Willms [1992] S. 107). Bezeichnet 'P' den aktuellen Wechselkurs und 'E(P)' den erwarteten Wechselkurs zwischen dem In- und Ausland in der Preisnotierung, dann kann das Verhältnis in der einfachsten Abgrenzung für hinreichend kleine Werte von 'z*' anhand folgender Gleichgewichtsbeziehung approximiert werden (vgl. z. B.: Stehle [Oktober 1995] S. 524):

Gleichung 1.3.1.1.0 F1

$$z = z^* + \frac{E(P) - P}{P}$$

Die Gleichung wird als offene Zinsparität bezeichnet, da sie auf der Annahme beruht, daß die Kapitalanleger von einer Absicherung des Wechselkursänderungsrisikos auf dem Devisenterminmarkt absehen (vgl.: Deutsche Bundesbank [November 1993] S. 53). (Für eine genauere Beschreibung der offenen Zinsparität vgl.: Exkurs 1.3.1.1.0 E1).

Folgt die Erwartungsbildung über die Wechselkursänderungsrate den Annahmen der relativen Kaufkraftparität, so orientiert sich die erwartete Wechselkursänderungsrate an der Differenz der Änderungsraten des ausländischen und inländischen Preisniveaus (vgl. z. B.: Clark et al. [1994] S. 69-71).[1] In dieser idealtypischen Abgrenzung ist die erwartete Inflationsdifferenz die alleinige ökonomische Bestimmungsgröße der Wechselkurserwartung. Wie in Abschnitt 1.3 beschrieben, setzt mit der Ankündigung einer glaubhaften irreversiblen Fixierung der Wechselkursverhältnisse eine „technische Zinskonvergenz" ein, die in ihrer Richtung aber nicht über ihren zeitlichen Verlauf hinweg unabhängig von der Konstellation der ökonomischen Fundamentalvariablen ist. Aus der formalen Darstellung der Entwick-

---

[1] Die relative Kaufkraftparitätentheorie postuliert einen langfristigen, proportionalen Zusammenhang zwischen den Wechselkursänderungen und der Entwicklung des Preisgefälles. Nach Untersuchungen der Deutschen Bundesbank stützen empirische Tests die These der relativen Kaufkraftparität als Bestimmungsgröße der langfristigen Entwicklung des Außenwerts der D-Mark (vgl.: Deutsche Bundesbank [November 1993] S. 48-51).

Exkurs 1.3.1.1.0 E1

Die offene Zinsparität

Unter den idealtypischen Annahmen der offenen Zinsparität entspricht der Inlandszins für vergleichbare Wertpapiere dem Auslandszins zuzüglich einer erwarteten Wechselkursänderungsrate. Der Ansatz unterstellt uneingeschränkte Kapitalmobilität sowie vollkommene Substituierbarkeit zwischen in- und ausländischen Wertpapieren. Desweiteren sieht er in der einfachen Form von jeglichen Risikoprämien ab und unterstellt weltweite Markttransparenz sowie rational entscheidende Marktteilnehmer (vgl. z. B. Stehle [Oktober 1995] S. 522 oder Willms [1992] S. 107).

Aus einem anderen Blickwinkel betrachtet, implizieren die Annahmen die Gleichheit des Anlageertrages einer Währungseinheit aus einem inländischen Investment mit dem erwarteten Ertrag eines ausländischen Investments:

$$(1+{}_tR^{i,m})^m = \frac{1}{{}_tP^{i,y}} \cdot (1+{}_tR^{y,m})^m \cdot {}_tE({}_{t+m}P^{i,y})$$

Dabei bezeichnet:

- ${}_tR^{i,m}$ die annualisierte aktuelle Rendite eines Wertpapiers der Währung 'i' mit der (Rest-) Laufzeit 'm'.
- ${}_tP^{i,y}$ den aktuellen Wechselkurs.
- ${}_tE({}_{t+m}P^{i,y})$ den aktuell für den Zeitpunkt 't+m' erwarteten Wechselkurs der Währungen 'i' und 'y'.

Durch einfaches Umstellen erhalten wir die Beziehung:

$$\left(\frac{(1+{}_tR^{i,m})}{(1+{}_tR^{y,m})}\right)^m = \frac{{}_tE({}_{t+m}P^{i,y})}{{}_tP^{i,y}} \quad \text{bzw.} \quad \frac{(1+{}_tR^{i,m})}{(1+{}_tR^{y,m})} = \left(\frac{{}_tE({}_{t+m}P^{i,y})}{{}_tP^{i,y}}\right)^{\frac{1}{m}}$$

Für 'm=1' entspricht das Verhältnis der annualisierten Zinserträge dem Verhältnis des in einem Jahr erwarteten Wechselkurses zum aktuellen Wechselkurs. Werden beide Seiten der Gleichung um '-1' erweitert, so kann die Gleichung in Jahresveränderungsraten angegeben werden:

$$\frac{(1+{}_tR^{i,1})}{(1+{}_tR^{y,1})} - \frac{(1+{}_tR^{y,1})}{(1+{}_tR^{y,1})} = \frac{{}_tE({}_{t+1}P^{i,y})}{{}_tP^{i,y}} - \frac{{}_tP^{i,y}}{{}_tP^{i,y}} \quad \Leftrightarrow \quad \frac{(1+{}_tR^{i,1}) - (1+{}_tR^{y,1})}{(1+{}_tR^{y,1})} = \frac{{}_tE({}_{t+1}P^{i,y}) - {}_tP^{i,y}}{{}_tP^{i,y}}$$

Das Verhältnis wird häufig für hinreichend kleine Werte von '${}_tR^{y,T}$' anhand folgender Gleichgewichtsbeziehung approximiert:

$$(1+{}_tR^{i,1}) - (1+{}_tR^{y,1}) = \frac{{}_tE({}_{t+1}P^{i,y}) - {}_tP^{i,y}}{{}_tP^{i,y}}$$

lung des länderspezifischen Zinsniveaus im Übergangsprozeß wird zudem ersichtlich (vgl.: Exkurs 1.3.1.0.0 E1), daß die nationalstaatlichen ökonomischen Fundamentalvariablen nur bis zum (erwarteten) Eintrittsdatum in die Währungsunion Bestimmungsgrößen der Wechselkursänderungserwartung sind.

Was passiert aber, wenn das Wechselkursverhältnis oder das Verfahren zur Berechnung des Wechselkursverhältnisses, zu dem die Paritäten der erwarteten Teilnehmerstaaten zum Eintrittsdatum festgeschrieben werden, schon im Vorfeld offiziell bekanntgegeben werden?[1] In diesem Fall ist bei vorgegebener Zinsdifferenz der aktuelle Wechselkurs bzw. bei vorgegebenem aktuellen Wechselkurs die Zinsdifferenz determiniert. Wir erhalten eine Situation multipler möglicher Gleichgewichtszustände (vgl. auch ähnliche Ausführungen in Abschnitt 2.2.1.4).

Zur Verdeutlichung betrachten wir die allgemeine Form der gedeckten Zinsparität. Diese Gleichgewichtsbeziehung wird im Gegensatz zur ungedeckten Zinsparität als „geschlossene" bzw. "gedeckte" Zinsparität bezeichnet, da von einer Kurssicherung der Anlagen in ausländischen Finanzaktiva ausgegangen wird (vgl.: Deutsche Bundesbank [November 1993] S. 53):[2]

Gleichung 1.3.1.1.0 F2

$$\frac{{}_{t+m}P^{i,y,F} - {}_{t+f}P^{i,y,F}}{{}_{t+f}P^{i,y,F}} = ({}_{t+f}R^{i,F,m})^m - ({}_{t+f}R^{y,F,m})^m$$

---

[1] *Nach Artikel 109l Abs. 4 werden die Umrechnungskurse am Tag des Übergangs zur dritten Stufe unwiderruflich zur ECU (vgl.: Abschnitt 2.2.1.3) fixiert. Das Verfahren zur Ermittlung der Umrechnungskurse ist zur Zeit noch nicht bekannt. Eine frühe Bekanntgabe wird jedoch von den politischen Entscheidungsträgern unterstützt. So sprachen sich u. a. der EU-Währungskommissar de Silguy (vgl.: Börsen-Zeitung [25.06.1997]) und der Präsident der Bundesbank Tietmeyer (vgl.: Datastream [19.06.1997]) für eine frühzeitige Bekanntgabe bis spätestens April 1998 aus. Durch den luxemburgischen Premierminister Junker wurde die Diskussion um die Forderung nach indikativen Wechselkursen erweitert (vgl.: Datastream [19.06.1997]). Im September 1997 einigte sich der Rat der Europäischen Wirtschafts- und Finanzminister auf die Bekanntgabe der bilateralen Paritäten der Währungen der Teilnehmerstaaten der Währungsunion zum Zeitpunkt der Auswahl der Mitgliedstaaten im Mai 1998. Für eine allgemeine Darstellung der Wechselkursfixierung vgl. z. B.: Gros/Lannoo [Oktober 1996] S.7-13 oder Lehment [1996].*

[2] *Die mathematisch genaue Gleichgewichtsbeziehung lautet (vgl. Ausführungen zur offenen Zinsparität Exkurs 1.3.1.1.0 E1):*

$$\frac{{}_{t+m}P^{i,y,F} - {}_{t+f}P^{i,y,F}}{{}_{t+f}P^{i,y,F}} = \frac{(1+{}_{t+f}R^{i,F,m})^m - (1+{}_{t+f}R^{i,F,m})^m}{(1+{}_{t+f}R^{i,F,m})^m}$$

Dabei bezeichnet:

${}_{t+m}P^{i,y,F}$	den aktuellen Terminwechselkurs zum Zeitpunkt 't+m' zwischen den Währungen 'i' und 'y'
${}_{t+f}P^{i,y,F}$	den aktuellen Terminwechselkurs zum Zeitpunkt 't+f' zwischen den Währungen 'i' und 'y'
${}_{t+f}R^{i,F,m}$	den annualisierten aktuellen Terminzins für den Zeitpunkt 't+f' eines Wertpapiers der Währung 'i' mit der (Rest-) Laufzeit 'm'

Für den Fall 'f = t' entspricht:

${}_{t+f}P^{i,y,F}$	dem akuellen Devisenkassakurs
${}_{t+f}R^{i,F,m}$	der annualisierten aktuellen Rendite eines Wertpapiers der Währung 'i' mit der (Rest-) Laufzeit 'm'.

Unter letztgenannter Bedingung beschreibt die Gleichung die einfache gedeckte Zinsparität.[1] Das Verhältnis aus dem Termin- und dem aktuellen Kassawechselkurs wird auch als „Swapsatz" bezeichnet. Devisenswapgeschäfte stellen eine Kombination eines Devisenkassageschäfts mit einem gegengerichteten Devisentermingeschäft dar (vgl. z. B.: Stehle [Oktober 1995] S. 522). Der Swapsatz repräsentiert die Kurssicherungskosten (vgl.: Deutsche Bundesbank [November 1993] S. 53), die unter den Annahmen der gedeckten Zinsparität (vgl. z. B.: Clark et al. [1994] S. 76-78) größengleich der laufzeitentsprechenden Zinsdifferenz der betrachteten Währungen ist.

Werden die Umtauschkurse zum Euro (Abschnitt 2.2.1.3) schon im Vorfeld der Währungsunion bekanntgegeben, dann sind die bilateralen Wechselkurse der erwarteten Teilnehmerstaaten bekannt und ab dem erwarteten Eintrittsdatum der

---

[1] *Die gedeckte Zinsparität hat nach Untersuchungen von Stehle (Oktober 1995) für die Euro-Märkte hohe empirische Relevanz. Nach seinen Ergebnissen fällt die Differenz zwischen Swapsatz und Zinsdifferenz selten höher aus als die Transaktionskosten. Auf den nationalen Kapitalmärkten dagegen seien die Abweichungen in seltenen Fällen durchaus höher als die Transaktionskosten gewesen. Stehle begründet diese Aussage damit, daß Kapitalanlagen auf ausländischen Kapitalmärkten zwar kursgesichert werden könnten, das plötzliche Eintreten von Kapitalverkehrsbeschränkungen aber in den seltensten Fällen gänzlich ausgeschaltet werden könne (vgl.: Stehle [Oktober 1995A] S. 520).*

Währungsunion fest fixiert. Wird ferner angenommen, daß absolute Gewißheit über die Zusammensetzung und das Eintrittsdatum der Währungsunion besteht, dann sind ab dem Zeitpunkt des Eintritts in die Währungsunion die bilateralen Wechselkurse und damit auch die bilateralen Terminwechselkurse der Teilnehmerländer fixiert. Aus der Gleichgewichtsbeziehung wird ersichtlich, daß selbst bei vorzeitiger Bekanntgabe des Umstellungskurses die Gleichung nicht eindeutig bestimmt ist. Vielmehr kann diese Beziehung bis zum Übergang zum gemeinsamen Währungsraum über eine Vielzahl von Kombinationen zwischen dem aktuellen Devisenkassakurs [${}_tP^{i,y}$] und den aktuellen Renditen '${}_tR^{i,m}$' und '${}_tR^{y,m}$' erfüllt werden. Da der Devisenswapsatz aus theoretischer Sicht nicht die abhängige Variable der Zinssatzdifferenz ist und umgekehrt, „(...) werden die Größen vielmehr im Rahmen eines größeren Systems von Variablen simultan bestimmt" (Stehle [Oktober 1995] S. 524).

Mit dem Übergang zum gemeinsamen Währungsraum werden die bilateralen Wechselkurse zwischen den Teilnehmerländern unwiderruflich fixiert. Der Kassawechselkurs und der Terminwechselkurs entsprechen ab diesem Datum dem angekündigten Umstellungskurs (${}_tUP^{i,y} = {}_{t+f}UP^{i,y}$ für alle t ≥ Umstellungstag). Damit ist die Zinsdifferenz zum Übergang auch bestimmt: Sie beträgt Null. Wird die Gleichgewichtsbeziehung von der anderen Seite betrachtet, so führt die Zinskonvergenz im Vorfeld der Währungsunion zu einer sukzessiven Annäherung des Kassawechselkurses an den Umstellungswechselkurs.

Aus diesem Verhältnis können zwei wesentliche Schlüsse gezogen werden (vgl.: de Grauwe [Mai 1996] S. 3-4). Zum einen hat die Wahl des Umstellungskurses im Resultat keinen Einfluß auf die vollständige Zinskonvergenz zwischen den Teilnehmerstaaten. Zum anderen müssen die Terminzinssätze auf einen Zeitpunkt nach Beginn der Währungsunion für die Teilnehmerstaaten identisch sein.

1.3.1.2 Das Ausfallrisiko

Im internationalen Vergleich beschreibt das Ausfallrisiko neben dem Abwertungsrisiko die zweite wesentliche Klasse von Risikoprämien auf Wertpapiere (vgl.: Alesina et al. [Oktober 1992] S. 428). Allgemein bewertet das Ausfallrisiko die Wahrscheinlichkeit, daß der Schuldner seinen verbrieften Zahlungsverpflichtungen nicht termingerecht nachkommt (vgl. z. B.: Fabozzi [1987] S. 159).[1] In idealtypischer theoretischer Abgrenzung ist der erwartete Ertrag [ER] über sämtliche Risikoklassen einer Laufzeit bei einem risikoneutralen[2] Investitionsverhalten identisch und entspricht der erwarteten Endfälligkeitsrendite eines risikolosen Investments [r_l] (vgl.: Lønning [1994] S. 5). Für eine einperiodische Wertpapierinvestition in Höhe von einer DM läßt sich die Beziehung wie folgt beschreiben:

Gleichung 1.3.1.2.0 F1

$$1 + ER = (1 + r_v)(1 - \sigma) = 1 + r_l$$

Dabei beschreibt 'σ' die Kreditausfallwahrscheinlichkeit und 'r_v' den versprochenen Ertrag des risikobehafteten Papiers. Nach Umformung ergibt sich der Ausfallrisikoaufschlag:

Gleichung 1.3.1.2.0 F2

$$\frac{r_v - r_l}{(1 + r_l)} = \frac{\sigma}{(1 - \sigma)}$$

Die prozentuale Ertragsdifferenz ist in dieser vereinfachten Form eine simple Funktion der Ausfallwahrscheinlichkeit [σ] (vgl.: Lønning [1994] S. 5). Yawitz et al. (September 1985) zeigen, daß die Beziehung auch für eine mehrperiodige Investition ihre Gültigkeit behält (und auch für risikoaverses Investitionsverhalten verallgemeinert werden kann).

Nach Fabozzi ist das Ausfallrisiko ein Maß der Kreditwürdigkeit des Wertpapieremittenten (vgl.: Fabozzi [1993] S. 159). Die Kreditwürdigkeitsprüfung umfaßt neben der Bewertung der objektiven Zahlungsfähigkeit des Schuldners („ability to pay")

---

[1] *In spezifischer Abgrenzung unterscheidet z. B. Lønning (1994) das Ausfallrisiko in einen wertpapierspezifischen Ausfallaufschlag und einem portefeuillebezogenen Risikoaufschlag. Die zuerst genannte Prämie bewertet das originäre Kreditausfallrisiko. Sie ist immer positiv. Die zuletzt genannte Prämie bewertet den Diversifikationseinfluß des Wertpapiers auf die Höhe des Gesamtausfallrisikos eines Wertpapierportefeuille. Diese Prämie kann positiv, negativ oder neutral sein (vgl.: Lønning [1994] S. 7).*

[2] *Ein risikoneutrales Investitionsverhalten [1] (risikoaverses [2]) wird unterstellt, wenn eine zusätzliche Risikoeinheit [b] den erwarteten Nutzen [U] eines nutzenmaximierenden Individuums unverändert läßt (bzw. reduziert):*

[1] Risikoneutral: $\frac{\delta U}{\delta b} = 0$ *bzw.* *[2] Risikoavers:* $\frac{\delta U}{\delta b} < 0$

(vgl.: Fuhrmann [1994] S. 96-97).

den subjektiven Tatbestand der Bewertung der Zahlungswilligkeit („willingness to pay"). Empirische Versuche, die Höhe des Ausfallrisikos für den europäischen Anleihemarkt für Staatskredite zu quantifizieren, folgen in der Regel drei methodischen Ansätzen.

Zum einen wird das Ausfallrisiko über die Renditedifferenz bzw. über das Renditeverhältnis von Staatsanleihen gegenüber ausgewählten laufzeitkongruenten, privaten Adressen gemessen. Diese Betrachtung konzentriert sich auf den Vergleich unterschiedlicher nationaler Marktsegmente auf dem inländischen Rentenmarkt. Dieser Methodik folgen z. B. Alesina et al. (Oktober 1992) in ihrer empirischen Untersuchung des Ausfallrisikos von Staatsanleihen in den OECD-Staaten. Im Ergebnis belegen sie die Existenz von Ausfallrisikoaufschlägen auf Staatsanleihen, die im Ausmaß gering sind und deren Höhe nicht nachweisbar von der Laufzeitstruktur beeinflußt wird (vgl.: Alesina et al. [Oktober 1992] S. 429). [1)]

Zum anderen wird das Ausfallrisiko über die Renditedifferenz vergleichbarer Emissionen von Staatsanleihen auf dem Euro-Rentenmarkt gemessen. Die Euro-Märkte erlauben es, Staatsanleihen unterschiedlicher Währungsgebiete auf der Grundlage einer gemeinsamen Währung zu vergleichen. In dieser Methodik ist der Ausfallaufschlag eine relative Größe. Aus Sicht eines deutschen Investors wird das Ausfallrisiko für europäische Staatsanleihen im Verhältnis zu deutschen Staatsanleihen bemessen. Aufgrund der einfachen Handhabbarkeit und der hohen Transparenz wird diese Methodik vor allem im außeruniversitären Bereich verwendet. Dabei dient sie als Näherungslösung zur Quantifizierung der möglichen Höhe von Ausfallrisikoaufschlägen. Im Januar 1996 begab z. B. Österreich eine Emission am Euro-Rentenmarkt mit einem Aufschlag von 18 Punkten gegenüber einer vergleichbaren deutschen Emission (vgl.: Bank für Internationalen Zahlungsausgleich [August 1996] S. 31). Diese Differenz wird als Näherungslösung für den relativen Ausfallrisikoaufschlag von österreichischen Staatsanleihen gegenüber Bundestiteln interpretiert.

[1)] In der Kritik wird dieser Ansatz z. B. von Obstfeld (Oktober 1992) verworfen. Insbesondere ist zu berücksichtigen, daß die Gefahr des Zahlungsausfalls im öffentlichen Sektor nicht unabhängig von politischen Turbulenzen ist, die wiederum Auswirkungen auf den privaten Sektor haben. Ein erhöhtes Risiko wirkt sich damit auf das Marktsegment des öffentlichen und privaten Sektors gleichzeitig aus (vgl. z. B.: Favero et al. (Oktober 1992) S. 449). Die Aussage von Cottarelli und Mecagni (Dezember 1990), daß ein wachsendes Risiko auf Staatsanleihen durch eine ansteigende Zinsdifferenz zwischen öffentlichen und privaten Wertpapieren eines Währungsraumes angezeigt werden müßte (vgl. Cottarelli/Mecagni [Dezember 1994] S. 866), wird unter Berücksichtigung dieses Zusammenhangs relativiert.

Leider weisen nicht sämtliche Mitgliedstaaten der Europäischen Union Emissionen am Euro-Markt auf. Zudem sind direkte Vergleiche nur bei gleichen Ausstattungsmerkmalen der zu vergleichenden Wertpapiere möglich. Lønning (1994) beschreibt die Problematik wie folgt:

> „Ideally we would like to compare a set of bonds that are equal in all respects except that they are issued by different governments, that is, bonds that are issued in the same currency at the same time, mature at the same time, have the same coupon size and the same amounts issued. The yields on these bonds should be compared to the yield on a third country risk free bond with the same characteristics. But the number of bonds issued is limited, so we are restricted to comparing bonds that are "almost" equal to a third country's bonds. Furthermore it is questionable whether we can find a third country whose government bonds are risk free." (Lønning [1994] S. 9)

In einer systematisch-wissenschaftlichen Analyse hat Lønning (1994) anhand dieser Methodik den Ausfallaufschlag auf europäische Staatsanleihen untersucht. Dabei wurde die relative Zinsdifferenz zu einer annähernd laufzeitkongruenten deutschen Staatsanleihe bemessen. Die deutsche Anleihe übernimmt die Benchmark-Funktion eines nahezu nicht ausfallrisikobehafteten Wertpapiers. Die Grundgesamtheit der betrachteten Anleihen ist um den Kupon- und Laufzeiteffekt bereinigt. Die bereinigte durchschnittliche Zinsdifferenz einer Stichprobe im Jahr 1996 wird als relativer durchschnittlicher Ausfallrisikoaufschlag gegenüber deutschen Staatsanleihen interpretiert. Auch Lønning weist die Existenz von Ausfallrisikoaufschlägen (am Euro-Anleihemarkt) nach, die im Ausmaß gering sind (vgl.: Tabelle 1.3.1.2.0 T1).

Der dritte methodische Ansatz bereinigt die nominalen Renditedifferenzen zwischen Staatsanleihen unterschiedlicher Währungsgebiete um die Renditedifferenz erstklassiger Adressen des privaten Sektors. Nach diesem Ansatz ergibt sich die aktuelle Renditedifferenz der Staatsanleihe der Währung 'i' mit der Laufzeit 'm' zur Staatsanleihe der Währung 'y' [${}_tBD^{i,y,m}$] aus der Summe des relativen Ausfallaufschlags von 'i' gegenüber 'y' [${}_t\sigma D^{i,y,m}$] und der Prämie für die zum Zeitpunkt 't' für die Laufzeit der Anleihe erwartete Wechselkursänderungsrate [${}_{t+m}e^{i,y}$] (zur Herleitung vgl. Exkurs 1.3.1.2.0 E1).

Tabelle 1.3.1.2.0 T1

Die relative Ausfallrisikoprämie auf zehnjährige europäische Staatsanleihen (in Basispunkten)

1. Berechnung über Zinsswaps
1.1 Eigene Berechnungen (Jahresdurchschnitte)

	BEF	DKK	ITL	ESP	PTE	GBP	ATS	NLG	FRF
1994	19	−1	50	20		−1		−8	15
1995	24	0	120	26	11	4	34	1	16
1996	11	3	34	10	13	5	6	−3	5
1997	13	2	10	14	14	−12	5	−2	1

1.2 Ergebnisse von J.P. Morgan (auf Grundlage eines Tagesvergleiches 1995)*

	BEF	DKK	ITL	ESP	PTE	GBP	ATS	NLG	FRF
1995	18	4	96		14	4			8

2. Berechnung über Euro-Bondmärkte
2.1 Ergebnisse von Lønning**

	BEF	DKK	ITL	ESP	PTE	GBP	ATS	NLG	FRF
März 1995	22	27***	40***	27		10***	10		

vgl.: J. P. Morgan [Juli 1995] S. 7
*** vgl.: Lønning [1994] S. 34-45*
**** fünfjährige Staatsanleihen*

Gleichung 1.3.1.2.0 F3

$${}_tBD^{i,y,m} = {}_t\sigma D^{i,y,m} + {}_{t+m}e^{i,y}$$

Aus dieser Beziehung läßt sich der relative Ausfallaufschlag [${}_t\sigma D^{i,y,m}$] als Residualgröße der Zinsdifferenz der Staatsanleihen [${}_tBD^{i,m}$] und der laufzeitentsprechenden aktuell erwarteten Wechselkursänderungsrate [${}_{t+m}e^{i,y}$] ermitteln.

Favero et al. (Januar 1996) schätzen die erwartete Wechselkursänderungsrate [${}_{t+m}e^{i,y}$] über die laufzeitentsprechende Zinsswapsatzdifferenz[1] (vgl.: Favero et al.

[1] *Ein Zinsswap ist die vertragliche Vereinbarung zwischen zwei Vertragsparteien über den Austausch eines Zahlungsstromes für eine genau festgelegte Zeitperiode (vgl. z.B: Dattatreya [Juli 1992] S. 31). In der Regel werden fest verzinsliche Zahlungsansprüche gegen variabel verzinsliche getauscht (vgl.: Steiner/Bruns [1996] S. 488-490). Der Referenzzinsswap einer bestimmten Laufzeit in einer bestimmten Währung ['all in cost' Zinsswap] ist immer genau zum Geldmarktzins angegeben. In der Regel wird als Bezugsgröße der währungsentsprechende Interbankengeldmarktzinssatz für Geldaufnahmen mit dreimonatiger Laufzeit am Bankplatz London (London Interbank Offered Rate 'LIBOR') verwendet. Da der Referenzzinssatz zum Refinanzierungssatz des Interbankengeldmarkthandels bewertet wird, beinhaltet der Swapsatz eine Ausfallprämie in Höhe des durchschnittlichen Ausfallrisikos der meldenden Institute (vgl. z. B.: Tuckman [1995] S. 192). Zur Swapbewertung vgl. z. B.: Kopprasch et al. [1987].*

Exkurs 1.3.1.2.0 E1

Das Ausfallrisiko – eine formale Darstellung

Wie bereits dargestellt, entspricht unter den idealtypischen Annahmen der offenen Zinsparität das Verhältnis des Inlandszinssatzes zum Auslandszinssatz für vergleichbare Wertpapiere dem Verhältnis aus erwartetem Wechselkurs und Kassawechselkurs (vgl.: Exkurs 1.3.1.1.0 E1).

$$(1+{}_tR^{i,m}) = (1+{}_tR^{y,m}) \cdot \left(\frac{{}_tE({}_{t+m}P^{i,y,F})}{{}_tP^{i,y}} \right)^{\frac{1}{m}}$$

Betrachten wir nun den konkreten Markt für Staatsanleihen und nehmen an, daß der Ertrag der Staatsanleihe des Währungsgebietes 'i' $[1+{}_tB^{i,m}]$ mit einem Kreditausfallrisiko $[\sigma]$ belegt ist, so ergibt sich die Zinsdifferenz zwischen den betrachteten Staatsanleihen nach der offenen Zinsparität:

$$(1+{}_tB^{i,m})(1-\sigma) = (1+{}_tB^{y,m}) \cdot \left(\frac{{}_tE({}_{t+m}P^{i,y,F})}{{}_tP^{i,y}} \right)^{\frac{1}{m}}$$

Wird die obere Gleichung in die untere eingefügt, dann ergibt sich die Beziehung:

$$(1+{}_tB^{i,m})(1-\sigma) = (1+{}_tB^{y,m}) \cdot \frac{(1+{}_tR^{i,m})}{(1+{}_tR^{y,m})}$$

Durch Umstellung und Erweiterung läßt sich die Beziehung umformulieren in:

$$\frac{(1+{}_tB^{i,m})}{(1+{}_tB^{y,m})} = \left(\frac{1}{(1-\sigma)} + \frac{\sigma}{(1-\sigma)} - \frac{(1-\sigma)}{\sigma} \right) \cdot \frac{(1+{}_tR^{i,m})}{(1+{}_tR^{y,m})}$$

$$\Leftrightarrow \quad \frac{(1+{}_tB^{i,m})}{(1+{}_tB^{y,m})} = \left(1 + \frac{\sigma}{1-\sigma} \cdot \right) \cdot \frac{(1+{}_tR^{i,m})}{(1+{}_tR^{y,m})}$$

Favero et al. (Januar 1996) logarithmieren diesen Ausdruck zu

$$\log(1+{}_tB^{i,m}) - \log(1+{}_tB^{y,m}) = \log(1+\frac{\sigma}{1-\sigma}) + \log(1+{}_tR^{i,m}) - \log(1+{}_tR^{y,m})$$

und definieren

$\log(1+{}_tB^{i,m}) - \log(1+{}_tB^{y,m}) \equiv {}_tBD^{i,y,m}$: als 'continuously compounded yield differential'

$\log\left(1+\frac{\sigma}{1-\sigma}\right) \equiv {}_t\sigma D^{i,y,m}$: als 'continuously compounded measure of default premium'

$\log(1+{}_tB^{i,y}) - \log(1+{}_tB^{y,m}) \equiv {}_{t+m}e^{i,y}$: als 'continuously compounded exchange risk'

der Staatsanleihe des Währungsregimes 'i' mit der Laufzeit 'T' (vgl.: Favero et al. [Januar 1996] S. 7). Die Zinsdifferenz zwischen Staatsschuldtiteln ergibt sich demnach aus der Summe des relativen Risikoaufschlages der Staatsanleihe 'i' gegenüber 'y' und dem Wechselkursrisiko.

[Januar 1996] S. 9). Dieser Vorgehensweise liegt, wie die Bank für Internationalen Zahlungsausgleich (August 1996) ausführt,

> „(...) die Annahme zugrunde, daß die Swapsätze das Kreditrisiko erstklassiger Banken oder Wirtschaftsunternehmen widerspiegeln und von Währung zu Währung keine großen Unterschiede aufweisen. Die Differenz zwischen den Risiken des öffentlichen Sektors, die in einzelnen Ländern unterschiedlich ist, und den international ähnlichen Risiken des privaten Sektors gibt daher einen Hinweis auf das Kreditrisiko, das mit den Staatstiteln verbunden ist." (vgl.: Bank für Internationalen Zahlungsausgleich [August 1996] S. 31).

Die Ausfallrisikoprämie ergibt sich dann aus der um die erwartete Wechselkursänderungsrate (Zinsswapdifferenz) bereinigte Renditedifferenz von Staatsschuldtiteln (vgl. auch J. P. Morgan [Juli 1995] S. 7). Wird als Bezugsgröße Deutschland gewählt, so ist die Ausfallrisikoprämie eine relative Größe gemessen am deutschen Ausfallrisiko.

Die anhand dieser Methodik berechnete durchschnittliche jährliche Ausfallrisikoprämie europäischer gegenüber deutschen Staatsanleihen ist in Tabelle 1.3.1.2.0 T1 auf Grundlage eigener Berechnungen[1)] abgetragen. Auch hier bestätigen sich die bisher angeführten Untersuchungsergebnisse, daß der Ausfallrisikoaufschlag bei europäischen Staatsanleihen gegenüber Bundestiteln gering ist. In Graphik 1.3.1.2.0 G1 werden die Ergebnisse der Berechnung auf Tagesbasis dargestellt. Aber auch hier sind die absoluten Werte mit Vorsicht zu genießen. Neben den Vereinfachungen der methodischen Vorgehensweise (Reduktion der Zinsdifferenz auf Wechselkursrisikoprämie und Ausfallrisikoprämie) führt schon alleine die Wahl der Benchmark-Anleihe, die nicht laufzeit- und kuponbereinigt ist, zu leichten Verzerrungen. Nach der Auffassung von Favero et al. (Januar 1996) ist die methodische Vorgehensweise jedoch noch die Beste unter den möglichen Alternativen:

---

1) Bezugsgröße sind die Referenzzinsswapsätze und die Renditen der Benchmark-Anleihen zehnjähriger Laufzeit für die jeweils betrachteten Länder auf Monatsbasis (Monatsdurchschnitte). Der Betrachtungszeitraum beginnt im Januar 1994. Fehlende Werte in der Tabelle 1.3.1.2.0 T1 sind auf ein unvollständiges Datenmaterial zurückzuführen. Die Jahreswerte werden über eine ungewichtete Durchschnittsbildung der Monatsergebnisse gewonnen. Datenquelle ist Datastream.

Graphik 1.3.1.2.0 G1

Die relative Ausfallrisikoprämie auf zehnjährige europäische Staatsanleihen (in Prozentpunkten)[1]

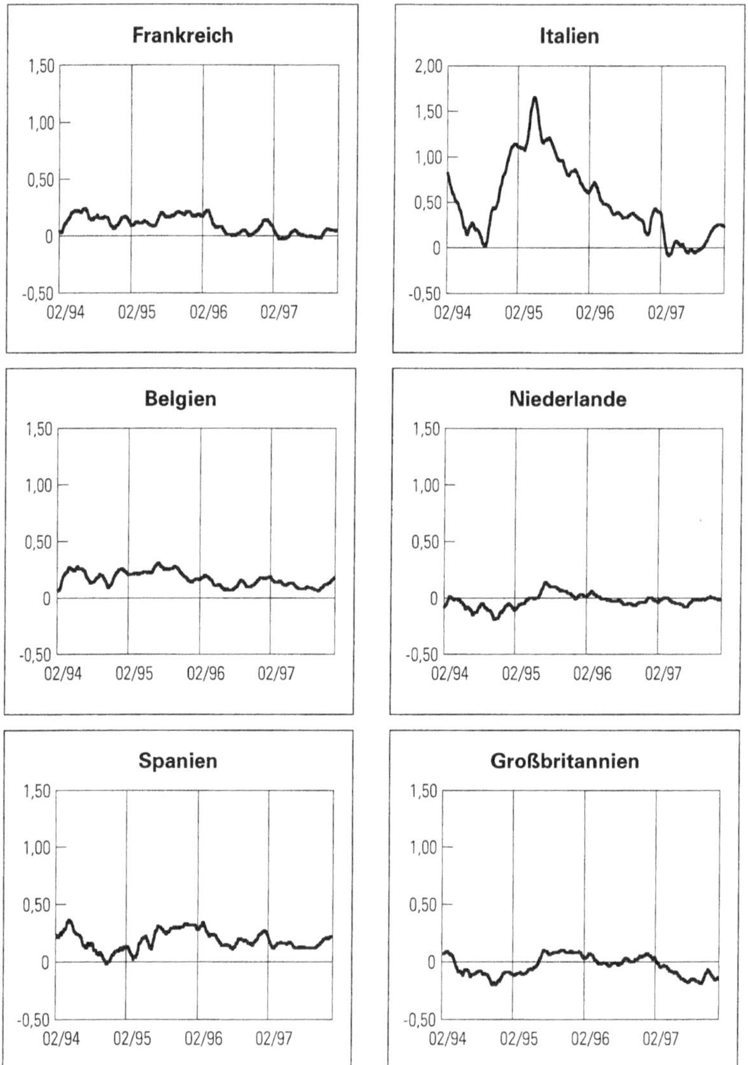

[1] gleitender 20-Tage-Durchschnitt
Eigene Darstellung und Berechnung
Daten: Datastream

„As we cannot find a satisfactory candidate for an independent measure of the default factor, we measure the latter as the difference between the bond spread and the swap spread." (Favero et al. [Januar 1996] S. 3)

Trotz der Einschränkungen vermitteln die Ergebnisse einen Hinweis darauf, daß die Ausfallrisikoprämie auf europäische Staatsanleihen im Zeitablauf relativ stabil und von geringem Ausmaß zu sein scheint.[1] Zusätzlich deuten die Ergebnisse für Italien aber auch darauf hin, daß die Ausfallrisikoprämie heftig auf Änderungen des nationalen politischen Umfeldes reagiert[2] und damit das Risiko der Bereitschaft zur Zahlung wahrscheinlich höher bewertet wird als die tatsächliche Zahlungsfähigkeit.[3]

1.3.2 Die Bewertung einer Anleihe – ein erwartungstheoretischer Ansatz

Die Aussage, daß schon die Erwartungen hinsichtlich des europäischen Währungsraums die aktuelle Preisbildung an den Rentenmärkten beeinflußt, kann exemplarisch auch anhand eines erwartungstheoretischen Ansatzes der Anleihebewertung unterlegt werden. Nach diesem Ansatz (vgl.: Exkurs 1.3.2.0.0 E1) kann jede Anleihe in ihrer Bewertung als Erwartungsindikator kurzfristiger Zinssätze zerlegt werden. Die Rendite einer Anleihe entspricht demgemäß dem geometrischen Durchschnitt des Produkts aus dem aktuellen und den erwarteten kurzfristigen Zinssätzen über die Laufzeit der Anleihe. Die Erwartungen der Marktteilnehmer sind somit implizit im Verlauf der aktuellen Zinsstrukturkurve enthalten und können rechnerisch aus der Zinsstrukturkurve ermittelt werden (vgl. z. B.: Steiner/Bruns [1996] S. 150-154). Diese sogenannten „impliziten Forward Rates" sind die rechnerisch

---

[1] Nach Auffassung von Alesina et al. (Oktober 1992) kann dieses Ergebnis in verschiedener Weise interpretiert werden. Zum einen kann der Markt einfach richtig liegen. Zum anderen könnten die methodische Vorgehensweise zu stark vereinfachend und die Datenlage zu inhomogen sein. Desweiteren sei nicht auszuschließen, daß die Märkte sich in ihrer Bewertung nur auf das Wechselkursänderungsrisiko beschränken und das Ausfallrisiko erst in einer Währungsunion richtig zum Tragen kommt. Letztendlich könnten die Märkte auch einfach zu optimistisch reagieren, indem sie z. B. der Verschuldungssituation eines Landes nicht genügend Beachtung schenkten (vgl.: Alesina et al. [Oktober 1992] S. 449).

[2] Nach heftigen Spannungen und häufiger Regierungsumbildung vollzog sich der Übergang zu einer nachhaltigen politischen Stabilität mit dem Regierungswechsel unter dem Vorsitz von Premierminister Berlusconi im Frühjahr 1995 und Premierminister Prodi im Frühjahr 1996.

[3] Für eine kurze Darstellung des Ausfallrisikos auf Staatsanleihen vgl.: Alesina et al. [Oktober 1992] S. 430-433.

ermittelten aktuellen Terminkurse für einen in der Zukunft auszuführenden Zinskontrakt. Sie werden implizite Forward Rates genannt, weil sie sich rein rechnerisch aus dem Verlauf der Zinsstrukturkurve ergeben und nicht direkt über Angebot und Nachfrage ermittelt werden.

In einer Interpretation der Erwartungstheorie („unbiased expectation hypothesis") bilden die impliziten Forward Rates die Erwartungen der Marktteilnehmer hinsichtlich der zukünftigen Kassakurse ab. In dieser Version sind die für die Zukunft erwarteten z. B. einjährigen Zinssätze (${}_{t+f}\rho^{i,1}$) den aus der Strukturkurve berechneten Terminzinssätzen (implizite Forward Rates [${}_{t+f}r^{i,F,1}$]; vgl.: Exkurs 2.2.2.1.1 E2) äquivalent (vgl.: Kapper/Marshall [1992] S. 106). [1] Im praktischen Tagesgeschäft sind die impliziten Forward Rates die geläufige Bewertungsgrundlage zur Quotierung eines real gehandelten Terminkontraktes (vgl.: Dybvig/Marshall [Februar 1996] S. 34). Sie bilden damit einen der wesentlichen Bausteine zur Bewertung von Anleihen.

Unter diesen Voraussetzungen wird die Erwartungshaltung über die Entwicklung des kurzfristigen Zinsniveaus im europäischen Währungsraum zum dominierenden Faktor in der Preisbildung auf den europäischen Anleihemärkten. Da die kurzfristigen geldmarktnahen Zinsen im gemeinsamen Währungsraum für sämtliche Mitgliedstaaten identisch sein werden, müßte die Anleihebewertung für die erwarteten Mitgliedstaaten entsprechend der Restlaufzeit anhand des erwarteten länderspezifischen Geldmarktzinsniveaus und des erwarteten Geldmarktzinsniveaus des gemeinsamen Währungsraums erfolgen.

---

[1] *Für die Zinsprognose hat die Gültigkeit dieser Annahme weitreichende Konsequenzen. Nach der „efficient market hypothesis" reflektieren Futures-Preise alle zur Zeit verfügbaren Informationen. Der Futures-Preis wäre unter der Annahme der Gültigkeit der Erwartungstheorie und der „efficient market hypothesis" das beste Prognoseinstrument. Auf empirischer Seite läßt sich jedoch feststellen, daß die Prognosegüte des Futures-Preises mit zunehmendem Zeithorizont abnimmt. Zum einen werden diese Abweichungen aus der Kritik zur Erwartungstheorie begründet (vgl. in einer einfachen Darstellung: Bode/Fromme [November 1996]) und zum anderen aus einer möglichen Fehlinterpretation der „efficient market hypothesis" erklärt. So kann hinterfragt werden, ob vollständige Information eine fehlerfreie Vorhersage zukünftiger Kassakurse ermöglicht und ob Abweichungen nicht aus einer ineffizienten Informationsverarbeitung resultieren könnten (vgl. für eine empirische Untersuchung Holden/Thompson [1996]). Für die Auswirkungen der Annahmen der Erwartungstheorie auf die Bewertung langlaufender Anleihen vgl.: Dybvig/Marshall (Februar 1996).*

Exkurs 1.3.2.0.0 E1

Erklärungsansätze zur Zinsstruktur – die Erwartungstheorie

Die Erwartungstheorie gehört neben der Liquiditätspräferenz-Hypothese und der Marktsegmentierungs-Hypothese zu den Standardansätzen zur Erklärung des Zinsstrukturkurvenverlaufs (vgl. z. B.: Fabozzi [1993] S. 204-213).[1] Sämtliche Ansätze der traditionellen Erwartungstheorie formulieren Vorschläge über den Zusammenhang zwischen kurz- und langfristigen Zinssätzen (vgl.: Cox et al. [September 1981] S. 774). Kerngedanke sämtlicher Ansätze ist die Annahme, daß die Erwartungen der Investoren hinsichtlich der zukünftigen Anleihekassakurse die aktuelle Preisbildung an den Anleihemärkten beeinflußt. In der geläufigsten Interpretation der Erwartungstheorie wird unterstellt, daß die implizit aus der Zinsstrukturkurve berechneten Terminzinssätze, die Erwartungen der Marktteilnehmer hinsichtlich der zukünftigen Kassakurse abbilden (unbiased expectations hypothesis). In einer anderen Spezifizierung der Erwartungstheorie wird angenommen, daß der Ertrag einer Anleihe für eine kommende kurzfristige Periode über sämtliche Laufzeitsegmente gleich hoch ist (local expectations hypothesis) (vgl.: Fabozzi [1993] S. 206). Implikativ sind Wertpapiere unterschiedlicher Laufzeit damit perfekte Substitute. Als Folge entfällt die Laufzeitauswahl (vgl.: Kapner/Marshall [1992] S. 108). Unter bestimmten Bedingungen ergibt sich als Konsequenz der zuletzt genannten Hypothese, daß der Ertrag einer revolvierenden Investition in kurzfristige Laufzeiten dem Ertrag einer laufzeitentsprechenden Nullkupon-Anleihe entspricht (return to maturity hypothesis) (vgl.: Cox et al. [März 1985] S. 385). In einer strikteren Auslegung gilt diese Beziehung zu jedem Zeitpunkt und nicht nur am Ende der Laufzeit (yield to maturity hypothesis). Wie Cox et al. beweisen, sind die Interpretationen der Erwartungstheorie keine vollkommenen Äquivalente. Zudem sei nur die „local expectation hypothesis" frei von Risikozuschlägen. Nach ihren Ergebnissen kann die „yield-to-maturity hypothesis" in die „unbiased expectation hypothesis" überführt werden (vgl.: Cox et al. [September 1981] S. 777).

In dieser Arbeit wird der geläufigen Interpretation gefolgt, daß der langfristige Zins als Durchschnitt der erwarteten kurzfristigen Zinssätze verstanden wird (vgl.: Issing [1993] S. 121). Demgemäß entspricht die Rendite einer Nullkupon-Anleihe (${}_tZ^{i,m}$) dem geometrischen Durchschnitt aus dem Produkt der aktuellen Rendite einer z. B. einjährigen Anleihe (${}_tR^{i,1}$) mit den jeweils im Jahresabstand (f = 1,...., m-1) für die Laufzeit der Nullkupon-Anleihe erwarteten einjährigen Zinssätzen (${}_{t+f}\rho^{i,1}$) (vgl.: Kapner/Marshall [1992] S. 105-107):

$$ {}_tZ_{i,T} = \left[(1+{}_tR^{i,1})(1+{}_{t+1}\rho^{i,1})(1+{}_{t+2}\rho^{i,1}) \cdots (1+{}_{t+m-1}\rho^{i,1})\right]^{\frac{1}{m}} -1 $$

Die Gültigkeit der Erwartungstheorie als Erklärungsansatz der Zinsstrukturkurve wird über empirische Untersuchungen gestützt (vgl. z. B.: Meiselmann [1962]). Nach Horne [1963] führt der erwartungstheoretische Ansatz allerdings zu einem höheren empirischen Erklärungsgehalt, wenn er um eine Risikoprämie im Sinne der Liquiditätspräferenz-Hypothese ergänzt wird.

[1] Weitere Ansätze bilden die Preferred Habitat Theorie und Modelle zur zeitkontinuierlichen Bewertung bedingter Ansprüche (vgl.: Walz/Weber [März 1989] S. 135). Der zuletzt genannte Erklärungsansatz beschreibt den aktuellen Stand der Forschung der Zinsstrukturtheorie. Diese Ansätze versuchen die Erwartungen und Präferenzen der Marktteilnehmer bei unterstelltem risikoaversen Verhalten unter Berücksichtigung alternativer Anlagemöglichkeiten in einem zeitkontinuierlichen Gleichgewichtsmodell zu integrieren (vgl.: Cox et al. [1985]). Nach Issing (1993) sind diese Modelle den traditionellen Erklärungsansätzen überlegen, im analytischen Bereich seien sie aber nur schwer handhabbar (vgl.: Issing [1993] S. 124).

Schaubild 1.3.2.0.0 S1

Stilisierte Darstellung des Verlaufs einjähriger Forward Rates
(Annahme: Spanien und Deutschland bilden 1999 eine Währungsunion)

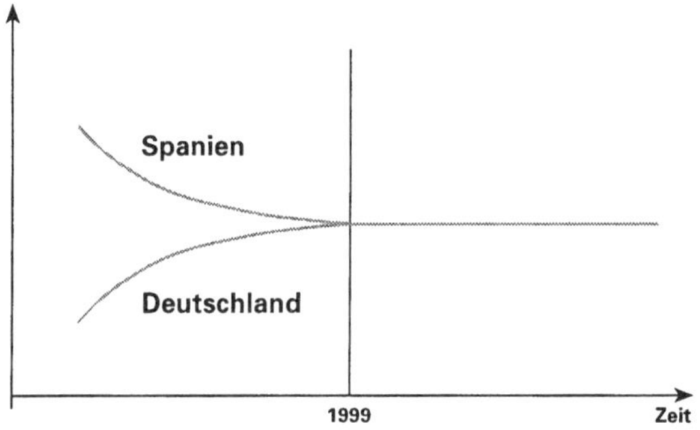

Eigene Darstellung

In Schaubild 1.3.2.0.0 S1 wird dieser Sachverhalt zunächst stilisiert dargestellt. Auf der Zeitachse ist das aktuell für einen zukünftigen Zeitpunkt erwartete Zinsniveau einjähriger Anleihen abgetragen. Berechnet sich die Rendite einer langlaufenden Nullkupon-Anleihe als geometrischer Durchschnitt der erwarteten Zinssätze über die Laufzeit der Nullkupon-Anleihe, so wird deutlich, daß sich die implizite Bewertungsgrundlage z. B. zehnjähriger deutscher und spanischer Nullkupon-Anleihen mit der glaubhaften Ankündigung einer Währungsunion zwischen den beiden Staaten vereinheitlicht. Die Preisbildung an den europäischen Anleihemärkten unterliegt damit schon im Vorfeld der Währungsunion für die erwarteten Teilnehmerstaaten einer einheitlichen Bewertungsgrundlage.

Es stellt sich jetzt natürlich die Frage, ob die auf den europäischen Anleihemärkten zu beobachtende Preisbildung tatsächlich einheitliche Erwartungen für das Geldmarktzinsniveau der erwarteten Teilnehmerstaaten impliziert. Hier ist zu beachten, daß der Starttermin der Währungsunion und die Auswahl der Mitgliedstaaten noch mit Unsicherheit behaftet sind. Ferner sind die Zinsstrukturkurven, die zur Berechnung der impliziten Forward Rates herangezogen werden, nicht in allen Bereichen vergleichbar. Insbesondere sind sie im fünfjährigen Laufzeitbereich über die Futurefähigkeit und am langen Ende über die Liquidität des Marktsegmentes verzerrt.

Zur Überprüfung der These werden zunächst exemplarisch die Endfälligkeitsrenditen einer deutschen und französischen Anleihe zu einem beliebigen Stichtag verglichen. Am 4. Januar 1996 – drei Jahre vor dem möglichen Eintritt in die Währungsunion – wies die deutsche Anleihe eine Endfälligkeitsrendite von 6,305 Prozent und die französische von 6,760 Prozent auf. Zur Berechnung der impliziten Forward Rates wird zunächst die Nullkupon-Renditestrukturkurve aus den Kupon-Renditen hergeleitet (vgl.: Exkurs 2.2.2.1.1 E1). Auf Grundlage der Nullkupon-Renditestrukturkurve werden dann die impliziten Forward Rates berechnet (vgl.: Exkurs 2.2.2.1.1 E2). Nach dem methodischen Ansatz der Erwartungstheorie entsprechen die impliziten Forward Rates den erwarteten zukünftigen Kassakursen. Werden die der Renditeberechnung zugrundeliegenden impliziten Forward Rates verglichen, so wird deutlich, daß die erwarteten Terminzinssätze für beide Anleihen zum vertraglich vorgesehenen Starttermin der Währungsunion im Rahmen der beschriebenen Verzerrungen und der zu diesem Zeitpunkt noch bestehenden Unsicherheit hinsichtlich des termingerechten Starts der Währungsunion nahezu identisch sind (vgl.: Graphik 1.3.2.0.0 G1).

Dieser Sachverhalt mag zunächst überraschen, zumal er nicht einfach aus dem Vergleich der Renditestrukturkurven abzulesen ist, die der Berechnung zugrunde

Graphik 1.3.2.0.0 G1

Tatsächlicher Verlauf der einjährigen impliziten Forward Rates
(Auf Basis der Renditestrukturkurven am 4. Januar 1996)

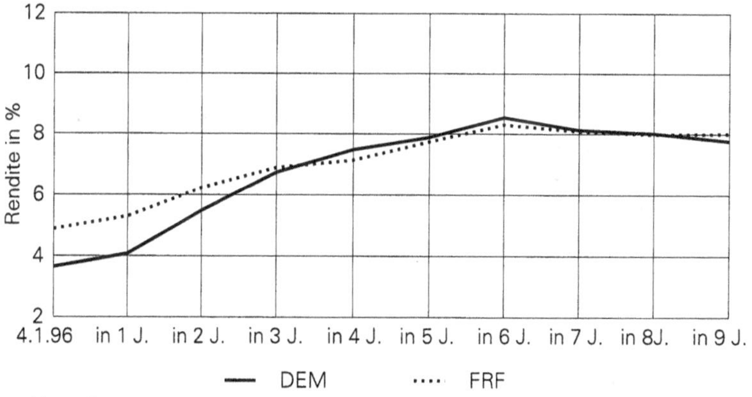

Grunddaten: Datastream
Eigene Darstellung und Berechnung

Graphik 1.3.2.0.0 G2

Tatsächlicher Verlauf der Nullkupon-Renditestrukturkurven
(Auf Basis von Kupon-Renditen am 4. Januar 1996)

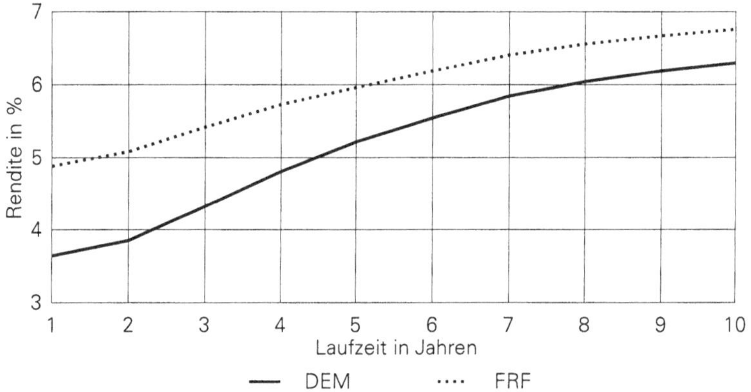

Daten: Datastream
Eigene Darstellung und Berechnung

liegen (vgl.: Graphik 1.3.2.0.0 G2). Unter der idealtypischen Annahme, daß die Renditestrukturkurven im Sinne der Risikoneutralität[1] vergleichbar sind, kann die Zinsdifferenz für die betrachteten Anleihen am 4. Januar 1996 in Höhe von 0,455 Prozentpunkten aus der Differenz der kurzfristigen erwarteten Zinssätze erklärt werden. Die Markterwartungen über die zukünftigen Kassakurse – und damit die impliziten Forward Rates – bilden in diesem Ansatz die Grundlage, aus der sich die Renditestrukturkurven für Nullkupon- und Kupon-Anleihen herleiten (vgl.: Ariel [1989] S. 20). Der Verlauf der Renditestrukturkurven ist damit über die Markterwartungen determiniert (vgl.: Graphik 1.3.2.0.0 G2). Je länger die Laufzeit der Anleihen in das neue Währungsregime hineinreicht, desto geringer wird die Renditedifferenz zwischen den Anleihen an den Kassamärkten ausfallen, da sich die Bewertungsgrundlage zunehmend vereinheitlicht. Selbst unter der Annahme, daß

---

[1] *Kawaller und Marshall (Mai/Juni 1996) fassen unter dem Term Risikoneutralität in Anlehnung an Cox et al. (September 1979) Einflußgrößen zusammen, von denen u. a. in der Herleitung impliziter Forward Rates abstrahiert wird. Zum einen wird unterstellt, daß langlaufende Anleihen keine Prämie im Sinne der Liquiditätspräferenz-Hpothese aufweisen. Weiterhin werden mögliche Steuereffekte und Fehler in der Preisbildung vernachlässigt. Desweiteren wird unterstellt, daß die impliziten Forward Rates die Erwartungen unverzerrt widerspiegeln (vgl.: Kavaller/Marshall [Mai/Juni 1996] S. 52).*

die Währungsunion 1999 mit einem genau definierten Länderkreis mit Sicherheit startet, werden im Vorfeld der Währungsunion Renditeunterschiede zwischen den erwarteten Teilnehmerstaaten in Höhe der gewichteten erwarteten Geldmarktzinsdifferenz existieren.

Es bleibt somit festzuhalten, daß der europäische Rentenmarkt schon im Vorfeld der Währungsunion einer einheitlichen Bewertungsgrundlage folgt. Indirekt können aus der Anleihebewertung erste Anhaltspunkte über die erwarteten Teilnehmerstaaten der europäischen Währungsunion und dem ungefähren Eintrittsdatum gewonnen werden. Zur Verdeutlichung sind in Graphik 1.3.2.0.0 G3 die impliziten Forward Rates vom 17. November 1997 für Deutschland, Spanien, Portugal, Italien und Großbritannien abgetragen. Der Graphik ist zu entnehmen, daß die erwarteten Terminzinsen für Deutschland, Portugal, Spanien und Italien in einem Jahr und für Großbritannien in fünf bis sechs Jahren nahezu identisch sind. Indirekt kann aus diesem Verlauf der Schluß gezogen werden, daß die Marktteilnehmer spätestens zu diesen Zeitpunkten den Beitritt Spaniens, Portugals, Italiens und Großbritanniens zum gemeinsamen Währungsraum erwarten. [1)2)]

Zur weiteren Verdeutlichung wird anhand der gleichen methodischen Vorgehensweise die Endfälligkeitsrendite einer zehnjährigen dänischen Anleihe in die implizit enthaltenen erwarteten kurzfristigen Terminzinssätze aufgespalten und mit den deutschen Werten verglichen. Dänemark hat dem Europäischen Rat schon auf dem Edinburgher Gipfel am 11. Dezember 1992 notifiziert, daß es nicht zum gemeinsamen europäischen Währungsraum übergehen werde (vgl.: European Monetary Institut [November 1995] S. 90).[3)] Da Dänemark für die nahe Zukunft nicht

---

[1)] Dieser Interpretation liegt die Annahme zugrunde, daß Deutschland zu den Teilnehmerstaaten der Währungsunion gehören wird, sofern sie 1999 starten sollte. Desweiteren ist zu beachten, daß die Angleichung der erwarteten Terminzinssätze auch eine Angleichung der ökonomischen Fundamentalvariablen widerspiegeln kann, wie sie in Abschnitt 1.3 problematisiert wird.

[2)] Am 27. Oktober 1997 erklärte der britische Schatzkanzler Brown vor dem britischen Parlament, daß die Regierung nicht beabsichtige, dem Euro in der laufenden Legislaturperiode beizutreten. Die Regierung schließt damit einen späteren Eintritt aber nicht aus, vielmehr treibt sie die Vorbereitungen für eine spätere Teilnahme weiter voran. Im Maastrichter Vertrag wird Großbritannien – ähnlich wie Dänemark – eine Sonderposition zugestanden. Großbritannien hat das Recht, aber nicht die Pflicht, bei Erfüllung der Aufnahmekriterien dem gemeinsamen Währungsraum beizutreten (vgl.: 11. Protokoll zum EU-Vertrag).

[3)] Nachdem die Maastrichter Verträge von der dänischen Bevölkerung am 2. Juni 1992 in einer ersten Abstimmung per Volksentscheid abgelehnt wurden, gestand die Europäische Gemeinschaft Dänemark einige Sonderbestimmungen im Rahmen des EU-Vertrages zu (vgl.: 12. Protokoll zum EU-Vertrag).

Graphik 1.3.2.0.0 G3

Tatsächlicher Verlauf der Nullkupon-Renditestrukturkurve und der einjährigen impliziten Forward Rates am 17. November 1997

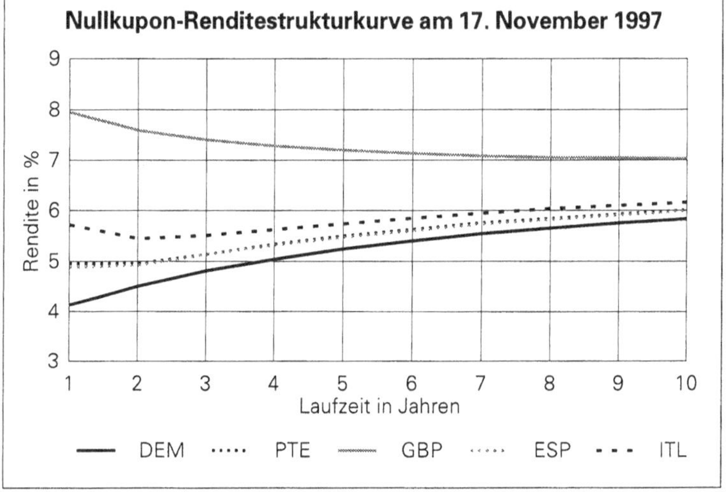

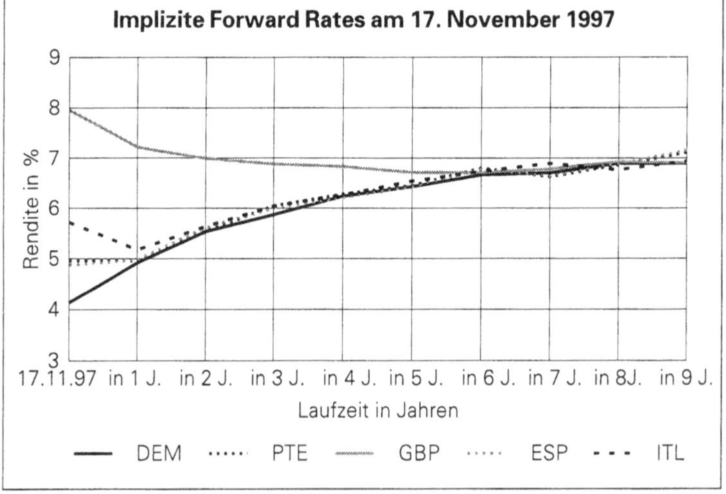

Daten: Datastream
Eigene Darstellung und Berechnung

Graphik 1.3.2.0.0 G4

Tatsächlicher Verlauf der Nullkupon-Renditestrukturkurve und der einjährigen impliziten Forward Rates am 17. November 1997

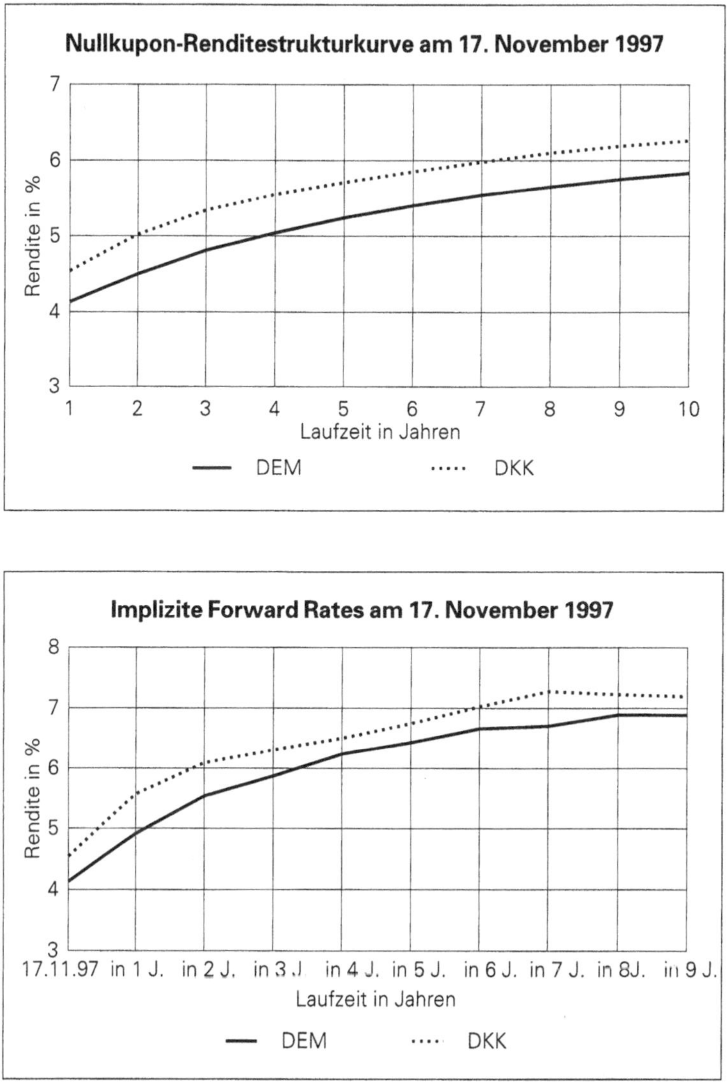

Daten: Datastream
Eigene Darstellung und Berechnung

beabsichtigt, diese Entscheidung zu revidieren (vgl.: Steuer [25.10.96]), müßte diese Entscheidung auch aus dem Vergleich der impliziten Forward Rates erkennbar sein.

Tatsächlich weisen über die nächsten zehn Jahre die impliziten Forward Rates für Dänemark keinen übereinstimmenden Bereich mit Deutschland auf (vgl.: Graphik 1.3.2.0.0 G4). Die nationale Anleihebewertung in Dänemark orientiert sich damit nicht an einem erwarteten einheitlichen europäischen Geldmarktzinsniveau.

2. Die Erwartungshaltung der Marktteilnehmer hinsichtlich Zeitplan und Auswahl der Mitgliedstaaten

In den vorherigen Abschnitten wurde gezeigt, daß sich die Bewertung nationaler Anleihetitel für die erwarteten Teilnehmerstaaten schon im Vorfeld der Währungsunion verschiebt. In der „traditionellen" Darstellungsweise des Abschnittes 1.3.1 wird diese „Verschiebung" dahingehend konkretisiert, daß Wertpapiere, die im Laufzeitbereich in das neue Währungsregime hineinreichen, neben der Einschätzung hinsichtlich der gesamtwirtschaftlichen Situation des Teilnehmerlandes, des Emittenten und des Anleihemarktsegmentes auch Einschätzungen über den neuen Währungsraum beinhalten (vgl.: Exkurs 1.3.1.0.0 E1). In der Interpretation des erwartungstheoretischen Ansatzes des Abschnittes 1.3.2 ist es gelungen, die einheitliche Bewertungsgrundlage der europäischen Anleihepreisbildung qualitativ zu isolieren und quantitativ zu bestimmen.

Die Bestimmungsgrößen des insbesondere über das Jahr 1997 verstärkt einsetzenden Zinskonvergenzprozesses an den europäischen Kapitalmärkten (vgl.: Abschnitt 1.1.3) sind deutlich herausgearbeitet worden. Was zu klären bleibt, ist letztendlich noch die Frage, ob die Erwartungen einer Währungsunion einen zinssenkenden, zinserhöhenden oder neutralen Einfluß auf das deutsche Zinsniveau im Übergangsprozeß zum gemeinsamen europäischen Währungsraum ausgeübt haben.

Hinsichtlich dieser Fragestellung war die Diskussion in Deutschland geprägt von der Suche nach einem risikobedingten Zinsaufschlag am deutschen Kapitalmarkt. Das Schlagwort der „Risikoprämie" war die bestimmende Assoziation, wenn die Diskussion auf die Frage nach dem Einfluß der Erwartung einer Währungsunion auf den deutschen Kapitalmarktzins gelenkt wurde (vgl.: Abschnitt 3). In der quantitativen Analyse steht man aber vor dem Problem, daß es an einem geeigneten Vergleichszinssatz fehlt, der einen „Mit-oder-ohne-Währungsunion-Vergleich" ermöglicht – ein deutsches Zinsniveau ohne Währungsunioneinfluß ist direkt am Markt aber nicht zu beobachten.

In formaler Hinsicht läßt sich das Hypothesensystem noch einfach beschreiben: Wenn das nominale deutsche Zinsniveau im Übergangsprozeß durch die Erwartungshaltung einer Währungsunion und/oder durch die nationalen Bestrebungen zur Teilnahme an der Währungsunion höher ausfällt als in einer Umgebung ohne Währungsunioneinfluß, dann können wir von einem währungsunionbedingten Zinsaufschlag am deutschen Kapitalmarkt sprechen. Diesem Ansatz folgend lassen sich drei einfache Hypothesen formulieren:

- $Z_{\text{Übergang}} > Z_{\text{ohne WU}}$ währungsunionbedingter Zinsaufschlag
- $Z_{\text{Übergang}} = Z_{\text{ohne WU}}$ neutral
- $Z_{\text{Übergang}} < Z_{\text{ohne WU}}$ währungsunionbedingter Zinsabschlag

Nun läßt sich das Kapitalmarktzinsniveau in der zweiten Stufe zur Europäischen Wirtschafts- und Währungsunion noch einfach – der Vorgehensweise dieser Arbeit entsprechend – anhand der Rendite der zehnjährigen Benchmark-Anleihe bestimmen. Wie aber soll ein Kapitalmarktzinsniveau bestimmt werden, das eingetreten wäre, wenn es die Währungsuniondiskussion nicht gegeben hätte?

Wie bereits in Abschnitt 1.2 dargestellt, läßt sich die Zinsentwicklung am deutschen Rentenmarkt anhand weniger fundamentaler Einflußfaktoren recht gut erklären. Ein Vergleich zwischen den tatsächlichen Renditen und den Schätzwerten des gewählten Modellansatzes gibt dabei Aufschlüsse über eine temporäre Über-/Unterbewertung des deutschen Kapitalmarktzinses gemessen an der Entwicklung der als fundamental erachteten Einflußfaktoren. Wird nun unterstellt, daß der Einfluß der Währungsunion auf die Erklärungsvariablen des Modellansatzes vernachlässigbar ist, dann kann der Schätzwert als Vergleichszinssatz herangezogen werden.

Abschnitt 1.2 zeigt die Ergebnisse eines solchen Vergleiches auf. Gemessen an der Entwicklung der Fundamentalfaktoren im Zeitraum 1992 bis 1997, weist das Zinserklärungsmodell der Commerzbank zum Jahreswechsel 1993/94 und im Verlauf des Jahres 1997 ein deutliches Unterschreiten des Zinserklärungsbandes auf. Auf der anderen Seite liegt die Rendite von August 1994 bis zum Mai 1996 am Rande oder oberhalb des oberen Erklärungsbandes (vgl.: Abschnitt 1.2.2).

Ob es sich hierbei aber um einen möglicherweise währungsunionbedingten Zinsauf- oder Zinsabschlag handelt, läßt sich nicht ohne weiteres bestimmen. Faktum ist, daß mit dem Inkrafttreten der Maastrichter Verträge im November 1993 die vertraglichen Voraussetzungen für den Übergang zum gemeinsamen Währungsraum geschaffen wurden. Unter dem Eindruck dieser Entscheidung ändert sich – je nachdem, wie wahrscheinlich die Marktteilnehmer den Übergang zum gemeinsamen Währungsraum und die Teilnahme des jeweils betrachteten Landes halten – auch die Bewertungsgrundlage der Anleihepreisbildung auf den europäischen Kapitalmärkten. Aus diesem Blickwinkel heraus wäre es nicht überraschend, wenn es in der Übergangsperiode zum gemeinsamen Währungsraum zu einer Über- oder Unterbewertung des deutschen Kapitalmarktzinses gemessen an der Entwicklung der fundamentalen Zinseinflußfaktoren käme. So wurde das damalige Verharren der Renditeentwicklung am oberen Rand des Schätzbandes von der Commerzbank als möglicher Hinweis auf die Existenz einer währungsunionbedingten Risikoprämie am deutschen Kapitalmarkt interpretiert. Diese Sichtweise geriet ins Wanken, als die Zinsentwicklung Ende 1996/Anfang 1997 wie schon zum Jahreswechsel 1993/94 deutlich unterhalb des Erklärungsbandes rutschte.

Selbst wenn man sich darauf einigt, die Wertabweichung des tatsächlichen Zinssatzes vom Schätzwert als Fehlbewertung zu interpretieren, dann bleibt immer noch die Frage zu klären, ob und in welchem Verhältnis diese Fehlbewertung zur Erwartungshaltung der Währungsunion steht. Es besteht der Bedarf eines „Währungsunion-Proxies", der die Einschätzung der Marktteilnehmer hinsichtlich des termingerechten Starts der Währungsunion bemißt. So ist es von entscheidender Bedeutung, ob die Erwartungshaltung bei einer z. B. positiven Abweichung vom Schätzwert hoch oder niedrig ist, und ob die beiden Größen im Verlauf in einem systematischen Zusammenhang zueinander stehen.

Aus diesem Erklärungsbedarf heraus werden verschiedene Methoden zur Ermittlung eines „Währungsunion-Proxies" vorgestellt, der eventuell auch Auskunft über die erwartete Zusammensetzung der Währungsunion gibt. Hintergrund dieser zusätzlichen Information ist der Gedanke, daß die Erwartungshaltung der Zusammensetzung der Währungsunion einen Einfluß auf die Bewertungsgrundlage der Anleihepreisbildung ausübt.

Sicherlich ist es am naheliegendsten, die Erwartungshaltung der Marktteilnehmer über eine einfache Befragung zu ermitteln. Hier besteht jedoch das Problem, daß Umfrageergebnisse oftmals nur vereinzelt und nicht in langen Zeitreihen zur Verfügung stehen; regelmäßige Erhebungen im Wochen- oder Monatsrhythmus z. B. erst ab Mitte 1996. Dennoch werden die Ergebnisse eines Querschnitts von Erwartungsindikatoren auf Umfragebasis in Abschnitt 2.1 referiert, da sie erste erkenntnisreiche Einblicke in die zum jeweiligen Umfragezeitpunkt herrschende Erwartungshaltung der Marktteilnehmer geben und des weiteren dazu dienen können, die zweite Gruppe von Erwartungsindikatoren – die sogenannten finanzmarktgestützten Indikatoren – zumindest auf einen ersten Plausibilitätstest hin zu überprüfen.

Bei den finanzmarktgestützten Erwartungsindikatoren handelt es sich um den Versuch, die Erwartungshaltung aus der Anleihepreisbildung der europäischen Rentenmärkte herauszufiltern. Zielsetzung ist dabei, einen auf realisierte Finanzmarktdaten basierenden Erwartungsindikator zu modellieren, der das durchschnittliche Meinungsbild der Finanzmarktteilnehmer hinsichtlich des erwarteten Starttermins der Währungsunion und des erwarteten Teilnehmerkreises widerspiegelt. Die finanzmarktgestützten Erwartungsindikatoren werden in Abschnitt 2.2 referiert.

2.1 Erwartungsindikatoren auf Umfragebasis

Die naheliegendste Methode zur Ermittlung eines Zuversichtsmaßstabes, der Auskunft über die Erwartungshaltung der Marktteilnehmer hinsichtlich Terminierung und Zusammensetzung der EWU gibt, liegt wohl in der Befragung einer als repräsentativ anzusehenden Grundgesamtheit von Marktteilnehmern – oder kurz formuliert: „(...) simply ask a representative sample of market participants" (Paribas [Februar 1997] S. 11).

Leider stehen Umfrageergebnisse nur vereinzelt zur Verfügung und zudem häufig nur auf Grundlage einer jährlichen oder halbjährlichen Erhebung. Ferner laufen regelmäßige Befragungen erst seit Mitte 1995, Erhebungen im Wochen- oder Monatsrhythmus nach Kenntnis des Autors erst seit Mitte 1996. Dennoch gewährt die Auswertung der jährlichen und halbjährlichen Befragungsergebnisse erste erkenntnisreiche Einblicke in die zum Umfragezeitpunkt herrschende Erwartungshaltung der Marktteilnehmer.

In Tabelle 2.1.0.0.0 T1 sind die Umfrageergebnisse von drei Instituten zusammengestellt. Die Werte geben jeweils die durchschnittliche Erwartungshaltung der Befragungsteilnehmer hinsichtlich der erwarteten Gründungsstaaten der EWU wieder. Die Werte sind Wahrscheinlichkeitsangaben: Bei einem Wert von 96 Prozent erwarten die Umfrageteilnehmer im Durchschnitt mit 96 prozentiger Wahrscheinlichkeit, daß Land X zu den Gründungsmitgliedern der EWU gehören wird.

Bei der Umfrage von Paribas geben die Angaben die durchschnittliche Erwartungshaltung der Umfrageteilnehmer wieder, die den Start der EWU zum 1. Januar 1999 erwarten. Im Januar 1997 waren dies 86 Prozent der Umfrageteilnehmer nach 71 Prozent im Juni 1996 (vgl.: Paribas [Februar 1997] S. 11f). Bei den Erhebungen von Consensus Economics[1] und dem Zentrum für Europäische Wirtschaftsforschung (ZEW)[2] stehen die Angaben unter der Fragestellung, „Wenn die Währungsunion am 1. Januar 1999 starten würde, welche Länder würden dann zu den Teilnehmerstaaten gehören?". Im Januar 1997 erwarteten 96 Prozent der Umfrageteilnehmer von Consensus Economics einen Start der Währungsunion zu diesem Termin (vgl.: Consensus Economics [Januar 1997] S. 39). Beim ZEW ergab sich ein Mittelwert von 56 Prozent im Januar 1996 und 79 Prozent im Januar 1997 (vgl.: ZEW [März 1996] S. 1 und ZEW [März 1997] S. 2).

Aus den Ergebnissen lassen sich zunächst zwei wesentliche Schlußfolgerungen ziehen:

- Zum einen wird der Terminplan der Maastrichter Verträge von den Umfrageteilnehmern nicht als unabwendbarer Automatismus angesehen. (Nach den Ergebnissen der ZEW-Studie gingen im Januar 1997 14 Prozent von einer Verschiebung und 7 Prozent sogar vom Scheitern des Projektes aus (vgl.: ZEW [März 1997] S. 2.). Die Erwartungshaltung ist somit schwankend und kann nicht einfach fortgeschrieben werden.

- Zum anderen lassen sich die erwarteten Teilnehmerstaaten in „Blöcke" gruppieren. Die Erwartungshaltung für die einzelnen Staaten ist jedoch im Zeitablauf

1) Die Umfrage umfaßt 250 „financial and economic forecasters" in über 100 Ländern.
2) Das ZEW erzielt seine Ergebnisse über eine jährlich stattfindende Sonderumfrage „Währungsunion" im Rahmen ihres monatlichen „ZEW-Finanzmarkttests", in dem 350 Finanzexperten in Deutschland über ihre Einschätzung hinsichtlich der Kapitalmarktentwicklung befragt werden.

veränderlich. Relativ konstant und mit einer hohen Wahrscheinlichkeit werden die sogenannten „Kernwährungsländer" – ein um Frankreich erweiterter DM-Block – als Teilnehmerstaaten der EWU angesehen. Um diese Kernwährungsländer gruppieren sich Irland und Finnland mit im Zeitablauf steigender Wahrscheinlichkeit. Beide Staaten, zusammen mit den Kernwährungsländern, werden im folgenden „erweiterte Kernwährungsländer" genannt. Als nächste Gruppe lassen sich die „Südländer" Spanien, Portugal und Italien zusammenfassen. Hier ist ein starker Anstieg in der Erwartungshaltung ab Juni 1996 zu beobachten. Als „Residualgruppe" ergibt sich Dänemark, Großbritannien, Schweden und Griechenland, wobei die drei zuletzt genannten Länder eine sehr geringe Beitrittswahrscheinlichkeit aufweisen.

Tabelle 2.1.0.0.0 T1

Erwartete Teilnehmerländer der Währungsunion (Umfrageergebnisse)

	Paribas			**Consensus**			**ZEW**	
	Nov 95	Jun 96	Jan 97	Aug 96	Jan 97	Aug 97	Jan 96	Jan 97
Deutschland	100	100	100	100	100	100	98	100
Frankreich	96	100	100	100	100	100	97	99
Niederlande	96	96	100	100	100	100	88	99
Belgien	96	86	99	95	100	100	65	92
Luxemburg	96	94	99	–	–	–	98	100
Österreich	96	86	99	93	97	96	80	94
Irland	50	53	61	82	88	96	34	82
Finnland	27	12	37	48	76	96	9	58
Spanien	0	12	44	7	31	90	2	42
Portugal	8	5	14	4	32	84	1	32
Italien	0	17	17	3	19	67	7	42
Großbritannien	12	16	9	8	4	1	11	4
Dänemark	35	29	24	43	25	16	45	40
Schweden	8	8	11	13	13	4	4	18
Griechenland	4	0	0	0	0	1	0	1

Quelle: Paribas [Februar 1997] S. 12; Consensus Economics [Januar 1997] S. 26 und [August 1997] S. 26; ZEW [März 1996] S. 1 und ZEW [März 1997] S. 2. Angaben in Prozent.

In den folgenden Abschnitten 2.1.1 und 2.1.2 werden die Ergebnisse von zwei in kürzeren Abständen erhobenen Umfragen referiert. Auf monatlichen Erhebungsdaten basiert der „Handelsblatt-Indikator". Er wurde zum ersten Mal am 31. Juli 1996 im Handelsblatt veröffentlicht und basiert auf einer sehr kleinen Grundgesamtheit von Umfrageteilnehmern. Der Indikator mißt die Erwartungshaltung der

Umfrageteilnehmer hinsichtlich des Starts der EWU zum 1. Januar 1999. Von den Umfrageteilnehmern angeführte Motive zur Neubewertung ihrer Erwartungshaltung werden zusätzlich kurz zusammenfassend dargestellt. Auf wöchentlichen Erhebungsdaten basiert der „EMU Sentiment Indicator" von MMS International. Auch dieser Indikator spiegelt die durchschnittliche Erwartungshaltung der Umfrageteilnehmer hinsichtlich des Starts der Währungsunion zum 1. Januar 1999 wider und wurde zum ersten Mal zum 8. November 1996 erhoben. Im Unterschied zum „Handelsblatt-Indikator" basiert er auf einer weitaus größeren Umfrageteilnehmerzahl. Zum Nachteil gereicht dem „EMU Sentiment Indicator", daß er unkommentiert bleibt.

Die Auswertung der beiden Indikatoren festigt die bereits angeführten ersten Erkenntnisse, die aus den Angaben der halbjährlichen und jährlichen Erhebungen hinsichtlich des Terminplans und der Zusammensetzung der Währungsunion gewonnen wurden:

- Beide Indikatoren erweisen sich im Zeitablauf als variabel. Die sich wandelnde Erwartungshaltung der Umfrageteilnehmer unterliegt der ständigen Bewertung des ökonomischen, politischen und institutionellen Umfeldes des europäischen Einigungsprozesses, wie aus den Ergebnissen des kommentierten „Handelsblatt-Indikators" ersehen werden kann.

- Beide Indikatoren gehen zunächst von einer Kernwährungsunion oder erweiterten Kernwährungsunion aus. Eine größere Währungsunion mit Spanien, Portugal und Italien wird jedoch nicht ausgeschlossen. Im Verlauf des Jahres 1997 entwickelt sie sich vielmehr zu einer verstärkt zu beachtenden Option, wie direkt aus den Aussagen des kommentierten „Handelsblatt-Indikators" geschlossen werden kann. Die erwartete Zusammensetzung der Teilnehmerstaaten ist damit ebenfalls im Zeitablauf variabel.

2.1.1 Der Handelsblatt-Indikator

Am Mittwoch den 31. Juli 1996 veröffentlichte die deutsche Wirtschafts- und Finanzzeitung „Handelsblatt" zum ersten Mal ihr „EWWU-Barometer". Das Handelsblatt war die erste deutsche Tageszeitung, die regelmäßig über die Erwartungshaltung von Finanzmarktanalysten hinsichtlich eines termingerechten Startes[1] der EWU berichtet. Die Grundgesamtheit besteht aus sieben, einmal im Monat befragten Finanzmarktinstituten: Goldman Sachs, Merrill Lynch, Namura Securities, Salomon Brothers, Schweizer Bankgesellschaft, Société Générale und WestLB Research (vgl.: Handelsblatt [31.07.1996]).

Die Grundgesamtheit ist frei ausgewählt und bleibt über den gesamten Befragungszeitraum konstant. Den genannten Instituten wurde jeweils die Frage gestellt, mit welcher Wahrscheinlichkeit sie den Start der EWU zum Termin 1. Januar 1999 erwarteten. Die Antwort mußte in Prozent mit Werten zwischen null und einhundert angegeben werden. Der vom Handelsblatt jeweils zum Monatsende veröffentlichte Wert wird aus dem arithmetischen Mittel der Angaben gebildet (vgl.: Handelsblatt [31.07.1996]). Entsprechend dem ersten veröffentlichten Wert des „EWWU-Barometers" des Handelsblattes am 31. Juli 1996 erwarteten die befragten Finanzinstitute im Durchschnitt einen termingerechten Start der Währungsunion mit einer Wahrscheinlichkeit von 67 Prozent. Die Angaben streuen im Bereich von 50 bis 90 Prozent. Der Handelsblatt-Indikator umfaßt keine genauen Angaben über die Zusammensetzung der EWU. Implizit gehen die Befragten zu diesem Zeitpunkt von einer Kernwährungsunion – eventuell erweitert um Finnland und Irland – aus (vgl.: Handelsblatt [29.11.96, 20.12.96, 31.01.97, 25.02.97]).

In Graphik 2.1.1.0.0 G1 sind jeweils die Mittelwerte der Umfrageergebnisse abgetragen. Es ist zu erkennen, daß die Zuversicht der befragten Finanzinstitute hinsichtlich eines termingerechten Starts der EWU ab August 1996 zunächst im Durchschnitt stetig gestiegen ist. Ihren ersten Höhepunkt erreicht die Zuversicht im Januar 1997 mit einem Wert von 79 Prozent. Als tragende Faktoren führten die befragten Analysten den politischen Willen zum termingerechten Eintritt in die Währungsunion (vgl.: Handelsblatt [31.10.96, 31.01.97]) und die Fortschritte in den institutionellen Vorbereitungsarbeiten zur EWU (vgl.: Handelsblatt [20.12.96,

[1] Ab diesem Kapitel wird unter der Bezeichnung „termingerechter Start" der Übergang zur Währungsunion zum 1. Januar 1999 verstanden. Zwar stand Mitte Juli 1996 die offizielle Entscheidung des Europäischen Rates in Zusammensetzung der Staats- und Regierungschefs gem Art. 109j 2,3 noch aus, dennoch rechnete kaum noch jemand mit einem vorzeitigen Start in die Währungsunion. Auf seinem Treffen am 13./14. Dezember 1996 in Dublin entscheidet der Rat, daß keine Mehrheit der Mitgliedstaaten die notwendigen Voraussetzungen zur Einführung der einheitlichen Währung erfülle und daß daher die dritte Stufe zur Wirtschafts- und Währungsunion am 1. Januar 1999 beginne (vgl.: Europäischer Rat [Dezember 1996] S. 29).

31.01.97]) an. Im Dezember 1996 stellte der Europäische Rat auf seinem halbjährlichen Treffen in Dublin die wesentlichen Bausteine der zukünftigen geldpolitischen Instrumentarien der Europäischen Zentralbank und die grundsätzliche Einigung auf einen Europäischen Stabilitäts- und Wachstumspakt vor. Vorbereitende Arbeiten wurden auf dem Treffen des ECOFIN-Rates im September 1996 geleistet.

Graphik 2.1.1.0.0 G1

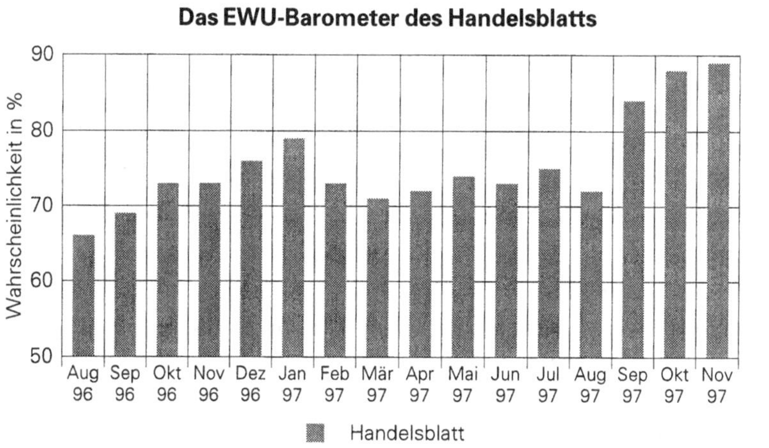

Quelle: Handelsblatt
Eigene Darstellung

Im Februar 1997 sackte das Stimmungsbarometer wieder auf das schon im Oktober und November 1996 erzielte Niveau von 73 Prozent. Als Ursache führten die Analysten wachsende Zweifel an der Fähigkeit Deutschlands an, die finanzpolitischen Konvergenzkriterien zu erfüllen (vgl.: Handelsblatt [24.02.1997]). Den Hintergrund bildeten die unerwartet hohen Rekordarbeitslosenzahlen für Januar 1997 und die anhaltend schwache Konjunktur in Deutschland. Ein Analyst führte aus: „Bei Frankreich hatten wir schon vorher Zweifel; aber jetzt rechnen wir auch für Deutschland mit einem Defizit von 3,4 Prozent" (Handelsblatt [24.02.1997]). Noch in den vorhergehenden Monaten wurden vorhandene Interpretationsspielräume in den Verschuldungskriterien in Anbetracht des geringen Erfüllungsgrades dieser Kriterien bei der Mehrzahl der Mitgliedstaaten als Argument für einen pünktlichen Start angeführt (vgl.: Handelsblatt [31.07.96, 30.08.96]).

Vor dem Hintergrund der zunehmend zu Tage tretenden Haushaltsschwierigkeiten in Deutschland und Frankreich findet die Verschiebungsdebatte der Währungsunion ihren Höhepunkt im März 1997. Im Durchschnitt erwarteten die befragten Finanzmarktanalysten zu diesem Zeitpunkt einen termingerechten Start der Währungsunion mit einer Wahrscheinlichkeit von 71 Prozent (vgl.: Handelsblatt [27.03.97, 30.04.97]). Die Haushaltsschwierigkeiten in Deutschland und Frankreich, die Diskussion zur Interpretation der finanzpolitischen Konvergenzkriterien und die überraschend angesetzten Parlamentswahlen in Frankreich bestimmten in den darauffolgenden Monaten die Erwartungshaltung (vgl.: Handelsblatt [30.05.97, 30.05.97, 31.07.97, 01.09.97]). Den größten positiven Sprung macht das „EWWU-Barometer" im September 1997. Auslöser war nach Angaben der Finanzanalysten der Beschluß der Europäischen Wirtschafts- und Finanzminister im luxemburgischen Bad Mondorf im September 1997, die bilateralen Wechselkurse zwischen den Euro-Teilnehmerstaaten schon mit der Auswahl der Mitgliedstaaten bekanntzugeben. Getragen wurde der deutliche Richtungswechsel durch die sich abzeichnenden verbesserten Aussichten, daß Deutschland und Frankreich das Defizitkriterium der Maastrichter Verträge nahezu erfüllen werden (vgl.: Handelsblatt [01.10.97]).

Bemerkenswert ist, daß die Finanzmarktanalysten im Oktober 1997 weitgehend von einem Teilnehmerkreis von elf Staaten ausgehen (Kernwährungsländer, Irland, Finnland, Spanien, Portugal und Italien) (vgl.: Handelsblatt [01.10.97]). Der Richtungswechsel in der Erwartungshaltung, d.h. von einer kleinen hin zu einer großen Währungsunion, wurde schon im ersten Quartal des Jahres 1997 eingeläutet. Hintergrund des Stimmungswechsels war der Gedanke, daß es sich als schwieriger erweisen werde, die Südländer von der termingerechten Teilnahme auszuschließen, sofern Deutschland und Frankreich ihrerseits Probleme bei der Erfüllung des Defizitkriteriums aufweisen würden. Dabei wurden anfänglich die Chancen für Portugal und Spanien höher angesetzt, als die für Italien (vgl.:Handelsblatt [24.02.97, 27.03.97]): „Jedenfalls werde es durch die Defizitprobleme Deutschlands schwieriger, Länder wie Portugal und Spanien beim EWWU-Start außen vor zu lassen" (Handelsblatt [27.03.97]). Gestützt durch die neue Regierung in Frankreich, die eine große Währungsunion mit Italien befürwortet, und vor dem Hintergrund verbesserter Aussichten hinsichtlich der Erfüllung des Defizitkriteriums der Maastrichter Verträge, gelang es Italien, gegen Ende des Jahres 1997 zu dem erwarteten Teilnehmerkreis der Währungsunion aufzuschließen (vgl.: Handelsblatt [31.07.97, 01.10.97]). Im Durchschnitt erwarteten im November 1997 die Umfrageteilnehmer mit einer Wahrscheinlichkeit von 89 Prozent den termingerechten Start der Währungsunion mit elf Teilnehmerstaaten.

2.1.2 Die Umfrage von MMS International

Ein weiterer, auf Umfrageergebnissen beruhender Indikator wurde am 8. November 1996 von MMS International ins Leben gerufen. MMS International (Money Markets Service) gehört zu Standard & Poor's und ist ein rein im Online-Bereich operierender Anbieter von Finanzmarktdaten und -analysen. Der „EMU Sentiment Indicator" wird aus den Ergebnissen einer regelmäßig erhobenen Umfrage zur Zusammenstellung eines „Consensus-Reportes" gewonnen. In diesem Report werden die Einschätzungen ausgewählter Finanzmarktteilnehmer hinsichtlich der Entwicklung bestimmter Finanzmarktdaten statistisch ausgewertet zusammengestellt (vgl.: MMS International [Januar 1997]).

Zur Entwicklung des „EMU Sentiment Indicators" wurde der Fragenkatalog der bestehenden Umfrage um die Frage erweitert: „What probability do you assign to the following event occurring: Start of EMU in January 1999 with at least five countries including Germany and France?". Die Antwort soll in einem Bereich zwischen null und einhundert Prozent angegeben werden. Die Umfrage wird wöchentlich jeweils am Montag telefonisch erhoben. Die normale Stichprobengröße umfaßt um die siebzig regelmäßig befragte Teilnehmer, die sich aus Finanzmarktanalysten, Händlern und international tätigen Investoren aus weiten Teilen Europas zusammensetzt. Der Stichprobenumfang ist je nach Verfügbarkeit der Umfrageteilnehmer variabel.

Die Ergebnisse der Umfrage werden reduziert in Quartalsabständen veröffentlicht (vgl.: MMS International [Januar 1997] S. 5), den Umfrageteilnehmern jedoch, ausgewertet nach statistischen Kennziffern, jeweils am nächsten Tag der Umfrage per Fax unkommentiert zugeschickt.[1] Die Resultate werden zusammengestellt nach Median, arithmetischem Mittel, Minimal- und Maximalwert sowie der

[1] *Sämtliche nachfolgende Angaben beziehen sich auf die wöchentlichen Faxe. Sie werden im weiteren nicht über eine besondere Quellenangabe gekennzeichnet.*

Standardabweichung. In Diagramm Graphik 2.1.2.0.0 G1 wird das arithmetische Mittel des wöchentlich erhobenen Umfrageergebnisses abgetragen. Entsprechend der ersten Ergebnisse von MMS International erwarteten am 11. November des Jahres 1996 im Durchschnitt 74,57 Prozent der Umfrageteilnehmer einen pünktlichen Start einer mindestens fünf Länder umfassenden Währungsunion (inklusive Deutschland und Frankreich).[1]

Graphik 2.1.2.0.0 G1

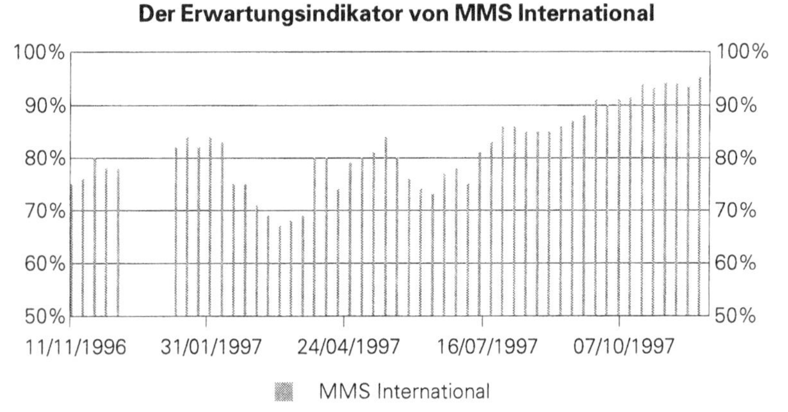

Quelle: MMS International
Eigene Darstellung
Zur Jahreswende 1996 erfolgten keine Umfragen und gegen Ende 1997 wurde die Umfrage umgestellt

Für die interne Analyse hat MMS International die Umfrageergebnisse jeweils noch mal nach Ländern aufgeteilt. Dabei wollte man wissen, ob die Erwartungshaltung hinsichtlich eines termingerechten Starts der EWU in den europäischen Staaten unterschiedlich ausgeprägt ist. Entscheidend für die Zuordnung eines Umfrageergebnisses zu einem Land ist das Schwerpunktland des Analysten und nicht dessen Nationalität oder Firmensitz.[2] Z. B. erwarteten am 11. November 1996 nur 58,6 Prozent der europaweit verstreuten Deutschlandanalysten einen termingerechten Start der Währungsunion, bei einem Gesamtmittelwert von 76,5 Prozent.

---

[1] *Die Streuung der Angaben war in weiten Bereichen der Umfrage sehr groß. So schöpften viele Umfrageergebnisse den möglichen Wertebereich von null bis einhundert Prozent aus.*
[2] *Für diese Arbeit wurden die Daten von MMS International durch Herrn Kohlenberger (+44 171312 7013) bereitgestellt.*

Deutschland lag damit weit hinter Frankreich (90,6%), den Niederlanden (88,3%), Spanien (82,5%), Italien (80,5%), Belgien (77,8%), Großbritannien (76,2%) und Schweden (73,7%). Die niedrige Zuversichtshaltung der Deutschlandanalysten ist auffallend und deckt sich mit anderen Erhebungen, in denen sich Deutschland als „EURO-Skeptiker" erweist.

In Diagramm 2.1.2.0.0 G2 ist der Verlauf des „Handelsblatt-Indikators" (vgl.: Abschnitt 3.1.1) dem Verlauf des „EMU Sentiments Indicator" von MMS International gegenübergestellt. Aufgrund des größeren Stichprobenumfangs müssen dabei den Ergebnissen von MMS International eine höhere Repräsentativität eingeräumt werden. Um die Werte besser vergleichen zu können – der „Handelsblatt-Indikator" basiert auf einer monatlichen Erhebung –, sind die Wochenerhebungen eines Monats von MMS International zu einem ungewichteten Monatsdurchschnitt zusammengefaßt.[1]

Graphik 2.1.2.0.0 G2

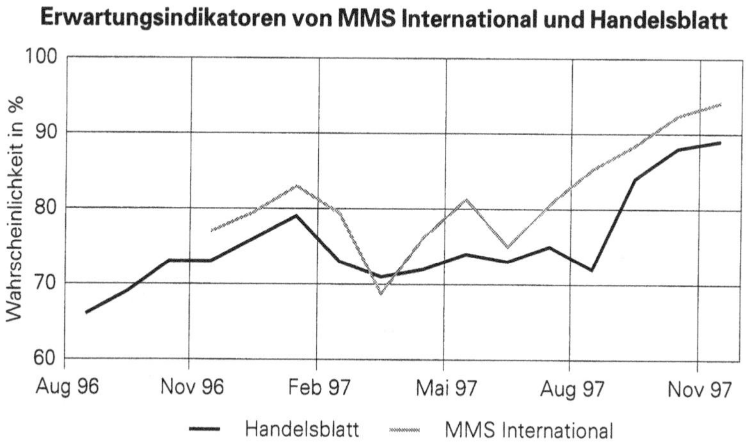

Quelle: Handelsblatt und MMS International
Eigene Darstellung

[1] *Es bleibt jedoch das Problem, daß hier „Monatsendstände" im Falle des „Handelsblatt-Indikators" mit „Monatsdurchschnitten auf Wochenbasis" des „EMU-Sentiments-Indikators" verglichen werden.*

2.2 Marktgestützte Erwartungsindikatoren

Schon die bloße Existenz von regelmäßigen Umfragen hinsichtlich des erwarteten Starttermins und der erwarteten Teilnehmerländer unterstreicht das Interesse, das diesem Thema in der Öffentlichkeit mit zunehmender Nähe zum möglichen Starttermin entgegengebracht wurde. Zudem konnte in Abschnitt 1.3 deutlich gezeigt werden, daß diese Erwartungshaltung, allein schon bedingt durch die Laufzeit der Anleihen, in zunehmendem Maße die Preisbildung an den europäischen Kapitalmärkten mit bestimmen kann. Das Interesse der Finanzmärkte an einem die Erwartungshaltung zuverlässig abbildenden Indikator ist vor diesem Hintergrund nur verständlich.

> „One final point is worth making. The importance of the EMU probability factor in understanding bond spreads is particulary high for countries like Italy and Spain where the spread outside EMU would be particulary high. It is less important for Sweden and the UK, where domestic economic fundamentals in the absence of EMU would produce a narrower spread over Germany; and it is far less important for countries like France, Holland and Denmark, where the implied spread in the absence of EMU would be still smaller." (Goldman Sachs [Mai 1996] S. 4-5)

Die Erwartungsindikatoren auf Umfragebasis beinhalten, neben der herkömmlichen Kritik an Finanzmarkt-Umfrageergebnisse[1)] (vgl. z. B.: Paribas [Februar 1997] S. 11), den wesentlichen Nachteil, daß die Daten zum Zeitpunkt der Veröffentlichung das Meinungsbild zeitverzögert abbilden. Ferner ist der Zeitraum, für den Wochen- oder Monatsdaten zur Verfügung stehen, für eine systematische Finanzmarktanalyse zu kurz. Vor diesem Hintergrund versuchten quer durch Europa Finanzmarktanalysten die Erwartungshaltung der Finanzmarktteilnehmer aus der Preisbildung an den europäischen Rentenmärkten herauszufiltern. Zielsetzung ist, einen auf realisierten Finanzmarktdaten basierenden Erwartungsindikator zu modellieren, der das durchschnittliche Meinungsbild der Finanzmarktteilnehmer hinsichtlich des erwarteten Starttermins der Währungsunion und/oder des erwarteten Teilnehmerkreises widerspiegelt.

[1)] *Ein Europa-Finanzmarktanalyst bei Nikko Europe (Julian Jessop) brachte die Hauptkritik an Umfrageergebnissen wunderbar deutlich auf den Punkt: „There is always a difference on wether people are willing to put their money where their mouths are." (Zitiert nach Datastream [13. Februar 1997])*

Als erstes grobes Zuversichtsmaß für das Zustandekommen der Währungsunion konzentrierten sich mehrere Finanzmarktanalysten auf die Wertabweichung sowohl im Zins- als auch im Wechselkursverhältnis zwischen der „privaten" und der „amtlichen" ECU. Die Hintergründe dieses finanzmarktgestützten Erwartungsindikators werden in Abschnitt 2.2.1 referiert.

Im Verlauf des Jahres 1996 und 1997 konzentrierten sich die Ansätze zur Ermittlung eines finanzmarktgestützten Erwartungsindikators zunehmend auf die Preisbildung von Zinsterminkontrakten auf den Futuremärkten. Die unterschiedlichen Verfahren erlangten eine weite Verbreitung und eine hohe Akzeptanz. Die gängigen Verfahren werden in Abschnitt 2.2.2 dargestellt.

2.2.1 Die ECU als Indikator

Um einen Eindruck der Stimmungslage der Finanzmärkte hinsichtlich der Erwartungshaltung des Zustandekommens der Währungsunion zu erhalten, richtete sich das Augenmerk der Finanzmarktanalysten sehr früh auf die zu beobachtende Differenz im Zins- und Wechselkursverhältnis zwischen der „amtlichen" ECU und der an den Devisen- und Bondmärkten handelbaren „privaten" ECU.

In Deutschland verwies Heinemann schon im Oktober 1992 auf die politikverursachte Volatilität der ECU-Anleihemärkte (vgl.: Heinemann [Oktober 1992] S. 8 bis 11). Der Artikel stand noch ganz unter dem Eindruck des ersten Europa-Referendums Dänemarks. Per Volksentscheid hatte die dänische Bevölkerung die Maastrichter Verträge am 2. Juni 1992 abgelehnt. Heinemann führt aus:

> „All diese Unsicherheiten über das Ob, Wann und Wie der EWU führen dazu, daß jede einschlägige neue Information die Marktkurse an den ECU-Bondmärkten in Bewegung bringt: Meinungsunterschiede im Vorfeld nationaler Referenden wie zuletzt in Frankreich, die Ergebnisse von Referenden, der Gang des parlamentarischen Ratifikationsprozesses in den Mitgliedstaaten, Einschätzungen über die Chancen bestimmter Länder für eine EWU-Teilnahme, politische Äußerungen über den wahrscheinlichen Termin der Endstufe – all das sind in bezug auf die ECU-Anleihemärkte „fundamental news", das heißt Neuigkeiten mit kursbestimmendem Einfluß,

die ECU-Zinsänderungen auslösen. Politik induziert ist die so verursachte zusätzliche Volatilität deshalb, weil sie ausschließlich aus der politisch geschaffenen Möglichkeit resultiert, daß das Währungsregime in Europa grundlegend verändert werden könnte." (Heinemann [Oktober 1992] S. 10)

In der wissenschaftlichen Literatur verwiesen vor allem Folkerts-Landau und Garbner (März 1992 und März 1995) sowie Steinherr (1994) auf die prinzipielle Unabhängigkeit der Entwicklung der privaten ECU von der Entwicklung der amtlichen ECU. Ihrer Ansicht nach ist es möglich, daß die Rendite und der Wechselkurs der privaten ECU substantiell von den Werten der amtlichen ECU abweichen, obwohl die private ECU in ihrer Zusammensetzung der offiziellen Definition der amtlichen ECU entspricht.

Mehrere Finanzmarktanalysten haben diese Abweichungen als Zuversichtsmaßstab für das Zustandekommen einer Währungsunion interpretiert, z. B. Commerzbank (Mai 1995, Mai 1996, S. 12-13, S. 27), J. P. Morgan (Juli 1995, S. 10-12), Vereinsbank Research (Juli 1996, S. 21-24) und Oppenheim Finanzanalyse (Oktober 1996, S. 3-5). Auch Heinemann (März 1996, S. 13 ff) nimmt diesen Gedanken in seine Untersuchung „Währungsunion und deutsche Kapitalmarktzinsen" auf, indem er den Abstand zwischen der rechnerischen Rendite der amtlichen ECU und der tatsächlichen Rendite der auf Endfälligkeit laufenden ECU-Anleihen als Indikator für die Währungsunion-Zuversicht in seine ökonometrisch gestützte Analyse integriert.

Im folgenden werden über die Darstellung der privaten und amtlichen ECU die möglichen Hintergründe einer Wertabweichung hergeleitet und die Differenz im Wechselkursverhältnis als EWU-Zuversichtsmaßstab interpretiert. Abschnitt 2.2.1.1 stellt die amtliche ECU in der Definition der Verordnungen der Europäischen Gemeinschaft vor. Die amtliche ECU ist als nicht handelbare Währung in ihrer Wertdefinition (Wechselkurs und Zins) eine rein rechnerisch ermittelte Größe. Ihr gegenüber steht die auf Märkten gehandelte private ECU. Sie bezieht sich in ihrer Definition zwar auf die amtliche ECU, ist in ihrem Wertverhältnis zu derselben jedoch letztendlich vollkommen unabhängig (Abschnitt 2.2.1.2). In Abschnitt 2.2.1.3 wird aufgezeigt, wie der Übergang zur Währungsunion das Verhältnis der privaten ECU zur amtlichen ECU beeinträchtigt. Vor dem Hintergrund dieses institutionellen

Änderungsprozesses werden die Wertabweichungen der privaten ECU zur Korbdefinition der amtlichen ECU als EWU-Zuversichtsindikator interpretiert (Abschnitt 2.2.1.4).

Den Ergebnissen dieses Indikators folgend ist die Zuversicht in einen termingerechten Start der Währungsunion mit dem Inkrafttreten der Maastrichter Verträge im November 1993 zunächst kontinuierlich gefallen. Eine Wende setzte mit dem Treffen des Europäischen Rates in Madrid im Dezember 1995 ein. Die Bekräftigung eines termingerechten Startes der Währungsunion durch den Europäischen Rat, verbunden mit der Ankündigung einer Verordnung, die u. a. die 1:1 Umstellung ECU-denominierter Verträge zum Euro garantieren soll, führte zu einer wieder ansteigenden Zuversicht, die zum Jahreswechsel 1996/97 ihren zwischenzeitlichen Höchstwert erreicht und in der zweiten Hälfte des Jahres 1997 auch auf diesem Niveau verharrt.

2.2.1.1 Die amtliche ECU

Die amtliche ECU[1)] ist die Europäische Währungseinheit in der Definition der Verordnungen der Europäischen Gemeinschaften, die im Rahmen der Schaffung des Europäischen Währungssystems (EWS) Ende 1978 erlassen wurden (vgl.: Verordnung (EWG) Nr. 3180/78, Nr. 2626/84, Nr. 1971/89 und Council Regulation (EC) No. 3320/94).

Die amtliche ECU übernimmt folgende Funktionen: Zum einen ist sie Bezugsgröße für die Leitkurse[2)] bzw. Paritäten der am EWS beteiligten Währungen.[3)] Zum anderen fungiert sie als Rechengröße für Verbindlichkeiten und Forderungen sowie als Reserve- und Zahlungsinstrument der EU-Zentralbanken (vgl. z.B.: Deutsche Bundesbank [März 1979] S. 12).

[1)] In der Literatur häufig auch als „offizielle ECU" bezeichnet.

[2)] Für die bilateralen Leit- und Interventionskurse vgl. z. B.: EUROSTAT [Mai 1996] S. 58.

[3)] Im Rahmen der Überwachung der bilateralen Leitkurse wird die ECU auch als Bezugsgröße für den sogenannten „Abweichungsindikator" verwendet. Überschreitet die Abweichung des ECU-Tageswertes vom ECU-Leitkurs jeder Teilnehmerwährung einen bestimmten prozentualen Schwellenwert, so besteht die Vermutung, daß eine der am Interventionssystem beteiligten Währungen sich deutlich anders entwickelt als die übrigen Währungen. Dabei setzt der Indikator die „(...) tatsächliche Abweichung des ECU-Tageswertes einer Währung zu ihrer maximalen zulässigen Abweichung in Beziehung (...)" (Deutsche Bundesbank [März 1979] S. 13).

Die amtliche ECU ist als Währungskorb definiert, der sich aus festgelegten Währungsbeträgen von zwölf Mitgliedstaaten der Europäischen Union zusammensetzt. Über den Gegenwert der ECU in nationalen Währungseinheiten läßt sich der jeweilige Anteil der Währung am Währungskorb errechnen, indem der Währungsbetrag durch den ECU-Wechselkurs der jeweiligen Währung dividiert wird. Bei festgelegten Währungsbeträgen, jedoch schwankendem Wechselkursverhältnis, ist der Anteil der Währung im Währungskorb variabel.[1] (Für die Entwicklung des Wechselkursverhältnisses DM/ECU und des Anteils der DM am Währungskorb vgl.: Graphik 2.2.1.1.0 G1). Die Höhe des Korbanteiles der einzelnen Währungen wurde ursprünglich gemäß dem Anteil der einzelnen Währungen am innereuropäischen Handel, dem Sozialprodukt und den Quoten in den Beistandsmechanismen festgelegt (vgl. z. B.: Deutsche Bundesbank [März 1979] S. 11).[2]

Graphik 2.2.1.1.0 G1

Wechselkursentwicklung und Währungsanteil

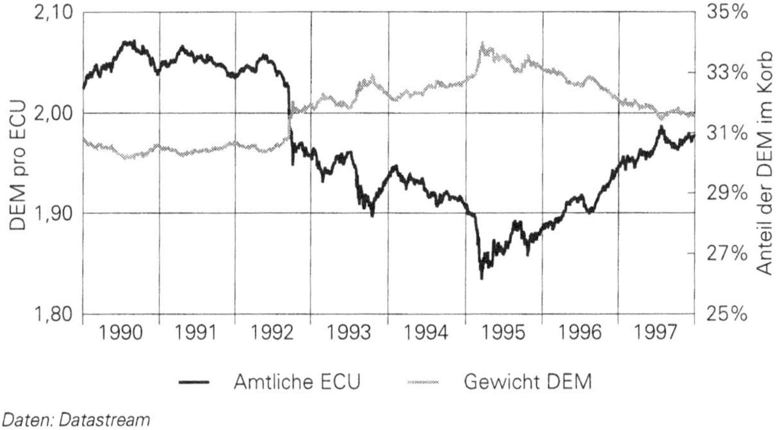

Daten: Datastream
Eigene Darstellung und Berechnung

Die Beiträge der einzelnen Währungen im Währungskorb unterlagen bis 1994 einer Revisionsmöglichkeit. Je nachdem ob sich die Anteile der Währungen zu stark

---

[1] Werden die Anteile der Währungen im ECU-Korb auf Grundlage der geltenden Leitkurse berechnet, so sind die prozentualen Anteile konstant (vgl. z. B.: EUROSTAT [Mai 1996] S. 59).
[2] Für eine mathematische Darstellung der Eigenschaften von Währungskörben und eine gute Darstellung der ECU im Allgemeinen vgl. z. B.: Gandolfo [1995] S. 403-447.

von der wirtschaftlichen Realität – ausgerichtet an den umseitig genannten Richtgrößen des Währungsanteils – entfernt hatten, oder Währungen neu beigetretener Mitgliedstaaten in die ECU-Definition aufgenommen werden sollten, konnte die Zusammensetzung der ECU auf Antrag oder ansonsten im turnusmäßigen Abstand von fünf Jahren geändert werden (vgl. z. B.: Kommission der Europäischen Gemeinschaften [September 1991] S. 158).

Eine Revision der Währungsbeträge wurde mit Wirkung zum 17. September 1984 (vgl.: Verordnung (EWG) Nr. 2662/84 [1984]) und 21. September 1989 (vgl.: Verordnung (EWG) Nr. 1971/89 [1989]) zwei Mal vollzogen. Im Zuge des Übergangs zur EWU wurden die Währungsbeträge gemäß den Vereinbarungen der Maastrichter Verträge mit Beginn der zweiten Stufe für die Verwirklichung der EWU am 1. Januar 1994 unwiderruflich festgelegt (vgl.: Art. 109g). Die der Europäischen Union zum 1. Januar 1995 zuletzt beigetretenen Mitgliedstaaten Österreich, Schweden und Finnland sind dementsprechend nicht im Währungskorb enthalten. Die aktuellen und historischen Währungsbeträge sind der Tabelle 2.2.1.1.0 T1 zu entnehmen.

Tabelle 2.2.1.1.0 T1

Zusammensetzung der ECU				
Währung		**Währungsbetrag**		
		ab 13.03.79	ab 17.09.84	ab 21.09.89
Deutsche Mark	DEM	0,828	0,719	0,6242
Französischer Franc	FRF	1,15	1,31	1,332
Niederländischer Gulden	NLG	0,286	0,256	0,2198
Belgischer Franc	BEF	3,66	3,71	3,301
Luxemburgischer Franc	LUF	0,14	0,14	0,13
Dänische Krone	DKK	0,217	0,219	0,1976
Italienische Lira	ITL	109	140	151,8
Irisches Pfund	IEP	0,00759	0,00871	0,008552
Pfund Sterling	GBP	0,0885	0,0878	0,08784
Griechische Drachme	GRD	~	1,15	1,44
Spanische Peseta	ESP	~	~	6,885
Portugiesischer Escudo	PTE	~	~	1,393

Quelle: Deutsche Bundesbank [November1995] S. 83.

In der jeweiligen Landeswährung ausgedrückt, ergibt sich der theoretische Wert der ECU aus der Summe der wechselkursgewichteten Währungsbeträge. Dieser Wert wird als theoretischer Wechselkurs bezeichnet, weil sich der Preis nicht aus dem Verhältnis von Angebot und Nachfrage auf einem Markt für amtliche ECU ergibt, sondern als nicht gehandelte Währung lediglich eine errechnete Größe darstellt.[1] Offiziell wird der amtliche („theoretische") Kurs ermittelt, indem die Zentralbanken der Mitgliedstaaten, deren Währungen in die ECU eingehen, ihren handelstäglich um 14.15 Uhr auf ihren Devisenmärkten ermittelten Wechselkurs der eigenen Währung zum US-Dollar der Europäischen Kommission mitteilen. Die Kommission berechnet dann zunächst den amtlichen ECU-Kurs gegenüber dem Dollar und dann über dieses Verhältnis den amtlichen ECU-Kurs gegenüber den Währungen der Mitgliedstaaten (vgl.: Kommission der Europäischen Gemeinschaften [September 1991] S. 157).

Die theoretischen kurzfristigen Zinssätze für z. B. ECU-Operationen des EWI entsprechen dem gewogenen Mittel der repräsentativsten Sätze des inländischen Geldmarktes der Länder, deren Währungen den ECU-Korb bilden. Die Gewichtung entspricht den prozentualen Anteilen des ECU-Korbs[2] (vgl.: EUROSTAT [Mai 1996] S. 15 und 118).

Schwieriger gestaltet sich die Berechnung langfristiger theoretischer Renditen für die ECU. Wie für die Feststellung des amtlichen ECU-Wechselkurses ergibt sich das Problem, daß die amtliche ECU nicht auf Märkten gehandelt wird. Wird die ECU jedoch als ein aus zwölf Währungen bestehendes Portefeuille betrachtet, dann liegt es nahe anzunehmen, daß die Verzinsung des Portefeuille – wie bei der Berechnung des kurzfristigen theoretischen Zinssatzes – dem gewogenen Mittel der repräsentativsten Sätze der im ECU enthaltenen Währungen entspricht. Nur mit dem Unterschied, daß sich die Sätze diesmal aus den repräsentativsten Renditen der nationalen inländischen Bondmärkte ergeben. Wendet man diese Methode über die

---

[1] *Die amtliche ECU kann nur für Transaktionen zwischen den EU-Zentralbanken und einer begrenzten Anzahl anderer monetärer Institute verwendet werden. Sie entsteht zum einen über revolvierende Swapgeschäfte der Zentralbanken mit dem Europäischen Fonds für währungspolitische Zusammenarbeit und zum anderen im Rahmen der Vereinbarungen über den sehr kurzfristigen Währungsbeistand (Very Short-Term Financing Facility) (vgl. z. B.: Folkerts-Landau/Garbner [1995] S. 137 oder EUROSTAT [Mai 1995] S. 60-61).*

[2] *Die Korbanteile werden über die Leitkurse bzw. für die Währungen, die nicht am Interventionsmechanismus des EWS teilnehmen, über die Marktkurse errechnet.*

üblichen Laufzeitenbereiche an, so erhält man eine ECU-Zinsstrukturkurve auf Grundlage der gewichteten repräsentativen Renditen der nationalen Anleihemärkte.[1)]

Diese Methode kann jedoch nur als erste Näherungslösung angesehen werden. Vielmehr stellt sich die Frage nach dem Gegenwartswert einer in der Zukunft liegenden Auszahlung in Höhe von einer ECU. In der Regel werden als geeignete Abzinsungsfaktoren sogenannte „Nullkupon-Renditen"[2)] verwendet. Die Nullkupon-Rendite für eine bestimmte Laufzeit kann entweder direkt aus dem Kurswert einer laufzeitentsprechenden Nullkupon-Anleihe oder indirekt rechnerisch aus einer zugrundeliegenden Zinsstrukturkurve auf Basis von Kupon-Renditen hergeleitet werden. Nullkupon-Anleihen unterscheiden sich von Kupon-Anleihen im wesentlichen dadurch, daß sie nur einen Zahlungsstrom aufweisen. Es entfällt somit die Diskontierung von zwischenzeitlichen Zinszahlungen, wie sie bei einer Kupon-Anleihe entstehen, und damit die Bewertung von mehreren über die Zeit verteilten Auszahlungen innerhalb einer Referenzperiode. Die Nullkupon-Rendite gibt somit direkt die zu einem bestimmten Zeitpunkt für eine bestimmte Referenzperiode tatsächlich zu erzielende durchschnittliche jährliche Verzinsung wieder.

Für unseren Ansatz würde das bedeuten, daß sich der Gegenwartswert einer Auszahlung in Höhe von 1 ECU nach Ablauf von t Zinsperioden über den Zins einer laufzeitentsprechenden Nullkupon-Anleihe mit dem Endwert von 1 ECU bestimmen ließe. Wir erhielten dann eine Zinsstrukturkurve über die Perioden $t = 1,\ldots\ldots, n$ auf Basis von Nullkupon-Renditen (vgl. z. B.: Deutsche Bundesbank [Mai 1992] S. 36-38].

Wie jedoch schon mehrfach erwähnt, ist die amtliche ECU keine handelbare Währung. Es bleibt aber die Möglichkeit, die Abzinsungsfaktoren künstlich – deshalb wird in diesem Zusammenhang auch von synthetischen Renditen gesprochen – wieder über den Portefeuille-Ansatz zu ermitteln. Dabei wird die in der Zu-

---

[1)] In der Praxis wird dieses Verfahren häufig als erste Näherungslösung zur Berechnung einer theoretischen ECU-Rendite herangezogen. Es läßt sich zeigen, daß die nach diesem Verfahren ermittelten Werte für kürzere Laufzeitenbereiche nahe an die Werte komplexerer Berechnungsmethoden heranreichen, wie z. B. über die synthetische Rendite (vgl z. B.: CCF [1995] S. 8-9 oder Deutsche Bundesbank [Mai 1992] S. 38).

[2)] Für die Berechnung von Nullkupon-Renditen und ihrer Beziehung zu Kupon-Renditen vgl.: Exkurs 2.2.2.1.1 E1.

kunft liegende Auszahlung in ECU in die zwölf Währungsbeträge des Währungskorbes aufgespalten. Der Gegenwartswert jedes einzelnen Währungsbetrages wird mittels der länderspezifischen Abzinsungsfaktoren ermittelt. Als Ergebnis erhalten wir für jedes Land eine länderspezifische Diskontierungsfunktion, die den jeweiligen Gegenwartswert einer in der zukünftigen Periode t liegenden Auszahlung in der betrachteten Währungseinheit wiedergibt. Die länderspezifischen Gegenwartswerte werden dann zu den jeweiligen Wechselkursen in ECU umgerechnet und aufsummiert. Als Ergebnis erhalten wir eine synthetische Diskontierungsfunktion für die ECU, aus der die synthetische ECU-Zinsstrukturkurve abgeleitet werden kann (vgl. z. B.: J. P. Morgan [1995] S. 10-12).

Die geeigneten länderspezifischen Abzinsungsfaktoren – die länderspezifischen Nullkupon-Renditen – müssen in der technischen Umsetzung in der Regel rechnerisch aus der Kupon-Zinsstrukturkurve hergeleitet werden, da in keinem der Länder das gesamte Laufzeitenspektrum über repräsentative Nullkupon-Anleihen abgedeckt ist. Zusätzlich ist die Kupon-Zinsstrukturkurve auf Grundlage repräsentativer Anleihen häufig lückenhaft. Die wenigsten europäischen Bondmärkte weisen liquide und repräsentative Anleihesegmente über das gesamte Laufzeitspektrum auf. CCF beschreiben die Problematik folgendermaßen:

> „In reality the two methods are a match because it is easy – in theory at least – to switch from an acturial[1] curve to a zero-coupon curve and vice versa. In practice, the various national markets are dissimilar in terms of bond maturities, which makes the calculations less flexible, and also in terms of liquidity, which makes them less reliable." (CCF [1995] S. 7)

Diese Unzulänglichkeiten[2] haben zur Folge, daß Werte häufig interpoliert oder mittels eines geeigneten Regressionsansatzes über ausgewählte Anleihesegmente geschätzt werden müssen. Insgesamt wird diese Bewertungsmethode aber als die geeignetste Orientierungsgröße angeführt oder wie Temperton et al. anführen: „The major disadvantage is that as some underlying markets are incom-

---

[1] *Gemeint ist die Berechnung über Kupon-Zinsstrukturkurven.*

[2] *Die Berechnung von synthetischen ECU-Renditen unterliegt weiteren wesentlichen Annahmen: Konstanz der Zusammensetzung des Währungskorbes, keine Transaktionskosten und Steuern, kontinuierlicher Handel sowie keine Begrenzung von Handelsvolumina (vgl. z. B.: CCF [1995] S. 8).*

plete, estimates have to be made with regard to some of the underlying yields: However, the true theoretical is a fundamental analytic tool." (Temperton et al. [1993] S. 96)[1]

2.2.1.2 Die ECU als Devise – die private ECU

Die private ECU ist eine ECU-denominierte Verbindlichkeit des privaten Banksektors auf Basis von Termin- oder Sichteinlagen (vgl. z. B.: Folkerts-Landau/Garber [1995] S. 137). Die private ECU bezieht sich in ihrer Definition – wie die amtliche ECU – auf die Verordnungen der Europäischen Gemeinschaften, die im Rahmen der Schaffung des Europäischen Währungssystems erlassen wurden. Damit schließt sie die Revisionsmöglichkeit des amtlichen ECU mit in ihre Definition ein.

Die Bedeutung der privaten ECU als internationale Transaktions- und Fakturierungswährung ist verschwindend gering (vgl. z. B.: Kommission der Europäischen Gemeinschaften [September 1991] S. 143). Eine höhere Akzeptanz findet sie auf den internationalen Kapitalmärkten. Mit der ersten Emission einer ECU-denominierten Anleihe im April 1981 ist das Volumen des ECU-Anleihemarktes zunächst stetig gestiegen (vgl. z. B.: Temperton et al. [1993] S. 87-93).[2] An Tiefe und vermehrter Liquidität gewann der Markt für private ECU durch die Einführung von Futuresmärkten für abgeleitete Finanzinstrumente in ECU.[3] Im Jahr 1989 traten zusätzlich die Europäischen Zentralbanken im Rahmen der Verwaltung ihrer Währungsreserven auf der Nachfrageseite der ECU-Wertpapiermärkte auf (vgl.

[1] *In der praktischen Anwendung bezieht sich die theoretische ECU-Rendite häufig auf eine Berechnungsformel von Paribas:*

$$C = \frac{1 - \sum_{k=1}^{K} \frac{w_k}{(1+i_k)^N}}{\sum_{k=1}^{K}\sum_{j=1}^{N} \frac{w_k}{(1+i_k)^j}}$$

wobei: C theoretische ECU-Rendite; K Anzahl der Währungen im ECU; N Laufzeit in Jahren; wk Gewicht der Währung k im ECU-Korb; ik Rendite der Währung k mit Laufzeit N; k,j Laufindizes (vgl.: Temperton et al. [1993] S. 96-97).

[2] *Der Erfolg der ECU auf den Kapitalmärkten leitet sich aus der „Durchschnittsbildung" von Wechselkurs und Zinsertrag ab. Die meisten ECU-Anleiheemissionen und andere Formen der Geldaufnahme sind jedoch umtauschorientiert, d. h. die aufgenommenen Beträge werden in andere Währungen umgewechselt. Hier zeigt sich deutlich die unterentwickelte Funktion als Transaktionswährung (vgl. z. B.: Kommission der Europäischen Gemeinschaften [September 1991] S. 148).*

[3] *So werden z. B. lang- und kurzfristige Zinsterminkontrakte an der LIFFE in London sowie der MATIF in Paris gehandelt. ECU-Dollar-Terminkontrakte und Optionskontrakte können über die Finnex in New York abgedeckt werden (vgl.: Kommission der Europäischen Gemeinschaften [September 1991] S. 142).*

z. B.: Folkerts-Landau/Garbner [1995] S. 138). Zu den Emittenten ECU-denominierter Wertpapiere zählen neben den supranationalen Institutionen, wie z. B. die Europäische Investitionsbank und die Europäischen Gemeinschaften für Kohle und Stahl, öffentliche und private Unternehmen. Auf hoheitlicher Ebene sind vor allem Frankreich, Italien und Großbritannien mit einem höheren Emissionsvolumen vertreten (vgl. z. B.: Temperton et al. [1993] S. 91-93).

Im Verlauf der Währungsturbulenzen in den Jahren 1992 und 1993 im Europäischen Währungssystem kam es auch zu größeren Spannungen an den Märkten für die private ECU. In dieser Periode kam die Emissionstätigkeit zwischenzeitlich fast zum Erliegen (vgl. z. B.: Europäisches Währungsinstitut [April 1995] S. 80-82). Gemessen am ausstehenden Gesamtvolumen nimmt die Bedeutung des ECU-Anleihemarktes seit 1993 stetig ab (vgl. z. B. Europäisches Währungsinstitut [November 1996] S. 62-63).

Obwohl der amtlichen und der privaten ECU die gleiche Definition zugrundeliegt, werden sie doch in zwei voneinander getrennten Kreisläufen verwendet. Die amtliche ECU wird von einer amtlichen Währungsinstitution ausgegeben, die private ECU hingegen wird durch den privaten Bankensektor geschaffen. Ist die Verwendung der amtlichen ECU nur den EU-Zentralbanken und speziell bezeichneten Instituten erlaubt, so kann die private ECU von jedem Marktakteur besessen und verwendet werden (vgl.: Kommission der Europäischen Gemeinschaften [September 1991] S. 136).[1] Die Bezugnahme auf die Definition des amtlichen ECU übernimmt für den privaten ECU dennoch eine wesentliche Funktion:

> „(...) da dies die Einheitlichkeit und Marktfähigkeit der gegenwärtigen und künftigen auf ECU lautenden Marktinstrumente sicherstellt. Die für die Definition des ECU zuständigen EG-Instanzen haben dementsprechend den Bedürfnissen des Marktes immer stärker Rechnung getragen (...)." (Kommission der Europäischen Gemeinschaften [September 1991] S. 136)

[1] Die Währungsbehörden sämtlicher EU-Mitgliedstaaten haben ihren Gebietsansässigen die Möglichkeit eingeräumt, die ECU zu den gleichen Konditionen zu benutzen, wie sie für Fremdwährungen gelten (vgl.: Kommission der Europäischen Gemeinschaften [September 1991] S. 136). Innerhalb dieser Regelungen ist es Gebietsansässigen in Deutschland trotzdem gem. § 3 des Währungsgesetzes i. V. m. der Rechtsauffassung der Bundesbank nicht gestattet, auf ECU lautende Verbindlichkeiten einzugehen (vgl. z. B.: Fuhrmann [1994] S. 28-29).

Auch wenn die private ECU im eigentlichen Sinne keine selbständige Währung darstellt, da ihr die wesentlichen Merkmale einer „wirklichen" Währung fehlen (vgl.: Deutsche Bundesbank [Mai 1992] S. 27), so muß sie dennoch als eine separate Währung angesehen werden (vgl.: Salomon Brothers [Februar 1996] S. 5). Die Geldschöpfung in privaten ECU erfolgt in einem geschlossenen, auf sich selbst bezogenen System privater Banken (vgl.: Folkerts-Landau/Garbner [1995] S. 141).[1] Dabei war der Geldmarkt für private ECU in seinen Anfängen ein reiner Depositenmarkt, d. h. ein Investor hinterlegte für eine ECU-denominierte Einlage zugleich den Betrag in nationalen Geldeinheiten, den die Depositenbank benötigte, um die im Währungskorb enthaltenen Währungsbeträge zu kaufen und an den nationalen Geldmärkten anzulegen (vgl.: Temperton et al. [1993] S. 84). Mit der Ausweitung ECU-denominierter Transaktionen auf die Kreditvergabe übernahmen einige spezialisierte Banken die Funktion der Refinanzierung, sogenannte „Clearing"-Banken. Bei diesen Banken können private ECU im Austausch gegen die Korbwährungen ge- oder verkauft werden. Ihre Funktion beschreibt die Europäische Kommission wie folgt:

> „Da es eine Zentralbank als Refinanzierungsinstitut nicht gibt, haben sich einige wenige Banken darauf spezialisiert, zwischen dem ECU und den Währungen, aus denen er sich zusammensetzt, als Vermittler zu fungieren: Sie sind bereit, liquiditätsbedürftigen Banken ECU zu leihen und sich selbst über den Korb der ECU-Bestandteile abzudecken. In Wirklichkeit sind es die Geldmärkte der in den ECU einbezogenen Währungen, die Refinanzierungsfunktionen für den ECU-Markt ausüben. Dieses Band zwischen ECU und Korbwährungen und die feste Bereitschaft einer Reihe von Finanzmittlern, diese Verbindung zu gewährleisten, sind für Tiefe, Elastizität und Liquidität des ECU-Markts wesentlich." (Kommission der Europäischen Gemeinschaften [September 1991] S. 139)

---

[1] *Das ECU-Verrechnungs- und Saldenausgleichssystem wurde im Februar 1986 errichtet und ist seit April 1987 voll arbeitsfähig. Es ist ein privates System, in dem eine kleine Gruppe von am ECU-Markt tätigen Geschäftsbanken den Ausgleich von im ECU-Verrechnungssystem entstandenen Salden über gegenseitige Ausgleichskonten herbeiführen. Es ist das einzige System, das Transaktionen in ECU verrechnet und ausgleicht. Im Jahr 1994 nahmen 45 sogenannte „Clearing"-Banken am System teil. Die gegenseitigen Nettopositionen werden bei der Bank für Internationalen Zahlungsausgleich (BIS) geführt. Verwaltet wird das System von der ECU Banking Association (EBA) (vgl: Europäisches Währungsinstitut [April 1995] S. 83-84).*

Über ihre Funktion als „lender of the last resort" sollen die „Clearing"-Banken neben der definitorischen Gleichheit auch die tatsächliche Wertgleichheit zwischen amtlicher und privater ECU gewährleisten (vgl.: Kommission der Europäischen Gemeinschaften [September 1991] S. 139). Bis Oktober 1987 wurde diese Gleichheit über private vertragliche Vereinbarungen gewährleistet, die es den „Clearing"-Banken gestattete, ECU-Verbindlichkeiten über die Währungsbeträge des Korbes zu pari zu begleichen. Danach brach dieser Mechanismus sukzessive zusammen, da sich immer mehr „Clearing"-Banken weigerten, den Ausgleich von ECU-Salden über den Währungskorb zu akzeptieren. Seit November 1988 existiert keine privatwirtschaftliche Vereinbarung mehr, die den Austausch von privaten ECU in den Währungskorb oder umgekehrt zu pari gewährleistet (vgl. z. B.: Folkerts-Landau/Garbner [1995] S. 140 oder Schweizerische Bankgesellschaft [Juli 1996] S. 5).

Wenn die Wertgleichheit nicht über privatwirtschaftliche Vereinbarungen im ECU-Abrechnungssystem gewährleistet wird, und auch auf hoheitlicher Ebene keine Verpflichtung zu einem Pari-Umtausch existiert, so stellt sich die Frage, ob eine Wertgleichheit nicht über eine Marktarbitrage herbeigeführt wird. Nach Folkerts-Landau und Garbner existiert eine solche Arbitragemöglichkeit im engeren Sinne nicht. Vielmehr stelle die „Arbitrage" im Falle der ECU-Märkte eine Spekulation auf den zukünftigen Wert der ECU dar, weil die Wertgleichheit nicht über eine risikolose Arbitrage herbeigeführt werden könne (vgl. z. B.: Folkerts-Landau/Garbner [1995] S. 142). Im selben Tenor formuliert die Deutsche Bundesbank:

> „Zur Arbitrage müßten beispielsweise bei einer „Überbewertung" der ECU Geschäftsbanken bereit sein, ECU gegen Komponenten zu verkaufen und somit eine Minusposition in ECU einzugehen. Für solche ausgleichenden Transaktionen besteht jedenfalls ein Anreiz, wenn eine Annäherung des ECU-Wechselkurses an seinen „theoretischen" Korbwert erwartet wird und zugleich der Zinsaufwand für die zur Finanzierung der ECU-Verkäufe benötigten ECU-Kredite niedriger ist als der Zinsertrag der Korbkomponenten. (...) Es hängt deshalb von der Risikoeinschätzung der Banken ab, ob und wie weit der Wechselkurs der ECU am Interbankenmarkt bei einseitigen Marktlagen vom Korbwert abweicht." (Deutsche Bundesbank [Mai 1992] S. 29)

Es existiert damit kein Anpassungsmechanismus, der die Wertgleichheit zwischen privaten ECU und dem Währungskorb garantiert oder wie Temperton et al. ausführen: „In short, while the private ECU is still 'defined' as a basket, there is no obvious force keeping its value within transaction-costs bounds around the basket itself. Far from being a problem, this makes the private ECU more akin to a normal currency." (Temperton et al. [1993] S. 85)

2.2.1.3 Die Diskontinuität der ECU

Nach Artikel 3a umfaßt die Tätigkeit der Gemeinschaft in der Wirtschafts- und Währungsunion die unwiderrufliche Festlegung der Wechselkurse im Hinblick auf die Einführung einer einheitlichen Währung, der ECU (vgl.: Art. 3a Abs. 2). Zur Erreichung dieser Zielsetzung wurde als einleitende Maßnahme die unwiderrufliche Festschreibung der Korbbeträge der ECU mit Beginn der zweiten Stufe zur Europäischen Wirtschafts- und Währungsunion beschlossen (vgl. Art. 109g).[1] Über die unwiderrufliche Fixierung der Wechselkursverhältnisse zwischen den Teilnehmerländern der Währungsunion zu Beginn der dritten Stufe soll der Übergang von der Europäischen Währungseinheit des Europäischen Währungssystems zur Einheitswährung der Europäischen Union gem. Art. 109l Absatz 4 irreversibel vollzogen werden.

> „Am ersten Tag der dritten Stufe nimmt der Rat aufgrund eines einstimmigen Beschlusses der Mitgliedstaaten, für die keine Ausnahmeregelung gilt, auf Vorschlag der Kommission und nach Anhörung der EZB die Umrechnungskurse, auf die ihre Währungen unwiderruflich festgelegt werden, sowie die unwiderruflich festen Kurse, zu denen diese Währungen durch die ECU ersetzt werden, an und wird die ECU zu einer eigenständigen Währung. Diese Maßnahme ändert als solche nicht den Außenwert der ECU." (Art. 109l Abs. 4)

---

[1] Mit dem „Einfrieren" der ECU entschied man sich für die Härtung der ECU im Übergangsprozeß. Aufwertende Währungen würden so im Zeitablauf ihren Anteil am Währungskorb erhöhen und damit die ECU härten (vgl. z. B.: Grosch [1994] S. 483-497). Dieser Vorschlag steht neben mehreren diskutierten Varianten zur Förderung der Verwendung der ECU während der Übergangsphase (vgl.: Cencini [1995]).

Dabei täuscht die Namensgleichheit der ECU des Europäischen Währungssystems mit der ECU der einheitlichen Währung der Europäischen Union eine gewisse Kontinuität vor. Tatsächlich handelt es sich aber um zwei grundverschiedene Sachverhalte. Das Akronym ECU (European Currency Unit) ist in seiner Wertdefinition nicht mit der einheitlichen Währung ECU der Europäischen Union zu vergleichen. Zum einen wird die Währung ECU nach einer Übergangsphase alleiniges gesetzliches Zahlungsmittel innerhalb der Währungsunion. Zum anderen wird der (Binnen)-Wert der ECU aus der Relation der umlaufenden ECU-Geldmenge und der Wirtschaftsleistung des Europäischen Währungsraumes bestimmt, für die in alleiniger Verantwortung die gemeinsame Notenbank der Europäischen Gemeinschaft gemäß ihrem gesetzlichen Auftrag nach Art. 105 Absatz 1 steht (vgl. z. B.: Grosch [1994] S. 484). Desweiteren ist die inhaltliche Kontinuität schon alleine deswegen nicht gewährleistet, weil nicht sämtliche Staaten, die mit Währungsbeträgen im ECU-Korb vertreten sind, auch dem einheitlichen Währungsraum angehören müssen. Die Maastrichter Verträge betonen zu Recht den eigenständigen Charakter der ECU mit Beginn der dritten Stufe.

Die Eigenständigkeit der gemeinsamen europäischen Währung unterstrich der Europäische Rat auf seiner Tagung im Dezember 1995 in Madrid durch die Namensgebung „Euro".[1] Danach wird das Akronym ECU in allen Artikeln, die sich auf die Europäische Währungseinheit beziehen, durch den Namen Euro ersetzt (vgl.: Europäischer Rat [Dezember 1995] S. 6). Weiterhin wies der Rat darauf hin, daß mit dem Beginn der dritten Stufe – der Rat geht von einem Beginn zum 1. Januar 1999 aus – der Euro eine eigenständige Währung und der amtliche ECU-Korb abgeschafft werde (vgl.: Europäischer Rat [Dezember 1995] S. 7).

Für alle ECU-denominierten Verträge hat diese „Diskontinuität" sowohl rechtliche als auch ökonomische Auswirkungen. Wie im vorherigen Abschnitt beschrieben, beziehen sich die privatwirtschaftlichen, in ECU-denominierten Verträge auf die Definition der amtlichen ECU. Mit dem Übergang zur dritten Stufe wird jedoch das Ende der amtlichen ECU besiegelt, und an deren Stelle tritt der Euro. Verfechter einer „materiellen Kontinuität" sind der Ansicht, daß die Korbdefinition über den

[1] *„Der Name der neuen Währung ist ein wichtiger Faktor der Vorbereitung des Übergangs zur einheitlichen Währung (...). Der Europäische Rat beschließt daher, daß ab der dritten Stufe der Name für die europäische Währung Euro lautet." (Europäischer Rat [Dezember 1995] S. 6)*

Beginn der Währungsunion für private Verträge weiterhin in Kraft bleibe. Vertreter der „nominellen Kontinuität" verweisen auf den offenen Korbcharakter der amtlichen ECU, der Euro wird dementsprechend als „Endform" der ECU aufgefaßt (vgl. z. B.: BHF-Bank [Dezember 1995] S. 3).

Die wichtige Frage des Übergangs zur einheitlichen Währung und der Kontinuität betrachtet der Rat dementsprechend als vordringliche Angelegenheit. Die Vorbereitungen zur Schaffung eines Rechtsrahmens laufen schon seit längerer Zeit.[1] Eine abschließende Verordnung nach Artikel 109 Absatz 4 kann jedoch nicht vor 1998 erfolgen.[2] Schon im April 1994 hat die Kommission wiederholt einen Übergang bei nomineller Kontinuität nahegelegt, d. h. einen Übergang von der ECU zum Euro im Verhältnis von 1:1 (vgl. z. B.: Salomon Brothers [Februar 1996] S. 7). Im Euro-Verordnungsentwurf der Kommission wird dieser Gedanke wie folgt konkretisiert:

> (Art. 4) „Every reference in a legal instrument to the ECU, as referred to in Article 109g EC and as defined in Council Regulation (EC) No. 3320/94, is replaced by a reference to the euro at a rate of one euro to one ECU. References in a legal instrument to the ECU without an explicit definition shall be presumed to be references to the ECU as referred to in Article 109g EC and as defined in Council Regulation (EC) No. 3320/94."

> (Art 5) „The introduction of the euro as the currency of the participating Member States and the replacement in legal instruments of references to the euro shall not in itself have the effect of altering any term of a legal instrument nor give a party the right unilaterally to alter or terminate a legal instrument. This provision is subject to anything which parties may have expressly agreed with reference to the introduction of the euro or the replacement of references to the introduction of the euro or the replacement of references to the ECU by references to the euro." (European Commission [Juli 1996] S. 2)

---

[1] *Erste Referenzszenarien wurden von der Kommission im Mai 1995 („Green Paper") und vom Europäischen Währungsinstitut im November 1995 vorgelegt (vgl.: European Commission [Mai 1995] und Europäisches Währungsinstitut [November 1995]).*

[2] *Um ein reibungsloses Funktionieren der Finanzmärkte zu stützen, sollen einige Aspekte des rechtlichen Rahmens für die Verwendung des Euro über eine Verordnung nach Artikel 235 vorgezogen werden (vgl.: Europäischer Rat [Dezember 1996] S. 28).*

Damit soll eine Umstellung von rechtlichen Instrumenten, die sich auf den ECU-Korb beziehen, zu einem Verhältnis von 1:1 erfolgen, was prinzipiell auch für privatrechtliche Verträge gelten soll (vgl.: Europäischer Rat [Dezember 1996] S. 28). Zu den Grundsätzen der Vertragskontinuität nimmt Art. 5 Stellung. Danach besteht insbesondere kein Recht zur einseitigen Vertragsänderung oder -beendigung. Der Kontinuitätsgrundsatz des ersten Satzes des Art. 5 soll nur dann zurücktreten, wenn die Parteien sich in den Verträgen ausdrücklich auf eine Änderungsklausel für den Fall des Übergangs zum Euro geeinigt haben (vgl. z. B.: Klanten [1996] S. 258-259). Über die abschließende Version dieser Verordnungen soll die Rechtssicherheit ECU-denominierter Verträge gestärkt werden.[1]

In ökonomischer Hinsicht kommt diese Maßnahme einer Korbrevision gleich. Je nach Zusammensetzung der Teilnehmerländer wird die ECU im Übergang gehärtet. Im Fall einer Kernwährungsunion wird das Gewicht der Länder erhöht, die im historischen Vergleich stabilere Wechselkursverhältnisse und niedrigere Renditen aufwiesen. Die Wandlung einer ECU-Anleihe in eine Euro-Anleihe geht in diesem Fall tendenziell mit dem Gewinn eines Qualitätsvorsprungs einher. Damit ändert sich aber auch das Risikoprofil der Anleihe, so daß die Bewertung der Anleihe im Vorfeld der Union wesentlich von der Erwartung des Zustandekommens der Währungsunion und dem erwarteten Teilnehmerkreis abhängt (vgl. z. B.: BHF-Bank [Dezember 1995] S. 2).

2.2.1.4 Die Über- und Unterbewertung der privaten ECU

Aufgrund der seit Oktober 1987 bestehenden Unabhängigkeit der privaten ECU-Märkte (vgl.: Abschnitt 2.2.1.2) ist es im Zeitverlauf immer wieder zu einer signifikanten Über- oder Unterbewertung der privaten ECU im Verhältnis zu ihrem theoretischen Wechselkurs (vgl.: Abschnitt 2.2.1.1) gekommen. Deutliche Abweichungen traten im Verlauf der Währungsturbulenzen des Europäischen Währungssystems im Jahr 1992 und 1993 sowie im Rahmen der vertraglichen Konkretisie-

---

[1] *Für eine grundlegende Darstellung der rechtlichen Schwierigkeiten, die mit dem Übergangsszenarium verbunden sind, vgl. z. B.: Debus [August 1996] oder Mazzaferro [Mai 1994]. Für aktuelle Arbeiten, die sich mit der Ausgestaltung des Übergangsprozesses beschäftigen, vgl. z. B. die Informationsbriefe zur Europäischen Wirtschafts- und Währungsunion von der Deutschen Bundesbank oder die Broschüre „Practical issues arising from the introduction of the Euro" der Bank of England (Dezember 1997).*

rung des Integrationsprozesses zur Europäischen Wirtschafts- und Währungsunion auf (vgl. z. B.: Schweizerische Bankgesellschaft [Juli 1996] S. 6). Konnten die Abweichungen bis Anfang 1994 noch als temporär bezeichnet werden, so ist die private ECU seit dem Inkrafttreten der Maastrichter Verträge am 1. November 1993 dauerhaft unterbewertet. So erkannten die Finanzmärkte, daß bei glaubhafter Einhaltung des Zeitplanes zur Europäischen Währungsunion den privaten ECU-Märkten spätestens ab dem 1. Januar 1999 ein künstliches – in seiner rechtlichen Ausgestaltung über weite Teile der zweiten Stufe zur Europäischen Wirtschafts- und Währungsunion noch unkonkretisiertes – Ende gesetzt wird (vgl.: Abschnitt 2.2.1.3).

Die Erklärung historischer Abweichungen vollzogen einige Autoren über die Liquidität und Unvollkommenheit der privaten ECU-Märkte (vgl. z. B.: Bishop [April 1991]). Andere Ansätze versuchten, das Wertverhältnis der privaten ECU zur Korbwährung (Wert der amtlichen ECU) auf Grundlage des ungedeckten oder offenen Zinsparitätentheorems (vgl.: Exkurs 1.3.1.1.0 E1) zu bestimmen (vgl.: Folkerts-Landau/Garber [März 1995] S. 142-145). Der Vorteil der letztgenannten Methode liegt darin, daß er Einblicke in die theoretischen Bestimmungsgrößen des Wertverhältnisses umfassend offenlegt.

Folkerts-Landau und Garbner (März 1995) kommen in ihrer Untersuchung der Bestimmungsgrößen des Wertverhältnisses „Determining the Value of a financial unit of account based on composite currencies: The case of the private ECU" zu dem Ergebnis, daß die Wertabweichungen im jetzigen institutionellen Umfeld der privaten ECU-Märkte teilweise auf die Erwartungen der Marktteilnehmer hinsichtlich des Übergangs zum europäischen Währungsraum zurückzuführen sind:

> „Fluctuations in the ECU/Basket exchange rate are partly due to changing expectations regarding the future fixing, that is, regarding the progress towards EMU. (...) Hence, any uncertainty concerning the creation of a single European currency translate directly into exchange rate uncertainty for the private ECU." (Folkerts-Landau/Garber [März 1995] S. 156)

Ausgangspunkt ihres Ansatzes (vgl.: Exkurs 2.2.1.4.0 E1) ist die Annahme, daß Rechtssicherheit über die 1:1 Umstellung der privaten ECU zum Umrechnungskurs des Euro besteht, d. h. ein privater ECU entspricht einem Euro mit Beginn der dritten Stufe[1]. Der Wert eines Euro wird gemäß Artikel 109g Absatz 2 mit Beginn der dritten Stufe nach Artikel 109l Absatz 4 festgelegt. Die in diesem Artikel bezeichnete ECU bezieht sich auf die Definitionen der Verordnungen der Europäischen Gemeinschaften (vgl.: Abschnitt 2.2.1.1). In dieser Konstellation ist die Wertgleichheit zwischen privater, amtlicher ECU und Euro zu Beginn der dritten Stufe gewährleistet.[2]

Wertabweichungen bis zum Übergang zur dritten Stufe sind nach Erkenntnis der genannten Autoren auf drei wesentliche Einflußfaktoren zurückzuführen, nämlich auf:

- die Erwartungen hinsichtlich der Zusammensetzung des Währungskorbes am Tag der Fixierung;[3]
- die Erwartungen hinsichtlich der bilateralen Umstellungskurse am Tag der Fixierung;[4]
- die Erwartungen hinsichtlich des Zeitpunktes des Eintritts in die dritte Stufe (bei unterstellter 1:1 Umstellung) (vgl.: Folkerts-Landau/Garber [März 1995] S. 154-155).

---

[1] *„Im Falle von Verträgen, in denen auf den amtlichen ECU-Korb der Europäischen Gemeinschaft gemäß dem Vertrag Bezug genommen wird, wird die Ersetzung durch den Euro im Verhältnis eins zu eins vorgenommen, soweit in den Verträgen nichts anderes bestimmt ist." (Europäischer Rat [1995] S. 10). Vgl. auch die Ausführungen in Abschnitt 2.2.1.3.*

[2] *Mit Beginn der dritten Stufe werden zunächst vom Rat die Umrechnungskurse der nationalen Währungen der EU-Mitgliedstaaten festgestellt. Über die Gewichtung mit den festen Korbbeträgen wird in einem zweiten Schritt das jeweilige Wechselkursverhältnis zur ECU ermittelt. Für die Mitgliedstaaten ohne Ausnahmeregelung wird dieses Wechselkursverhältnis als sogenannter „offizieller Umrechnungsfaktor" (conversion rate) unwiderruflich fixiert (vgl.: Europäisches Währungsinstitut [November 1995]).*

[3] *Die Währungsbeträge des Währungskorbes sind mit Beginn der zweiten Stufe zur Europäischen Wirtschafts- und Währungsunion unwiderruflich fixiert. Damit entfällt diese Unsicherheitskomponente ab diesem Datum.*

[4] *Das Verfahren zur Ermittlung der Umrechnungskurse – und damit der offiziellen Umrechnungsfaktoren – ist zur Zeit noch nicht bekannt. Zur Diskussion steht die Ermittlung der Umrechnungskurse auf Basis von Marktkursen, Leitkursen oder Durchschnittskursen. Bei der Fixierung der offiziellen Umrechnungsfaktoren ist lediglich zu beachten, daß sie am Tag der Umstellung nicht vom Außenwert der ECU abweichen. Das maximale Wechselkursänderungsrisiko (bei glaubhafter Verteidigung der ECU-Interventionsparitäten) wurde von vielen Analysten über die bilateralen Bandbreiten des Wechselkursmechanismus des Europäischen Währungssystems geschätzt (vgl.: Temperton et al. [1993] S. 99-104).*

Exkurs 2.2.1.4.0 E1

Der Ansatz von Folkerts-Landau und Garbner (März 1995) zur Bestimmung der Wertabweichung der privaten ECU zum Währungskorb

In der Preisnotierung ergibt sich der gegenwärtige Wechselkurs einer privaten ECU in DM (DM/ECU) [P (0)DM] aus dem Verhältnis des diskontierten Wertes einer ECU in DM zu dem Gegenwartswert einer ECU. Als Diskontierungsfaktoren dienen für die in DM geleistete ECU-Auszahlung ein geeigneter (um das Wiederanlagerisiko bereinigter) DM-Referenzzinssatz [1+i (T)DM] sowie ein ECU-Referenzzinssatz für die Bewertung einer ECU [1+i (T)ECU]. Erfolgt die in der Zukunft liegende Auszahlung zu Beginn der dritten Stufe [T], so ist der erwartete Wert der privaten ECU gleich dem Umstellungskurs des Euro, dessen Wert sich aus den erwarteten [E] mit ihren Währungsbestandteilen [Wi (T)] gewichteten Umstellungswechselkursen der Währungen des ECU-Korb [e_i (T)] ergibt:

$$P(0)_{DM} = \frac{(1+i(T)_{ECU})}{(1+i(T)_{DM})} \sum_{i=1}^{12} E[e_i(T)W_i(T)] \tag{1}$$

Wird die Preisnotierung der privaten ECU (1) durch die gegenwärtige Preisnotierung [B(0)DM] der Korbwährung (amtliche ECU)

$$B(0)_{DM} = \sum_{i=1}^{12} e_i(0)W_i(T) \tag{2}$$

dividiert, so ergibt sich das gegenwärtige Wertverhältnis der privaten ECU zur Korbwährung

$$\frac{P(0)_{DM}}{B(0)_{DM}} = \frac{(1+i(T)_{ECU})}{(1+i(T)_{DM})} \sum_{i=1}^{12} \frac{E[e_i(T)W_i(T)]}{e_i(0)W_i(T)} \tag{3}$$

Da der Zeitpunkt T des Übergangs zur dritten Stufe nicht bekannt ist, wird der erwartete Übergangstermin wahrscheinlichkeitsgewichtet [π (t)]. Das aktuelle Wertverhältnis der privaten ECU zur Korbwährung ergibt sich als wahrscheinlichkeitsgewichteter Durchschnitt der Gleichung (3):

$$\frac{P(0)_{DM}}{B(0)_{DM}} = \sum_{t=1}^{T} \sum_{i=1}^{12} \frac{(1+i(T)_{ECU})}{(1+i(T)_{DM})} \frac{E[e_i(T)W_i(T)]}{e_i(0)W_i(T)} \pi(t) \tag{4}$$

Damit wird das Wertverhältnis der privaten ECU zur Korbwährung aus dem Verhältnis der wahrscheinlichkeitsgewichteten ungedeckten Zinsparität bestimmt. Nach Folkerts-Landau und Garbner wird der ECU/Währungskorb-Wechselkurs hinreichend über die wohldefinierten Erwartungen hinsichtlich der Umstellungskurse und des Zeitpunktes des Übergangs zur dritten Stufe bestimmt (bei unterstellter 1:1 Umstellung und exogen gegebenen ECU-Zinssätzen).[1)]

[1)] *Zum Einfluß des Verfahrens zur Bestimmung der ECU-Zinssätze im „Clearing"-System der ECU Banking Association (EBA) vgl. z. B.: McCallum [Mai 1992]. Zwischenzeitlich arbeitete die Europäische Kommission an Maßnahmen zur Beseitigung der systembedingten Wertabweichungen im ECU/Währungskorb-Wechselkursverhältnis (vgl. z. B.: Salomon Brothers [Februar 1996] S. 5-6, Europäisches Währungsinstitut [April 1994] S. 84 und Steinherr [1994] S. 249-250).*

Mehrere Finanzmarktanalysten haben vor diesem Hintergrund die Wertabweichungen der privaten ECU zum Währungskorb als Zuversichtsmaßstab der Marktteilnehmer in einen termingerechten Übergang zur dritten Stufe der Wirtschafts- und Währungsunion interpretiert (vgl. z. B.: Vereinsbank Research [Juli 1996] S. 21-24 oder Oppenheim Finanzanalyse [Oktober 1996] S. 3-5).[1] Dabei folgt die Argumentation dem Gedanken, daß ein Scheitern des EWU-Projektes mit einer erheblichen Abwertungsgefahr der sogenannten Schwachwährungsländer einhergehen werde (ähnlich wie bei den EWS-Währungskrisen in den Jahren 1992 und 1993[2]). In dessen Folge würden dann auch die ECU-Märkte in Mitleidenschaft gezogen. Ist jedoch der Termin zum Übergang zur dritten Stufe glaubhaft fixiert und das Verfahren zur Berechnung der Umstellungskurse bekannt – unter der Bedingung einer 1:1 Umstellung –, so ist das Wechselkursänderungsrisiko berechenbar und nimmt mit zunehmender Nähe zum Umstellungstag ab. Damit wird die Wertabweichung im wesentlichen durch das potentielle Wechselkursänderungsrisiko erklärt.[3]

Nehmen wir als Beispiel an, daß ein Investor eine unverzinsliche ECU-Einlage bis zu dem Beginn der dritten Stufe halten möchte. Nehmen wir ferner an, daß der Währungskorb aktuell zu einem Wert von 1,94 DM notiert. Nun rechnet der Investor damit, daß nicht sämtliche im ECU-Währungskorb enthaltene Staaten zu den ersten Teilnehmerländern der dritten Stufe gehören werden. Aus diesem Grund erwartet der Investor in etwa eine zweiprozentige Abwertung der Nichtteilnehmerstaaten gegenüber dem Währungskorb. Nehmen die Nichtteilnehmerstaaten zur Zeit einen Anteil von 25 Prozent am Währungskorb ein, dann wird der Investor

---

[1] *Andere Finanzmarktanalysten haben die Abweichungen im Zinsverhältnis der privaten ECU zur Korbwährung als Indikator benutzt (vgl.: Commerzbank Mai 1995 und Mai 1996] S. 12-13, S. 27). Zur theoretischen Ableitung der ECU-Zinssätze unter dem Einfluß der EWU vgl.: CCF [1995].*

[2] *In diesem Zusammenhang wird auch von einer verstärkten „Politisierung" des EWS durch die Vereinbarungen zur Europäischen Wirtschafts- und Währungsunion gesprochen (vgl. z. B.: Pfister [Dezember 1993] S. 711).*

[3] *Schon allein das Verfahren zur Bestimmung der Overnight-Zinssätze im „Clearing"-System des Marktes für private ECU führt zu einer Wertabweichung der privaten ECU im Verhältnis zur Korbwährung. Dabei orientiert sich die Höhe des Overnight-Zinssatzes für private ECU nicht an der Situation von Angebot und Nachfrage nach privaten ECU, sondern an dem gewogenen Durchschnitt der Overnight-Zinssätze der Korbwährungen. Der Ausgleich eines Angebotsüberschusses an privaten ECU im „Clearing"-System, z. B. durch Nettorückzahlungen von ECU-Anleihen, wird dann über die Wertabweichung der privaten ECU zum theoretischen Wert vollzogen. Damit führt schon allein das Nettoemissionsdefizit des ECU-Marktes der letzten Jahre zu einer „Unterbewertung" der privaten ECU (vgl.: Schweizerische Bankgesellschaft [Juli 1996] S. 5 und 6).*

die private ECU-Einlage nur favorisieren, wenn die private ECU bei einem aktuellen Marktkurs von 1,93 DM notiert. Damit wäre die private ECU gegenüber der Korbwährung ein Pfennig bzw. 0,52 Prozent unterbewertet.

Im Verlauf der Währungskrisen im Europäischen Währungssystem im September 1992 und Oktober 1993 kam es so zwischenzeitlich zu einer deutlichen Unterbewertung der privaten ECU. Mit dem Inkrafttreten der Maastrichter Verträge im November 1993 entwickelte sich die temporäre Unterbewertung[1] zu einer dauerhaften. Einen zwischenzeitlichen Höhepunkt erreichte sie in einer abermaligen Währungskrise im März 1995, in dessen Verlauf die Peseta und der Escudo deutlich abwerteten. Im Januar 1996 erreichte die Wertabweichung ihren historischen Tiefstand. Kurz zuvor hatte der Europäische Rat auf seinem Madrider Gipfel am 15. und 16. Dezember 1995 den Beginn der Währungsunion zum 1. Januar 1999 bekräftigt und eine Verordnung angekündigt, die den rechtlichen Rahmen für die Verwendung des Euro bilden soll (vgl.: Abschnitt 2.2.1.3). Seitdem ist die Wertabweichung rückläufig (vgl.: Graphik 2.2.1.4.0 G1).

Graphik 2.2.1.4.0 G1

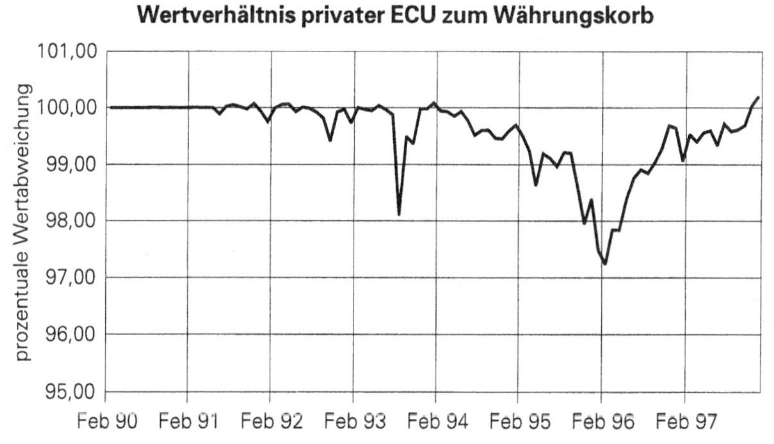

Daten: Datastream
Eigene Darstellung und Berechnung

[1] *Die normale systembedingte Abweichung (von Spannungen an den Devisenmärkten abgesehen) bewegte sich in einem Intervall von ± 20 Basispunkten (vgl.: Europäisches Währungsinstitut [April 1995] S. 18).*

Graphik 2.2.1.4.0 G1 beschreibt die prozentuale Wertabweichung der privaten ECU vom Währungskorb. Bei einem Wert von 100 notiert die private ECU zum Kurs des Währungskorbes. Bei einem Wert von 97 ist sie mit einem Wert von drei Prozent des Währungskorbes unterbewertet.

Das Europäische Währungsinstitut führte Anfang des Jahres 1996 die Gründe für die dauerhafte Wertabweichung, neben der verschlechterten Liquiditätslage am privaten ECU-Interbankenmarkt, vor allem auf die auftretenden Spannungen zwischen den Währungen im Europäischen Währungssystem zurück. Das Europäische Währungsinstitut schloß zusätzlich nicht aus, daß die Unsicherheit unter den Marktteilnehmern hinsichtlich des Prozesses zur Wirtschafts- und Währungsunion und den Fortbestand der Verträge möglicherweise an zunehmender Bedeutung gewonnen habe (vgl.: Europäisches Währungsinstitut [April 1996] S. 18-19). In ihrem folgenden Konvergenzbericht im November 1996 konkretisiert das Institut:

> „Der dauerhafte und große Wechselkursspread im Jahr 1995 und Anfang 1996, also während des Zeitraums, in dem (mit Ausnahme des ersten Quartals 1995) Wechselkursspannungen nicht ausgeprägt waren, dürfte eine Reihe von Einflußgrößen widerspiegeln, vor allem die Unsicherheit im Hinblick darauf, welche Länder dem Euro-Währungsraum angehören werden und, in gewissem Ausmaß, rechtliche Unsicherheiten hinsichtlich des Fortbestands von ECU-Verträgen. (...) Die Rückkehr zu etwas engeren Wechselkursspreads könnte auch eine verzögerte Reaktion auf die Beschlüsse des Gipfeltreffens in Madrid und eine allgemeine Zunahme der Zuversicht auf den Finanzmärkten über die Wahrscheinlichkeit der Europäischen Währungsunion widerspiegeln, ebenso wie die fortschreitende Arbeit an der Vorbereitung des rechtlichen Rahmens zugunsten des Euro." (Europäisches Währungsinstitut [November 1996] S. 63)

Wird die Unterbewertung der privaten ECU dementsprechend als Maßstab der Zuversicht der Marktteilnehmer hinsichtlich des Übergangs zu einem gemeinsamen Währungsraum interpretiert, dann lassen sich zwei wesentliche Phasen festhalten: Nach dem Inkrafttreten der Maastrichter Verträge folgte eine Phase zunehmender Verunsicherung und Skepsis. Sie fand ihr Ende mit den Beschlüssen des Madrider Gipfels. Die Bekräftigung eines termingerechten Starts in die

Währungsunion, verbunden mit der Ankündigung einer Verordnung, die eine 1:1 Umstellung der privaten ECU sichern soll, führte zu einem markanten Stimmungsumschwung. Seit diesem Zeitpunkt steigt die Zuversicht in einen termingerechten Start kontinuierlich.

Diese Interpretationsmöglichkeit wird von Steinherr (1994) in dem Aufsatz „ECU interest and exchange rates: the key role of EMU" jedoch leicht relativiert. Zwar führt auch seines Erachtens nach jede positive Information über die EWU zu einer Aufwertung bzw. negative Information zu einer Abwertung der privaten ECU, jedoch dürfe nicht vernachlässigt werden, daß allein das Umstellungsverfahren eine temporäre Unterbewertung der privaten ECU nach sich ziehe.

> „This suggests that EMU has two effects on the present value of the ECU. First, the role of a future currency of the Union gives the ECU a raison d'être without which it may lose value. Any positive news about EMU therefore tends to appreciate the ECU, any negative news tends to depreciate it. Second, EMU's conversion conditions require a temporary under-shooting of the ECU's value." (Steinherr [1994] S. 249)

Vereinfacht begründet Steinherr die verfahrensbedingte Unterbewertung der ECU wie folgt: Nehmen wir an, daß die Rendite der privaten ECU zum Zeitpunkt der glaubhaften Ankündigung der EWU über der Rendite des Währungskorbes notiert (vgl. Schaubild 2.2.1.4.0 S1 linke Graphik). Im Vorfeld der Währungsunion führt der Prozess der Zinskonvergenz der erwarteten Teilnehmerländer in Richtung des erwarteten Zinsniveaus des gemeinsamen europäischen Währungsraumes (in Schaubild 2.2.1.4.0 S1 approximativ über das deutsche Zinsniveau dargestellt) auch zu einer Zinskonvergenz des Währungskorbes. Die private ECU wird die Zinskonvergenz hingegen schneller vollziehen, weil die Bewertung von ECU-Anleihen – mit einer Laufzeit über den Starttermin der Währungsunion hinaus – u. a. über das erwartete Zinsniveau des europäischen Währungsraums erfolgt (welches sich vereinfacht an dem gewichteten Zinsniveau der erwarteten Teilnehmerstaaten orientiert).[1]

---

[1] *Zur Bewertung von ECU-Anleihen unter dem Einfluß der Währungsunion vgl. z. B.: CCF [1995].*

Nach dem Zinsparitätentheorem bedingt diese Entwicklung zunächst eine kontinuierliche Abwertung der privaten ECU, die dann in eine permanente Aufwertung übergeht (vgl. Schaubild 2.2.1.4.0 S1 rechte Graphik). Nach Steinherr bedingen die „two 'terminal' conditions for EMU day" (Steinherr [1995] S. 247) – 1:1 Umstellung bei einheitlichem Zinsniveau im europäischen Währungsraum – eine solche temporäre Unterbewertung der privaten ECU.

Schaubild 2.2.1.4.0 S1

Umstellungsbedingte Unterbewertung der privaten ECU

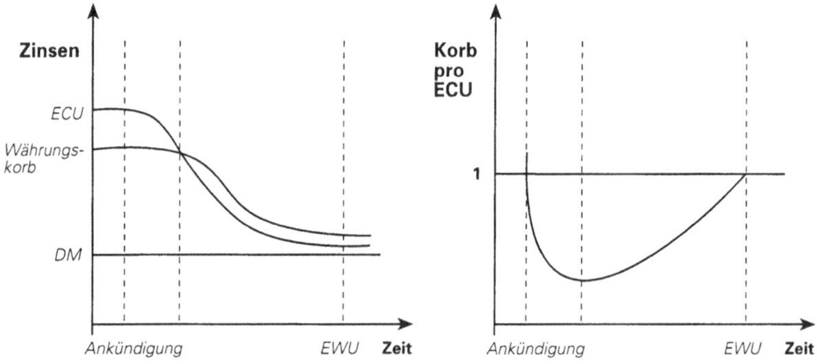

Vgl.: Steinherr [1994] S. 248
Eigene Darstellung

2.2.2 Forward Rates als Indikatoren

Im Verlauf des Jahres 1996 und 1997 konzentrierte sich die Mehrheit der Finanzmarktanalysten auf die Preisbildung der Zinsterminmärkte, um einen ersten Eindruck über die Erwartungshaltung der Finanzmarktteilnehmer hinsichtlich der Währungsunion zu erlangen. In ihrer standardisierten Form werden Zinsterminkontrakte auf den Futuremärkten gehandelt. In den „over the counter" (OTC) - Märkten werden Zinsterminkontrakte über „Forward Rate Agreements" (FRA) abgedeckt (vgl. z. B.: Clark et al. [1994] S. 372ff). Die Preisdifferenzen zwischen den unterschiedlichen Terminmärkten werden durch Arbitrage in Höhe ihrer Transaktionskosten begrenzt (vgl. z. B.: Norfield [Juni 1992] S. 25). Grundsätzlich dienen Zinsterminkontrakte der Festschreibung eines zukünftigen Zinssatzes zu heutigen Konditionen.

Rechnerisch lassen sich die aktuellen Terminkurse für einen in der Zukunft auszuführenden Zinskontrakt über sogenannte „implizite Forward Rates" ermitteln – implizit, weil sie sich rein rechnerisch aus dem Verlauf der Zinsstrukturkurve ergeben und nicht direkt über Angebot und Nachfrage ermittelt werden. Im praktischen Tagesgeschäft sind die impliziten Terminsätze die geläufige Bewertungsgrundlage zur Bewertung eines real gehandelten Zinsterminkontraktes (vgl.: Dybvig/Marshall [Februar 1996] S. 34).

Das Interesse der Finanzmärkte an der Preisbildung auf den Zinsterminmärkten entspringt aus der Tatsache, daß sich innerhalb einer irreversiblen Währungsunion die Renditen öffentlicher Anleihen durch das Entfallen des Wechselkursänderungsrisikos angleichen (vgl.: Abschnitt 1.3.1.1). Eine Unterscheidung findet im wesentlichen nur noch hinsichtlich der Bonität des Emittenten und der Liquidität des Marktsegmentes statt (vgl.: Abschnitt 1.3.1.2). Plant nun ein Investor schon heute, sein Geld ab 1999 in Wertpapieren anzulegen, die sich hinsichtlich Liquidität und Bonität nicht wesentlich unterscheiden (z. B. deutsche und französische Anleihen), so wird der Investor, sofern er davon ausgeht, daß zumindest diese beiden Staaten 1999 eine Währungsunion bilden, nicht bereit sein, einen unterschiedlichen Preis zu zahlen. Über die Konditionen, zu denen solche Termingeschäfte abgeschlossen werden – sie lassen sich über die angeführten impliziten Terminzinssätze nachbilden –, kann somit indirekt auf die Erwartungshaltung der Anleger geschlossen werden.

Vor diesem Hintergrund haben sich die impliziten Forward Rates als wesentlichstes Instrumentarium zur Analyse der Erwartungshaltung der Finanzmarktteilnehmer entwickelt.[1] Schon relativ früh verwiesen J. P. Morgan Mitte des Jahres 1995 auf die grundsätzliche Möglichkeit, implizite Terminzinssätze als Währungsunion-Erwartungsbarometer zu nutzen:

> „Examining pairs of forward swap rates provides a very tangible way of assessing the market's pricing of EMU (...). Under most scenarios for monetary union, both ECU and DM would be included and so the spread

[1] Kaum ein Kommentar von Finanzmarktanalysten hinsichtlich der Erwartungshaltung der Finanzmärkte für den pünktlichen Start der Währungsunion und der erwarteten Länderkonstellation kam ohne einen Hinweis auf die Entwicklung der impliziten Forward Rates aus (vgl. z. B.: Bayerische Hypotheken- und Wechselbank [April 1997] S. 21-22; Bank Julius Bär [Oktober 1996] S. 16 oder Oppenheim Finanzanalyse [Oktober 1996] S. 6-8).

between these two forward rates is another useful barometer for market sentiment on the prospect for some form of monetary union (...). Alternatively, forward rates can be used to assess the likelihood that the market puts on certain countries being included in Stage 3 at a particular date." (J. P. Morgan [Juli 1995] S. 6)

In einer ersten systematischen Analyse hat Paul de Grauwe (Mai 1996) diesen Ansatz gefaßt. Mit seinem Discussion Paper „Forward interest rates as predictors of EMU" legt er die formalanalytischen Grundlagen zur Berechnung finanzmarktdatengestützter Währungsunion-Erwartungsindikatoren. Die grundsätzliche Idee, die sich durch sämtliche ihm nachfolgende Arbeiten zieht, läßt sich wie folgt beschreiben:

Die heutige Differenz von Terminzinssätzen zwischen potentiellen Mitgliedstaaten der Europäischen Währungsunion kann als gewichteter Durchschnitt von Zinsdifferenzen, die im Falle des Zustandekommens oder des Nichtzustandekommens der Währungsunion vorherrschen würden, verstanden werden. Die Zinsdifferenz der potentiellen Mitgliedstaaten auf den Terminmärkten wird in dieser Argumentation durch drei Einflußfaktoren bestimmt:

- die erwartete Zinsdifferenz für den Fall des Zustandekommens der Währungsunion,
- die erwartete Zinsdifferenz für den Fall des Nichtzustandekommens der Währungsunion,
- und die Erwartungshaltung hinsichtlich des Eintritts der Währungsunion und der Teilnahme der betrachteten Länder.

Formal läßt sich diese Beziehung wie folgt beschreiben ('t' bezeichnet den aktuellen Zeitpunkt):

Gleichung 2.2.2.0.0 F1

$$ {}_{t+f}zD^{i,y,F,m} = {}_{t}E({}_{t+f}EWU^{i,y}) \cdot {}_{t}E({}_{t+f}zD^{i,y,m} \backslash {}_{t+f}EWU^{i,y}) + {}_{t}E({}_{t+f}KEWU^{i,y}) \cdot {}_{t}E({}_{t+f}zD^{i,y,m} \backslash {}_{t+f}KEWU^{i,y}) $$

mit:

${}_{t+f}zD^{i,y,F,m}$	: aktuelle Terminzinsdifferenz 'zD^F' zwischen den Währungen 'i' und 'y' für den Zeitpunkt 't+f' mit der Restlaufzeit 'm'.
${}_tE({}_{t+f}EWU^{i,y})$	: durchschnittliche Erwartung der Finanzmarktteilnehmer '$_tE$', daß die beiden betrachteten Währungen 'i' und 'y' zum Zeitpunkt 't+f' eine Währungsunion bilden.
${}_tE({}_{t+f}KEWU^{i,y})$	: durchschnittliche Erwartung der Finanzmarktteilnehmer '$_tE$', daß die beiden betrachteten Währungen 'i' und 'y' zum Zeitpunkt 't+f' keine Währungsunion bilden.
${}_tE({}_{t+f}zD^{i,y,m}\backslash {}_{t+f}EWU^{i,y})$	: die durchschnittlich erwartete Kassazinsdifferenz '$_tE(zD)$' zwischen den Währungen 'i' und 'y' für den Zeitpunkt 't+f' mit der Restlaufzeit 'm' unter der Annahme, daß die beiden betrachteten Währungen eine Währungsunion zum Zeitpunkt 't+f' bilden.
${}_tE({}_{t+f}zD^{i,y,m}\backslash {}_{t+f}KEWU^{i,y})$	: die durchschnittlich erwartete Kassazinsdifferenz '$_tE(zD)$' zwischen den Währungen 'i' und 'y' für den Zeitpunkt 't+f' mit der Restlaufzeit 'm'unter der Annahme, daß die betrachteten zwei Währungen keine Währungsunion zum Zeitpunkt 't+f' bilden.

Die aktuelle Terminzinsdifferenz ist damit das Ergebnis der linear gewichteten erwarteten Kassazinsdifferenzen. Die Funktion des Gewichtungsfaktors übernimmt die durchschnittliche Erwartungshaltung der Finanzmarktteilnehmer, die als „Wahrscheinlichkeit" definiert wird.

Aus dieser Beziehung wird eine der wesentlichen, implizit im Modell enthaltenen Annahmen ersichtlich: Die Wahrscheinlichkeit der Währungsunion wird als preisbestimmende Größe auf den Terminmärkten aufgefaßt. Je größer die Wahrscheinlichkeit, daß die betrachteten Währungen zum Zeitpunkt 't+f' eine Währungsunion bilden, desto näher wird die aktuelle Terminzinsdifferenz am Wert der erwarteten Zinsdifferenz für den Fall des Zustandekommens der Währungsunion liegen. Im umgekehrten Fall einer geringen Wahrscheinlichkeit wird die aktuelle Terminzinsdifferenz für den Zeitpunkt 't+f' in der Nähe der erwarteten Zinsdifferenz für den Fall des Nichtzustandekommens der Währungsunion liegen.

In der praktischen Anwendbarkeit steht man vor dem Problem, daß nur die aktuelle Terminzinsdifferenz direkt beobachtbar ist. Die beiden Kassazinsdifferenzen sind als Erwartungsgrößen Schätzvariablen.

Aus den Ergebnissen der offenen Zinsparität (vgl. Abschnitt 1.3) ist jedoch bekannt, daß die Zinsdifferenz vergleichbarer Wertpapiere für den Fall einer irreversiblen Währungsunion null beträgt. Die Größe '$_{t}E(_{t+f}zD^{i,y,m}\backslash_{t+f}EWU^{i,y})$' ist damit bestimmt. Bedingung ist jedoch, daß beide Währungen 'i' und 'y' sich in einer Währungsunion befinden. Um eine währungsspezifische Erwartungshaltung zu ermitteln, setzen sämtliche Ansätze die zu beobachtende Währung zu einer Referenzwährung in Bezug, die per definitionem oder laut Vertragsbestimmung von Anfang an in den neuen Währungsraum übergehen wird. Laut Vertragsbestimmung übernimmt diese Funktion die ECU (vgl.: Abschnitt 2.2.1.3). Per definitionem übernimmt in vielen Modellansätzen diese Funktion die D-Mark. Den Hintergrund bildet die Annahme, daß eine Europäische Währungsunion ohne Deutschland weder sinnvoll noch wünschenswert sei und damit die Europäische Währungsunion ohne Deutschland als Teilnehmerland nicht starten werde.

Schwieriger gestaltet sich die Operationalisierung der zweiten Schätzgröße '$_{t}E(_{t+f}zD^{i,y,m}\backslash_{t+f}KEWU^{i,y})$'. In einem ersten Schritt wird auch sie in Bezug zu einer der beiden genannten Referenzwährungen gesetzt. Wie hoch wird aber die Zinsdifferenz zur Referenzwährung für den Fall des Nichteintritts der Währungsunion zum Termin 't+f' sein? Nur eins ist gewiß: Falls die Zielsetzung der Gründung einer Währungsunion für absehbare Zeit gänzlich aufgegeben wird, dann orientiert sich die erwartete Zinsdifferenz an den länderspezifischen institutionellen Rahmenbedingungen und den ökonomischen Fundamentalvariablen. Auch wenn sich die aus fundamentaler Sicht gerechtfertigte Zinsdifferenz modelltheoretisch ermitteln ließe, bleibt es immer noch fraglich, ob dieser Wert die implizite Erwartungsgröße '$_{t}E(_{t+f}zD^{i,y,m}\backslash_{t+f}KEWU^{i,y})$' abbildet.

In seiner kritischen Beurteilung der finanzmarktgestützten Wahrscheinlichkeitsindikatoren führt dementsprechend das Europäische Währungsinstitut zur Operationalisierbarkeit dieser Schätzgröße nicht unbegründet aus: „Unfortunately their is no reliable method to approximate this critical variable and this is exactly where the „art" element enters the analysis, largely accounting for the differences in the various estimates." (European Monetary Institute [März 1997] S. 1). Ein wenig beschönigender formuliert Credito Italiano: „Nevertheless, the quantification of this parameter is an exercise that is completely empirical and subjective." (Credito Italiano [Viertes Quartal 1996] S. 32).

Wird zunächst angenommen, daß sich die fragliche Größe genau schätzen ließe, dann kann die Gleichung 2.2.2.0.0 F1 nach der Wahrscheinlichkeit, daß die Währung 'i' sich zum Zeitpunkt 't+f' in der Europäischen Währungsunion befinden wird (${}_tE({}_{t+f}EWU^{i,ECU})$, aufgelöst werden. (Als Referenzwährung wurde die ECU gewählt ($\Rightarrow {}_tE({}_{t+f}zD^{i,ECU,m} \backslash {}_{t+f}EWU^{i,ECU}) = 0$)).

Gleichung 2.2.2.0.0 F2

$${}_{t+f}zD^{i,ECU,F,m} = {}_tE({}_{t+f}EWU^{i,ECU}) \cdot {}_t0 + {}_tE({}_{t+f}KEWU^{i,ECU}) \cdot {}_tS({}_{t+f}zD^{i,ECU,m} \backslash {}_{t+f}KEWU^{i,ECU})$$

Gleichung 2.2.2.0.0 F3

$$\Leftrightarrow {}_tE({}_{t+f}EWU^{i,ECU}) = 1 - \frac{{}_{t+f}zD^{i,ECU,F,m}}{{}_tS({}_{t+f}zD^{i,ECU,m} \backslash {}_{t+f}KEWU^{i,ECU})}$$

wobei:

${}_tS({}_{t+f}zD^{i,ECU,m} \backslash {}_{t+f}KEWU^{i,ECU})$: Schätzgröße für ${}_tE({}_{t+f}zD^{i,ECU,m} \backslash {}_{t+f}KEWU^{i,ECU})$

Hier ist zu beachten, daß der errechnete Wert '${}_tE({}_{t+f}EWU^{i,ECU})$' eine länderspezifische Wahrscheinlichkeit für die Währung 'i' abbildet. Isoliert betrachtet, kann aus diesem Ergebnis noch nicht geschlossen werden, ob die Marktteilnehmer überhaupt eine Währungsunion zum Zeitpunkt 't+f' erwarten. Weist die länderspezifische Wahrscheinlichkeit einen Wert kleiner eins auf, so kann dieses Ergebnis zum einen darauf hindeuten, daß

- die Marktteilnehmer zwar eine Währungsunion zum Zeitpunkt 't+f' erwarten, das betrachtete Land 'i' aber nicht zu den erwarteten Teilnehmerstaaten zählen,
- die Marktteilnehmer das betrachtete Land zwar zu den Teilnehmerstaaten zählen würden, die Währungsunion zum Zeitpunkt 't+f' nur noch nicht erwartet wird,

- das Land zum einen nicht zu den erwarteten Teilnehmerstaaten gezählt wird und zum anderen die Währungsunion zu diesem Zeitpunkt noch nicht erwartet wird.

Ohne zusätzliche Information beinhaltet der errechnete Wert '$_tE(_{t+f}EWU^{i,ECU})$' der Gleichung 2.2.2.0.0 F3 damit nur eine stark eingeschränkte Aussagekraft.

Zumindest die angeführte Kritik hinsichtlich der Operationalisierbarkeit der Erwartungsgröße '$_tE(_{t+f}zD^{i,y,m}\backslash_{t+f}KEWU^{i,y})$' kann im Rückgriff auf die umgestellte Gleichung ein wenig relativiert werden. Wird zunächst angenommen, daß die Schätzgröße '$_tS(_{t+f}zD^{i,y,m}\backslash_{t+f}KEWU^{i,y})$' nur geringen Schwankungen unterliegt, so kann sie als Skalierungsfaktor für das Niveau der Wahrscheinlichkeit angesehen werden. Danach wird die Bewegung des Wahrscheinlichkeitsindikators im wesentlichen über die Ausprägungen der Terminszinsdifferenz '$_{t+f}zD^{i,ECU,F,m}$' bestimmt. Wird eine im Zeitablauf konstante Schätzgröße '$_tS(_{t+f}zD^{i,y,m}\backslash_{t+f}KEWU^{i,y})$' angenommen, so sind zumindest intertemporäre Vergleiche für die betrachtete Währung möglich. Es können damit Aussagen getroffen werden, ob die Erwartungshaltung in relativer Betrachtung hoch oder niedrig ist. In welchem Ausmaß ein Niveauschätzfehler vorliegt, ist davon abhängig, wie gut die Schätzgröße '$_tS(_{t+f}zD^{i,y,m}\backslash_{t+f}KEWU^{i,y})$' die Erwartungsgröße '$_tE(_{t+f}zD^{i,y,m}\backslash_{t+f}KEWU^{i,y})$' abbildet. Weicht die Schätzgröße positiv (negativ) von der Erwartungsgröße ab, dann wird das Niveau der Wahrscheinlichkeit überschätzt (unterschätzt).

In graphischer Abbildung können die Zusammenhänge anschaulich ausgeführt werden. Im Schaubild 2.2.2.0.0 S1 wird angenommen, daß die Schätzgröße '$_tS(_{t+f}zD^{i,y,m}\backslash_{t+f}KEWU^{i,y})$' über den gesamten Zeitraum konstant ist. Die aktuelle Terminzinsdifferenz bewegt sich unter dieser Bedingung in einem konstanten Korridor: Die obere Begrenzungslinie wird durch den Schätzwert '$_tS(_{t+f}zD^{i,y,m}\backslash_{t+f}KEWU^{i,y})$' und die untere durch den Schätzwert '$_tS(_{t+f}zD^{i,y,m}\backslash_{t+f}EWU^{i,y}) = 0$' gegeben. Die Position der Terminzinsdifferenz im Korridor gibt indirekt Aufschluß über die der Preisbildung zugrundeliegenden Erwartungshaltung bzw. wird über die Erwartungshaltung bestimmt. Die Höhe des Korridors (Strecke 'CB') entspricht der aus fundamentaler Sicht nicht gerechtfertigten technischen bzw. politischen Zinskonvergenz (vgl.: Abschnitt 1.3). Dabei entspricht die Strecke 'AB' der aufgrund der Erwartungshaltung der Währungsunion auf den Terminmärkten bereits vollzogenen und die Strecke AC der noch zu vollziehenden technischen Zinskonvergenz.

Schaubild 2.2.2.0.0 S1

Stilisierter Verlauf der Terminzinsdifferenz im Erklärungsband

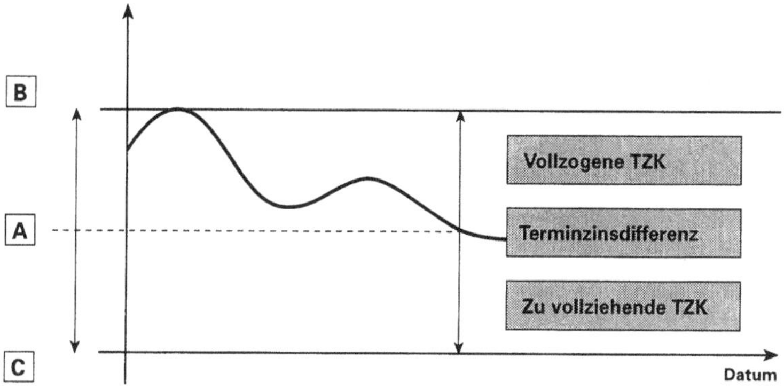

Eigene Darstellung *TZK = Technische Zinskonvergenz*

Aus diesem Zusammenhang werden zwei wesentliche Probleme, die mit der Wahl der Schätzgröße '$_tS(_{t+f}zD^{i,y,m}\backslash_{t+f}KEWU^{i,y})$' verbunden sind, ersichtlich:

Zum einen ist nicht davon auszugehen, daß die Erwartungsgröße '$_tE(_{t+f}zD^{i,y,m}\backslash_{t+f}KEWU^{i,y})$', die eine aus fundamentaler Sicht gerechtfertigte Zinsdifferenz widerspiegeln soll, über den betrachteten Zeithorizont konstant bleibt. In Abschnitt 1.3 wurde schon deutlich herausgestellt, daß die makroökonomische Konvergenz zwischen den europäischen Mitgliedstaaten in den letzten Jahren weit fortgeschritten ist. Eine aus fundamentaler Sicht gerechtfertigte erwartete Kassazinsdifferenz für 't+f = 1999' für den Fall des Nichtzustandekommens der Währungsunion wird damit mit hoher Wahrscheinlichkeit im Jahr 1997 geringer ausgefallen sein als im Jahr 1994. Eine konstante Schätzgröße '$_tS(_{t+f}zD^{i,y,m}\backslash_{t+f}KEWU^{i,y})$' würde daher mit zunehmender Nähe zum Übergangstermin die Erwartungshaltung tendenziell überschätzen (sofern die Schätzgröße die Erwartungsgröße zum Anfang der Betrachtungsperiode zumindest nicht unterschätzt hat). Die Wahl einer variablen Schätzgröße, die die makroökonomische Fundamentalkonvergenz wahrheitsgemäß abbildet, stellt, wie in Abschnitt 1.3 beschrieben, eine nicht unbeträchtliche Schwierigkeit dar. Gelingt es nicht, die Erwartungsgröße über die variable Schätzgröße richtig abzubilden, dann wird auch der kleine Vorteil einer konstanten Schätzgröße (der Vorteil der intertemporalen Vergleichbarkeit bei Gewißheit der Überschätzung) aufgegeben.

Zum anderen wird ersichtlich, daß der Modellansatz für Währungen mit einer, auch in historischer Betrachtung, geringen Wechselkursrisikoprämie weniger geeignet ist. Zu nennen wären hier im besonderen die Niederlande und Österreich (vgl.: Tabelle 1.1.3.0.0 T1). Der Korridor fällt für Währungen mit einer geringen Zinsdifferenz schmaler aus als für Währungen mit einer hohen Wechselkursrisikoprämie. In absoluter Betrachtung wirken sich Tagesschwankungen im Terminzins stärker auf den errechneten Wahrscheinlichkeitswert aus. Außerdem liegen die Ausprägungen für den Terminzins näher am unteren kritischen Wert für die Terminzinsdifferenz.

Hier kommen wir zu einem grundsätzlichen Problem der Modellkonstruktion. Negative Terminzinsdifferenzen (${}_{t+f}zD^{i,ECU,F,m} < 0'$) führen zu einem Wahrscheinlichkeitswert, der größer als eins ist. Negative Terminzinsdifferenzen werden deshalb in sämtlichen Ansätzen nicht betrachtet. Die Wahrscheinlichkeit wird per definitionem eins gesetzt. Ein Terminzinssatz von null kann damit als unterer kritischer Wert bezeichnet werden, da Schwankungen in dem negativen Bereich unberücksichtigt bleiben. Bewegungen von Währungen, die z. B. um einen Mittelwert in der Nähe des kritischen Wertes der Terminzinsdifferenz schwanken, werden dementsprechend zum Teil nicht erfaßt. Die gleichen Aussagen gelten für den zweiten oberen kritischen Wert. Hier müssen die Terminzinsdifferenzen echt kleiner als der Schätzwert sein (${}_{t+f}zD^{i,ECU,F,m} < {}_{t}S({}_{t+f}zD^{i,y,m} \backslash {}_{t+f}KEWU^{i,y})$), ansonsten wird der Wahrscheinlichkeitswert per definitionem null gesetzt.

Trotz der angeführten Schwierigkeiten setzte in der zweiten Hälfte des Jahres 1996 ein Wettlauf zwischen den europäischen Finanzmarktanalysten zur Bereitstellung eines geeigneten Währungsunion-Wahrscheinlichkeitsindikators ein. Zu den Ansätzen mit der weitesten Verbreitung gehören die Analysen von J. P. Morgan (Oktober 1996 und Januar 1997), Credito Italiano (Viertes Quartal 1996), Paribas

(Februar 1997) und Investment Research der Commerzbank[1] (Januar1997). Auf wissenschaftlicher Seite ist das schon angeführte Basis-Modell von de Grauwe (Mai 1996) und eine darauf aufbauende Arbeit von Weidmann (Juli 1996) anzuführen. Zu den neueren Arbeiten zählen Favero et al. (Juli 1997) und Söderlind/Svensson (1997).[2]

Als einziges der angeführten Finanzinstitute quantifiziert die Commerzbank einen „allgemeinen Währungsunion-Wahrscheinlichkeitsindikator", der die Zuversicht der Marktteilnehmer in einen termingerechten Start der Währungsunion (t+f = 1.1.1999) in Unabhängigkeit von der jeweiligen Konstellation der Teilnehmerstaaten abbildet. Der Ansatz der Commerzbank basiert auf den genannten Arbeiten von de Grauwe und Weidmann. Die Berechnungsmethodik der allgemeinen Währungsunion-Wahrscheinlichkeit wird nachfolgend in Abschnitt 2.2.2.1 dargestellt.

Von allen genannten Autoren werden sogenannte „länderspezifische Wahrscheinlichkeitsindikatoren" berechnet.[3] Diese bewerten die Zuversicht der Markt-

---

[1] *Der Währungsunion-Wahrscheinlichkeitsindikator und die länderspezifischen Wahrscheinlichkeitsindikatoren der Commerzbank wurden vom Autor im Rahmen einer berufsbegleitenden Promotion in der Commerzbank Frankfurt am Main, Zentrales Geschäftsfeld Asset Management, Bereich Investment Research entwickelt. Neben zahlreichen unregelmäßigen Veröffentlichungen in Printmedien und Fernsehen haben vor allem internationale Finanzmarktdaten- und Informations- „Online-Anbieter" für eine weltweite Veröffentlichung der Commerzbank-Wahrscheinlichkeitsindikatoren gesorgt. Jeweils in einem wöchentlichen „Update" übernehmen Bloomberg (>ALLX GRMU+'Go'<), Reuters (>Euroklima<), Dow Jones (>Seite 41596<) und Bridge News (>Keyword search: Commerzbank<) die Werte in ihren „Online-Dienst". Jeweils im zweimonatigen Rhythmus werden die Entwicklungen der Commerzbank-Wahrscheinlichkeitsindikatoren seit Januar 1997 in der eigens geschaffenen Broschüre „Euro-Rentenmarkt Countdown" vom Investment Research der Commerzbank veröffentlicht. Eine kommentierte Version erscheint seit dem 30. Januar 1997 jeweils wöchentlich in der Mittwochs-Ausgabe der Börsen-Zeitung, in unkommentierter Version seit dem 24. August 1997 in der Berliner-Zeitung „Der Tagesspiegel".*

[2] *Alternative Wahrscheinlichkeitsansätze, die sich nicht auf die Betrachtung von Forward Rates beziehen, wurden z. B. von Goldman Sachs (Februar 1997) und dem Wall Street Journal (24.02.1997) entwickelt. Goldman Sachs betrachtet die Wahrscheinlichkeit, daß das Inflationskriterium der Maastrichter Verträge von einzelnen Mitgliedstaaten erfüllt wird. Der Wert wird anhand der Wahrscheinlichkeit gemessen, daß die um einen Mittelwert annahmegemäß normalverteilte Inflationsrate des betrachteten Landes zum Auswahltermin im Korridor des Maastrichter Inflationskriteriums liegt. Das Wall Street Journal versucht, die länderspezifische Wahrscheinlichkeit anhand der Gewichtung politischer, ökonomischer und Markteinflußfaktoren zu bestimmen. Beide Ansätze fanden jedoch keine große Beachtung.*

[3] *Die Berechnungsmethodik von Paribas (Februar 1997) weicht von dem hier dargestellten grundsätzlichen Berechnungsansatz ab. Zwar betrachtet auch Paribas die Terminzinsdifferenz zum 1. Januar 1999 zwischen der Referenzwährung (D-Mark) und dem betrachteten potentiellen Mitgliedstaat, die länderspezifische Wahrscheinlichkeit wird hingegen anhand der Wahrscheinlichkeit operationalisiert, daß die Zufallsvariable „Zinsswapdifferenz" einen Wert von kleiner/gleich Null annimmt. Es wird unterstellt, daß die Zufallsvariable mit einem festen Erwartungswert und konstanter Varianz normalverteilt ist. Das Kernproblem verlagert sich entsprechend auf die Auswahl des Stichprobenumfangs und damit auf die Schätzung des Erwartungswertes und der Varianz (vgl.: Paribas [Februar 1997] S. 8-10).*

teilnehmer, daß die betrachtete Währung 'i' zum Zeitpunkt 't+f = 1.1.1999' Bestandteil einer Europäischen Währungsunion ist. In ihrer Berechnungsmethodik unterscheiden sich die Ansätze hinsichtlich der Operationalisierung der Schätzgröße '${}_tS({}_{t+f}zD^{i,y,m}\backslash{}_{t+f}KEWU^{i,y})$', der Wahl der Referenzwährung und anhand einer zusätzlichen Aufgliederung des grundsätzlichen Berechnungsansatzes. Die länderspezifischen Wahrscheinlichkeitsindikatoren werden in Abschnitt 2.2.2.2 dargestellt.

Es soll bereits hier darauf hingewiesen werden, daß die Ergebnisse der länderspezifischen Wahrscheinlichkeiten, die sich auf den in Abschnitt 2.2.2.2.1 referierten Modellansatz beziehen, im Widerspruch zu den Ergebnissen der Wahrscheinlichkeitswerte auf Umfragebasis (vgl.: Abschnitt 2.1) und den Resultaten der allgemeinen Währungsunion-Wahrscheinlichkeit (vgl.: Abschnitt 2.2.2.1.3) stehen. So weisen die länderspezifischen Erwartungsindikatoren im Ansatz des Abschnittes 2.2.2.2.1 für Frankreich, Belgien und den Niederlanden Wahrscheinlichkeiten von eins auf. Würden die Marktteilnehmer aber tatsächlich zu einhundert Prozent erwarten, daß sich die genannten Länder zum 1. Januar 1999 in einer Währungsunion befinden werden, dann muß indirekt aus dem Ergebnis geschlossen werden, daß die Finanzmarktteilnehmer zu diesem Zeitpunkt eine Währungsunion erwarten. Unter diesen Bedingungen müßte der allgemeine Währungsunion-Wahrscheinlichkeitsindikator einen Wert von eins annehmen. Das ist aber nicht der Fall. Zusätzlich wird eine solche Erwartungshaltung nicht durch die Umfrageergebnisse gedeckt.

In der Diskussion ist diese Unstimmigkeit häufig dahingehend versucht worden zu erklären, daß die länderspezifischen Erwartungsindikatoren lediglich eine sogenannte „bedingte" länderspezifische Wahrscheinlichkeit widerspiegeln. Die länderspezifischen Erwartungsindikatoren geben in dieser Interpretation die Erwartungshaltung hinsichtlich der Teilnahme der betrachteten Währung unter der Annahme der Existenz der Währungsunion zum Zeitpunkt 't+f' wieder. Diese Interpretation ist jedoch nicht haltbar. Sämtliche Ansätze betrachten die Preisbildung auf den Anleihemärkten. Der Preis einer Anleihe stellt sich aber als Ergebnis beider Erwartungkomponenten (die Erwartung einer Währungsunion zum Zeitpunkt 't+f' und die Erwartung hinsichtlich der Teilnahme der betrachteten Währung) ein.

In der Quintessenz zeigt die Unstimmigkeit zwischen den Ergebnissen der länderspezifischen Wahrscheinlichkeitsindikatoren des Abschnittes 2.2.2.2.1 und der allgemeinen Währungsunion-Wahrscheinlichkeit die Grenze der Berechnungsmethodik für diejenigen Währungen auf, die eine aus fundamentalen Gesichtspunkten geringe Zinsdifferenz zur D-Mark aufweisen. Für Terminzinsdifferenzen, die kleiner bzw. gleich null sind, kann nicht mit Sicherheit der Schluß gezogen werden, daß eine Währungsunion zwischen den beiden Währungen zum Betrachtungszeitpunkt 't+f' erwartet wird. Ebenso ist nicht auszuschließen, daß sich die relative Stärke der D-Mark verschlechtert hat.

Durch eine explizite Trennung der komplementären Ereignisse in der Berechnungsmethodik der länderspezifischen Wahrscheinlichkeiten, d. h. die Frage nach der Existenz der Währungsunion und die Frage nach der Teilnahme der betrachteten Währung an der Währungsunion, hat Weidmann (Juli 1996) die grundlegende Berechnungsmethodik von de Grauwe modifiziert. In seinem Discussion Paper „The likelihood of European Monetary Union" berechnet Weidmann sogenannte „bedingte Wahrscheinlichkeiten", die die Zugehörigkeitswahrscheinlichkeit der betrachteten Währung unter der Bedingung der Existenz der Währungsunion zum Zeitpunkt 't+f' bewerten.

Durch Multiplikation der bedingten Wahrscheinlichkeiten nach Weidmann mit den Ergebnissen der allgemeinen Währungsunion-Wahrscheinlichkeit hat die Commerzbank im Ansatz des Autors (vgl.: Abschnitt 2.2.2.2.2) den abschließenden Schritt zur Ermittlung einer (unbedingten) länderspezifischen Wahrscheinlichkeit vollzogen. Diese Wahrscheinlichkeit ist das Ergebnis einer formalen Trennung beider Erwartungskomponenten. Der Ansatz beseitigt die Unstimmigkeit zwischen den Ergebnissen der länderspezifischen Wahrscheinlichkeitsindikatoren und denen der allgemeinen Währungsunion-Wahrscheinlichkeit. In ihrer Ausprägung werden die länderspezifischen Wahrscheinlichkeitsindikatoren durch die Höhe des allgemeinen Wahrscheinlichkeitsindikators begrenzt. Im Ergebnis bleibt auch bei den Commerzbank-Indikatoren die Kritik bestehen, daß die Berechnungsmethodik einer länderspezifischen Wahrscheinlichkeit für diejenigen Währungen, die eine aus fundamentalen Gesichtspunkten geringe Zinsdifferenz zur Referenzwährung aufweisen, wenig geeignet ist. In diesem Fall wird die Problematik lediglich auf die Berechnungsmethodik der bedingten Wahrscheinlichkeit verlagert. Trotz dieser Einschränkung wird ein formaler Vergleich der Berechnungsmethoden der länderspezifischen Wahrscheinlichkeit aufzeigen, daß der Ansatz von Weidmann und die

Erweiterung des Autors (Commerzbank-Wahrscheinlichkeitsindikatoren) der Berechnungsmethodik des Abschnittes 2.2.2.2.1 überlegen ist (vgl.: Abschnitt 2.2.2.2.3 und Anhang).

Desweiteren soll hier schon darauf hingewiesen werden, daß sämtliche Berechnungsansätze eine Tendenz zu verzerrten Schätzergebnissen aufweisen. Zum einen kann die schon beschriebene Schwierigkeit in der Nachbildung der erwarteten Kassazinsdifferenz für den Fall des Nichtzustandekommens der Währungsunion für die Verzerrung verantwortlich gezeichnet werden. Je nachdem, ob der Schätzwert die Erwartungsgröße über- oder unterschätzt, werden die Wahrscheinlichkeitswerte zu hoch bzw. zu niedrig ausgewiesen. Zum anderen nehmen die meisten Ansätze bei der Terminzinsdifferenz der betrachteten Anleihen eine falsche Laufzeitenauswahl vor. Wie in Abschnitt 1.3 und den zugehörigen Unterabschnitten beschrieben, bewerten Anleihen, die im Laufzeitbereich in das neue Währungsregime hineinreichen, neben der Einschätzung hinsichtlich der gesamtwirtschaftlichen Situation des erwarteten Teilnehmerstaates und des Emittenten auch Informationen über die Einschätzung des neuen Währungsraumes. Im erwartungstheoretischen Ansatz der Anleihebewertung sind dann laufzeitentsprechend die erwarteten kurzfristigen Zinssätze des europäischen Währungsraumes als gemeinsame Bewertungsgrundlage herausgearbeitet worden.

Werden nun Terminzinsdifferenzen z. B. fünfjähriger Anleihen zum 1. Januar 1999 betrachtet, dann spiegelt die Terminzinsdifferenz nicht nur die Erwartungshaltung hinsichtlich der Teilnahme einer Währung am gemeinsamen Währungsraum zum 1. Januar 1999 wider, sondern sie ist darüberhinaus das Ergebnis einer Zeitraumbetrachtung. Nehmen wir an, daß die Finanzmärkte zum 1. Januar 1999 eine Währungsunion erwarten; die Teilnahme der betrachteten Währung wird jedoch erst zum 1. Januar 2002 erwartet. In der erwartungstheoretischen Interpretation der Anleihebewertung ergibt sich der Preis einer fünfjährigen Anleihe der betrachteten Währung aus dem geometrischen Mittel der erwarteten kurzfristigen Zinssätze des europäischen Währungsraumes der Jahre 2002 bis 2003 und dem aktuellen bzw. den erwarteten kurzfristigen länderspezifischen Zinssätzen der Zeitperiode bis 2002. Je länger die Laufzeit der Anleihe der betrachteten Terminzinsdifferenzen ist, desto höher ist dementsprechend die systematische Überschätzung der Eintrittswahrscheinlichkeit zum 1. Januar 1999. In den frühen Ansätzen von Credito Italiano, J. P. Morgan, de Grauwe, Weidmann und Commerzbank findet diese Kritik noch keine Berücksichtigung. Sämtliche Ansätze weisen je nach Wahl des Laufzeitsegmentes dementsprechend zu hohe Wahrscheinlichkeitswerte auf.

Auf diese systematische Verzerrung hat in einem frühen Papier Paribas (Februar 1997) hingewiesen. Sie weisen zurecht darauf hin, daß Terminzinssätze längerer Laufzeit auch die Möglichkeit beinhalteten, daß die Länder laufzeitentsprechend auch zum späteren Zeitpunkt als den Betrachtungszeitpunkt 't+f' eintreten könnten. Um diese systematische Verzerrung zu korrigieren, sollten vielmehr Terminzinssätze einjähriger Papiere in die Berechnungsmethodik einfließen (vgl.: Paribas [Februar 1997] S. 8). Zwar weist diese Methodik einen verbesserten Schätzansatz aus, aber dennoch beziffert sie noch keinen punktgenauen Wahrscheinlichkeitswert zum 1. Januar 1999. Dieser Schritt wird zum ersten Mal von Favero et al. (Juli 1997) vollzogen. Die Autoren berechnen in ihrem Aufsatz „Extracting Information from Asset Prices: the Methodology of EMU Calculators" sogenannte „instantaneous forward rates". Diese Berechnungsmethodik reduziert die Laufzeit der Anleihe auf einen Tag. Im Ergebnis werden über die Terminzinsberechnung unverzerrtere Wahrscheinlichkeitswerte zum Betrachtungszeitpunkt 't+f' ausgewiesen (vgl.: Abschnitt 2.2.2.1.1).

Trotz der aufgelisteten Schwierigkeiten und Unzulänglichkeiten erlangten vor allem die Verfahren der Finanzinstitute eine hohe Verbreitung und eine weitgehende Akzeptanz. So bezieht sich z. B. Meister, ein Direktoriumsmitglied der Deutschen Bundesbank, in einem Vortrag im Rahmen der gemeinsamen Konferenz der Landtagspräsidentinnen und Landtagspräsidenten der Bundesländer der Bundesrepublik Deutschland, der Republik Österreich und Südtirol am 3. Juni 1997 auf den Wahrscheinlichkeitsindikator der Commerzbank:

> „(I)n jüngster Zeit werden wir mit immer neuen finanz- und wirtschaftspolitischen Daten und Fakten zur europäischen Währungsunion konfrontiert, und teilweise fallen diese Ergebnisse sehr ernüchternd aus. Die Märkte zeigen sich hiervon allerdings mehr oder weniger unbeeindruckt und neigen zu einer eher pragmatischen Interpretation des finanzpolitischen Zahlenwerks. Nach dem „Euro-Klima", einem von einer deutschen Großbank (die Commerzbank: Anmerkung des Autors) publizierten Indi-

kator, der die „Euro-Stimmung" unter den Märkten wiedergibt, rechnen jedenfalls gut 80% der Marktteilnehmer in Deutschland – und übrigens derselbe Anteil in Österreich – mit einem termingerechten Start der Währungsunion zum 1. Januar 1999. Die Tatsache, daß die Währungsunion in erster Linie ein politisches Projekt ist und die Politik ihr Primat in dieser Frage deutlich zu machen weiß, scheint die Märkte – jedenfalls bis auf weiteres – zufriedenzustellen." (Meister [3. Juli 1997] S. 1)[1]

Und das Europäische Währungsinstitut[2] führt in einem internen Bericht zu den Währungsunion-Wahrscheinlichkeitsindikatoren aus: „Dispite the above shortcomings, there is no doubt that efforts to assess market sentiment towards EMU remain useful. (...) Nonetheless, it is crucial to bear in mind at all times that these exercises are not strict science but „enter the territory of art"." (European Monetary Institute [24. März 1997] S. 14)

2.2.2.1 Die allgemeine Währungsunion-Wahrscheinlichkeit

Seit Januar 1997 veröffentlicht die Commerzbank ihren Währungsunion-Wahrscheinlichkeitsindikator.[3] Dieses aus Finanzmarktdaten errechnete Zuversichtsmaß beziffert per definitionem die durchschnittliche Erwartungshaltung der Finanzmarktteilnehmer hinsichtlich des termingerechten Starts der Währungsunion zum 1. Januar 1999. Es gibt keine Auskunft über die mögliche Zusammensetzung der Währungsunion. Aus Gründen der begrenzten Verfügbarkeit von Daten wurden die Wahrscheinlichkeitswerte nur rückwirkend zum 1. Januar 1994 berechnet. Die Wahrscheinlichkeitswerte stehen ab diesem Datum börsentäglich sowie auf Monatsbasis zur Verfügung (die Monatswerte sind im Anhang abgedruckt). Als Input-Daten werden Zeitreihen des kommerziellen Datenanbieters „DATASTREAM" verwendet.

---

[1] *An diesem Zitat wird auch deutlich, daß noch leichte Interpretationsschwierigkeiten hinsichtlich des „Euro-Klimas" vorliegen. Die Werte des Commerzbank Wahrscheinlichkeitsindikators spiegeln nicht die Erwartungshaltung der Marktteilnehmer in Deutschland, sondern die durchschnittliche Erwartungshaltung sämtlicher Finanzmarktteilnehmer wider, die rechnerisch aus Finanzmarktdaten ermittelt und als Wahrscheinlichkeit definiert werden.*

[2] *Hierbei handelt es sich um eine interne Untersuchung des Europäischen Währungsinstitutes. Autor ist Nick Vidalis. Die Untersuchungsergebnisse sind der Financial Times zugekommen und wurden auszugsweise im Artikel „The fine art of Emu forecasting" veröffentlicht (vgl.: Financial Times [22. April 1997]).*

[3] *Der Wahrscheinlichkeitsindikator wurde vom Autor in der zweiten Hälfte des Jahres 1996 im Investment Research der Commerzbank entwickelt.*

In der grundsätzlichen Methodik folgt der Berechnungsansatz dem in Abschnitt 2.2.2 dargestellten Verfahren. Die aktuelle Terminzinsdifferenz wird demnach als gewichteter Durchschnitt einer erwarteten Kassazinsdifferenz für den Fall des Zustandekommens und des Nichtzustandekommens der Währungsunion verstanden. Als Referenzwährung wird die ECU gewählt. Im entscheidenden Schritt wird nun angenommen, daß der Übergang in den gemeinsamen Währungsraum ohne Deutschland nicht vollzogen wird. Dementsprechend werden zwei Währungen betrachtet, von denen die ECU vertragsbedingt und die D-Mark per Modellannahme zur gemeinsamen Währung übergehen wird, sofern eine in der Länderkonstellation (mit Ausnahme Deutschlands) nicht näher bestimmte Währungsunion geschaffen wird. Der errechnete Wahrscheinlichkeitswert gibt unter diesen Umständen nur die Erwartungshaltung hinsichtlich der Existenz einer Europäischen Währungsunion zum Betrachtungstermin 1. Januar 1999 wieder. In dieser Aussage folgt der Ansatz der Arbeit von de Grauwe (vgl.: de Grauwe [Mai 1996] S. 9).

Die durchschnittliche Erwartungshaltung der Finanzmarktteilnehmer hinsichtlich des termingerechten Starts der Währungsunion (${}_tE({}_{1.1.99}EWU^{DM,ECU})$) ergibt sich unter dieser Annahme aus dem Verhältnis der Terminzinsdifferenz (${}_{1.1.99}zD^{DM,ECU,F,m}$) und der Schätzgröße der erwarteten Kassazinsdifferenz für den Fall des Nichtzustandekommens der Währungsunion (${}_tS({}_{1.1.99}zD^{DM,ECU,m} \backslash {}_{1.1.99}KEWU^{DM,ECU})$) zum Betrachtungszeitpunkt:

Gleichung 2.2.2.1.0 F1

$${}_tE({}_{1.1.99}EWU^{DM,ECU}) = 1 - \frac{{}_{1.1.99}zD^{DM,ECU,F,m}}{{}_tS({}_{1.1.99}zD^{DM,ECU,m} \backslash {}_{1.1.99}KEWU^{DM,ECU})}$$

Wie in Abschnitt 2.2.2 beschrieben, konnte die oben angeführte Gleichung nach '${}_tE({}_{1.1.99}EWU^{DM,ECU})$' aufgelöst werden, sofern die Erwartungsgröße für die Kassazinsdifferenz im Fall des Zustandekommens der Währungsunion null beträgt. Abschnitt 1.3.1.1 zeigt auf, daß diese Annahme für vergleichbare Wertpapiere gehalten werden kann. Öffentliche Anleihen werden jedoch auch innerhalb einer Währungsunion noch Renditedifferenzen aufweisen, da sie keine perfekten Substitute darstellen (vgl. z. B.: J. P. Morgan [Juli 1995] S. 6). Im wesentlichen wird die Renditedifferenz über das relative Ausfallrisiko bestimmt werden. Aus diesem Grund werden die Berechnungen auf Basis der Referenzzinssätze für Swapgeschäfte vollzogen. Zinsswapdifferenzen sind weitgehend frei von Unterschieden im Ausfallrisiko (vgl.: Abschnitt 1.3.1.2). Für den Fall des Zustandekommens der Währungsunion wird die Zinsswapdifferenz sehr nahe am Wert von null liegen (vgl. z. B.: European Monetary Institute [März 1997] S. 3).

Um die Berechnung der Terminzinsdifferenzen vom relativen Ausfallrisiko zu bereinigen, werden die impliziten Forward Rates ebenfalls auf Basis einer Zinsswap-Renditestrukturkurve ermittelt ($_{1.1.99}SD^{DM,ECU,F,m}$). Das gleiche gilt für den Schätzwert der erwarteten Kassazinsdifferenz für den Fall des Nichtzustandekommens der Währungsunion ($_tS(_{1.1.99}SD^{DM,ECU,m} \backslash _{1.1.99}KEWU^{DM,ECU})$). In den folgenden Ausführungen wird diese Größe als „Schätzwert des Basiszinssatzes" bezeichnet. Die Gleichung 2.2.2.1.0 F1 konkretisiert sich damit zu:

Gleichung 2.2.2.1.0 F2

$$_tE(_{1.1.99}EWU^{DM,ECU}) = 1 - \frac{_{1.1.99}SD^{DM,ECU,F,m}}{_tS(_{1.1.99}SD^{DM,ECU,m} \backslash _{1.1.99}KEWU^{DM,ECU})}$$

Im folgenden Abschnitt 2.2.2.1.1 wird die Berechnung der Differenz der impliziten Forward Rates auf Basis der Swap-Renditestrukturkurven erläutert. Abschnitt 2.2.2.1.2 befaßt sich im Anschluß mit der Berechnung des Schätzwertes des Basiszinssatzes. Die Ergebnisse der Gleichung – die Wahrscheinlichkeitswerte – werden in Abschnitt 2.2.2.1.3 erläutert.

2.2.2.1.1 Die Terminzinsdifferenz – Berechnung impliziter Forward Rates

Wie bereits mehrfach erläutert, können Terminzinsdifferenzen rechnerisch aus dem Verlauf einer Nullkupon-Renditestrukturkurve hergeleitet werden. In der Regel wird aber nicht das gesamte Laufzeitenspektrum einer Renditestrukturkurve über repräsentative Nullkupon-Anleihen abgedeckt. Aus diesem Grund ist eine Nullkupon-Renditestrukturkurve zumeist nicht direkt am Markt beobachtbar. Die Ableitung einer vollständigen Nullkupon-Renditestrukturkurve zur Ermittlung impliziter Forward Rates stellt in der praktischen Anwendung die erste Herausforderung dar:

„For many financial engineers, the derivation of nonobservable zero-coupon-rates from the observable yields on par coupon-bearing instruments is considered to be one of the major theoretical developments in finance in recent years." (Kavaller/Marshall [Mai/Juni 1996] S. 51)

In einem ersten Schritt ist es naheliegend, die Rendite einer Nullkupon-Anleihe aus den Renditen von Kupon-Anleihen zu schätzen. Hier ist jedoch zu beachten, daß die geläufige Renditeberechnung von Kupon-Anleihen („Yield-to-Maturity") zum einen der Kupon-Zahlung Rechnung trägt und zum anderen einen flachen Renditestrukturkurven-Verlauf unterstellt (vgl.: Exkurs 1.1.1.0.0 E1). Wie Schich (Oktober 1996) zeigt, entspricht die „Yield-to-Maturity" einer bestimmten Laufzeit dem gewichteten Durchschnitt der Nullkuponrenditen über die betrachtete Laufzeit, wobei der Gewichtungsfaktor in Abhängigkeit zum Zahlungsstrom der Kupon-Anleihe steht (vgl.: Schich [Okober 1996] S. 5).

Zur Verdeutlichung der nichtlinearen Beziehung zwischen „Yield-to-Maturity" und Nullkuponrendite betrachten wir beispielhaft die Preisbildung einer zweijährigen Kupon-Anleihe. Wie bereits erwähnt, entspricht die „Yield-to-Maturity" (r_M) dem Diskontierungsfaktor, der den Gegenwartswert eines versprochenen, in der Zukunft liegenden Auszahlungsstroms zum aktuellen Marktpreis egalisiert (vgl.: Exkurs 1.1.1.0.0 E1). Dieses Berechnungsverfahren führt zum gleichen Ergebnis, wenn der Gegenwartswert (P) über die eigentlichen Diskontierungsfaktoren, den annualisierten Nullkupon-Renditen (Z_t), ermittelt worden wäre:

Gleichung 2.2.2.1.1 F1

$$P = \frac{C}{(1+r_M)} + \frac{C}{(1+r_M)^2} + \frac{N}{(1+r_M)^2} = \frac{C}{(1+Z_1)} + \frac{C}{(1+Z_2)^2} + \frac{N}{(1+Z_2)^2}$$

Unter der Annahme, daß Terme höherer Ordnung vernachlässigt werden können – in der Regel bewegen sich annualisierte Renditen zwischen Werten von 0,01 und 0,1 – kann die Gleichung nach r_M umgestellt werden (vgl.: Schich [Okober 1996] S. 5). Wird der Nominalwert der Anleihe gleich eins gesetzt, so erhält man:

Gleichung 2.2.2.1.1 F2

$$r_M \cong \omega Z_1 + (1-\omega)Z_2 \qquad \text{mit: } \omega = \frac{C}{2+3C}$$

Die „Yield-to-Maturity" der zweijährigen Anleihe entspricht demnach dem gewichteten Durchschnitt der einjährigen und zweijährigen Nullkupon-Renditen. Der Gewichtungsfaktor ist abhängig von der Kupon-Höhe (C) der Anleihe.

Es ist ersichtlich, daß die „Yield-to-Maturity" nur der Nullkuponrendite entspricht, wenn die Nullkuponrendite-Strukturkurve flach verläuft ($Z_1=Z_2$). Ansonsten kann gezeigt werden, daß die Steigung der Kupon-Renditestrukturkurve – hier ausgedrückt als die Differenz der zweijährigen zur einjährigen „Yield-to-Maturity" –

Gleichung 2.2.2.1.1 F3

$$r_2 - r_1 = (1-\omega)(Z_2 - Z_1)$$

systematisch die Steigung der Nullkupon-Renditestrukturkurve unterschätzt (vgl.: Schich [Oktober 1996] S. 5). Die Höhe des Schätzfehlers ist abhängig vom Zahlungsstrom der Kupon-Anleihe. Für den Fall einer steigenden Renditestrukturkurve liegt die Nullkupon-Renditestrukturkurve oberhalb und für den Fall einer fallenden Renditestrukturkurve unterhalb der Kupon-Renditestrukturkurve.

Aufgrund des Schätzfehlers ist es sinnvoller, die Nullkupon-Renditestrukturkurve auf Basis einer Pari-Kupon-Renditestrukturkurve zu ermitteln (vgl.: Kawaller/Marshall [1996]). Bei einer Pari-Kupon-Anleihe stimmen die Kuponhöhe und die Endfälligkeitsrendite der Anleihe überein. Die Pari-Kupon-Renditestrukturkurve ist damit vom Einfluß unterschiedlicher Kuponhöhen gleicher Laufzeit unverzerrt. Leider stehen auch hier in der Regel keine vollständigen Pari-Kupon-Renditestrukturkurven zur Verfügung. Die Nullkupon-Renditestrukturkurve wird aus diesem Grund aus einer Zinsswap-Renditestrukturkurve berechnet, deren Preisbildung auf einer abgeleiteten Nullkuponkurve basiert (vgl.: Smith et al. [1990]).

Die Zinsswap-Renditestrukturkurve wird über die repräsentativen Sätze (Referenzzinsswapsatz) für Zinsswap-Geschäfte gewonnen. Ein Zinsswap ist die vertragliche Vereinbarung zwischen zwei Vertragsparteien über den Austausch eines Zahlungsstromes für eine genau festgelegte Zeitperiode (vgl. z. B.: Kopprasch et al. [1987]). In der Regel werden fest verzinsliche Zahlungsansprüche gegen variabel verzinsliche getauscht (vgl. z. B.: Steiner/Bruns [1996] S. 488-490). Der Referenzzinsswapsatz einer bestimmten Laufzeit in einer bestimmten Währung – der sogenannte „all in cost" Zinsswap – wird immer zum Geldmarktzins angegeben (vgl.: Kopprasch et al. [1987]). Als Bezugsgröße wird in der Regel der währungsentsprechende Interbankengeldmarktsatz für Geldaufnahmen mit dreimonatiger Laufzeit am Bankplatz London (London Interbank Offered Rate „LIBOR") verwendet.

Zur Herleitung der Nullkupon-Renditestrukturkurven der D-Mark und der ECU wird in dieser Arbeit auf die Referenzzinsswapsätze des Datenanbieters Datastream zurückgegriffen. Für die D-Mark standen ab dem 15. November 1994 für das gesamte Laufzeitsegment ein bis zehn Jahre Daten auf Tagesbasis zur Verfügung. (Insgesamt wurden für diese Arbeit Tagesdaten ab dem 1. Januar 1990 verwendet). Die Werte für fehlende Laufzeitklassen im Zeitbereich 1. Januar 1990 bis 15. November 1994 wurden mittels einer einfachen linearen Interpolation ermittelt. Beispielhaft sind für die verwendeten D-Mark-Referenzzinsswapsätze nachfolgend die Werte für den 1. Januar 1996 abgetragen. (Der „Code" bezeichnet das Kürzel, unter dem die Zeitreihen bei Datastream verfügbar sind).

Name	GERMANY	GERMANY	GERMANY	GERMANY	GERMANY	GERMANY	GERMANY	GERMANY	GERMANY	GERMANY
Code	ICDEM1Y	ICDEM2Y	ICDEM3Y	ICDEM4Y	ICDEM5Y	ICDEM6Y	ICDEM7Y	ICDEM8Y	ICDEM9Y	ICDEM10Y
Currency	DM	DM	DM	DM	DM	DM	DM	DM	DM	DM
01.01.96	3,670	3,910	4,400	4,905	5,315	5,655	5,945	6,135	6,275	6,385

Für die ECU stehen für das gesamte Laufzeitsegment Tageswerte ab dem 26. Januar 1995 zur Verfügung. Wieder wurden die Werte für die fehlenden Laufzeitklassen im Zeitbereich 1. Januar 1990 bis 26. Januar 1995 über eine lineare Interpolation ermittelt.[1)]

Name	E.C.U. (ECU)	E.C.U. (ECU)	E.C.U. (ECU)	E.C.U. (ECU)	E.C.U. (ECU)	E.C.U. (ECU)	E.C.U. (ECU)	E.C.U. (ECU)	E.C.U. (ECU)	E.C.U. (ECU)
Codo	ICECU1Y	ICECU2Y	ICECU3Y	ICECU4Y	ICECU5Y	ICECU6Y	ICECU7Y	ICECU8Y	ICECU9Y	ICECU10Y
Currency	CU	CU	CU	CU	CU	CU	CU	CU	CU	CU
01.01.96	5,150	5,345	5,735	6,135	6,365	6,565	6,745	6,925	7,055	7,145

[1)] *Bei den ECU-Werten handelt es sich um Referenzzinsswapsätze für die private ECU. Aus theoretischer Sicht hätten Referenzzinsswapsätze für die amtliche ECU verwendet werden müssen. Wie sich aus den Ausführungen in Abschnitt 2.2.1.1 schließen läßt, stehen solche Werte nicht zur Verfügung. Die beschriebene Problematik der Wertabweichung zwischen der privaten und der amtlichen ECU bleibt theoretisch auch in diesem Abschnitt bestehen. Der Einfluß der Wertabweichung auf das Ergebnis kann jedoch vernachlässigt werden.*

Exkurs 2.2.2.1.1 E1

Ermittlung einer Nullkupon-Renditestrukturkurve

Eine Nullkupon-Anleihe ist dadurch charakterisiert, daß sie nur einen Auszahlungsstrom zum Ende der Laufzeit aufweist. Im Gegensatz zur Kupon-Anleihe entfällt also das Wiederanlagerisiko der Kuponzahlung und damit die der Renditeberechnung zugrundeliegende Annahme der Wiederanlage der Kuponzahlung zur Kaufrendite (vgl.: Exkurs 1.1.1.0.0 E1). Die aktuelle Rendite einer Nullkupon-Anleihe [${}_tZ^{i,m}$] mit der (Rest-)Laufzeit 'm' errechnet sich über das Verhältnis des Nominal- bzw. Rückzahlungswertes [N] zum Emissions- bzw. Kaufkurs [D].

$$ {}_tZ^{i,m} = \left[\sqrt[m]{\frac{N}{D}} - 1 \right] \cdot 100 $$

In der Regel ist aber nicht das gesamte Laufzeitenspektrum der Renditestrukturkurve über repräsentative Nullkupon-Anleihen abgedeckt. Aus diesem Grund wird die Nullkupon-Renditestrukturkurve über eine Pari-Kupon-Renditestrukturkurve rechnerisch hergeleitet. Bei einer Pari-Kupon-Anleihe stimmen die Kuponhöhe und die Endfälligkeitsrendite der Anleihe überein. Die Renditestrukturkurve ist damit von dem Einfluß unterschiedlicher Kuponhöhen gleicher Laufzeit unverzerrt.

Das geläufigste Verfahren zur Herleitung der Nullkupon-Renditestrukturkurve aus der Pari-Kupon-Kurve ist das „Bootstrapping". Dieses Verfahren basiert auf einem iterativen Prozeß, in dem der zu den bekannten Nullkuponrenditen diskontierte aufgespaltete Zahlungsstrom der Pari-Kupon-Rendite vom Zeitwert des gesamten Zahlungsstromes abgezogen wird. Die gesuchte Nullkupon-Rendite ist nun diejenige Rendite, die den Zahlungsstrom der Pari-Kupon-Anleihe zum Zeitwert überführt (vgl.: Kawaller/Marshall [Mai/Juni 1996] S. 52). Die Rendite der m-jährigen Nullkupon-Anleihe (${}_tZ^{i,m}$) ergibt sich dann aus der Rendite der m-jährigen Pari-Kupon-Anleihe (${}_tK^{i,m}$) und der im iterativen Verfahren berechneten Nullkupon-Renditen bis zur Laufzeit 'm-1' (vgl.: Investment Research [1995] S. 20):

$$ {}_tZ^{i,m} = \left(\left[\frac{1 + {}_tK^{i,m}}{1 - {}_tK^{i,m} \sum_{c=1}^{m-1} \frac{1}{(1 + {}_tZ^{i,c})^c}} \right]^{\frac{1}{m}} - 1 \right) \cdot 100 $$

In der Methodik übernimmt das Bootstrapping-Verfahren Annahmen der Erwartungstheorie: Zum einen unterstellt das Verfahren, daß die Endfälligkeitsrendite der geometrische Durchschnitt des aktuellen und der erwarteten kurzfristigen Terminzinssätze über die Laufzeit der Anleihe ist. Weiterhin wird angenommen, daß die implizit aus der Strukturkurve berechneten Terminzinssätze (implizite Forward Rates) die Erwartungen der Marktteilnehmer hinsichtlich der zukünftigen Kassakurse unverzerrt abbilden. Desweiteren abstrahiert diese Methode von der Möglichkeit einer Risikoprämie im Sinne der Liquiditätspräferenz-Hypothese (vgl.: Kawaller/Marshall [Mai/Juni 1996] S. 52).

In der Praxis stehen in der Regel keine vollständigen Pari-Kupon-Renditestrukturkurven zur Verfügung. Die Nullkupon-Kurve wird aus diesem Grund aus einer Zinsswap-Kurve berechnet, deren Preisbildung auf einer abgeleiteten Nullkuponkurve basiert (vgl.: Smith et al. [1990]).

Auf Basis der Zinsswap-Renditestrukturkurve wird gemäß dem in Exkurs 2.2.2.1.1 E1 beschriebenen Verfahren die Nullkupon-Renditestrukturkurve ermittelt. In der Berechnungsformel zur Herleitung einer 'm'-jährigen Nullkuponrendite ($_tZ^{i,m}$) werden die Renditen der 'm'-jährigen Pari-Kupon-Anleihen ($_tK^{i,m}$) durch die Referenzwerte unserer Zinsswap-Renditestrukturkurve ersetzt. Zur Ermittlung der 'm'-jährigen Nullkupon-Rendite werden der Wert der laufzeitentsprechenden Zinsswap-Rendite und die Nullkupon-Renditen der kürzeren Laufzeitklassen bis zur Laufzeit 'm-1' benötigt. Aus diesem Grund wird zunächst die Nullkupon-Rendite der kürzesten betrachteten Laufzeitklasse berechnet. Liegen den Renditeberechnungen jährliche Kupon-Termine zugrunde, dann entspricht die Nullkupon-Rendite für den einjährigen Laufzeitbereich der laufzeitentsprechenden Zinsswap-Rendite. Die (annualisierte) Nullkupon-Rendite der zweijährigen Laufzeitklasse ergibt sich anschließend aus dem Verhältnis der zweijährigen Zinsswap-Rendite und der einjährigen Nullkupon-Rendite (vgl.: Exkurs 2.2.2.1.1 E1).

Die errechnete Nullkupon-Rendite der zweijährigen Laufzeitklasse für den 1. Januar 1996 der D-Mark-Nullkupon Renditestrukturkurve entspricht dann:

Gleichung 2.2.2.1.1 F4

$$_{1.1.1996}Z^{DM,2} = \left(\left(\frac{1+0{,}03910}{1-\left(0{,}03910 \cdot \frac{1}{(1+0{,}03670)^1}\right)} \right)^{\frac{1}{2}} - 1 \right) \cdot 100 = 3{,}91470318$$

Für die dreijährige Laufzeitklasse:

Gleichung 2.2.2.1.1 F5

$$_{1.1.1996}Z^{DM,3} = \left(\left(\frac{1+0{,}044}{1-\left(0{,}044 \cdot \left(\frac{1}{(1+0{,}03670)} + \frac{1}{(1+0{,}0391470318)^2} \right)\right)} \right)^{\frac{1}{3}} - 1 \right) \cdot 100 = 4{,}42560427$$

Sukzessive wird über dieses Verfahren die gesamte Renditestrukturkurve ermittelt. Für den 1. Januar 1996 errechnet sich die D-Mark Nullkupon-Renditestrukturkurve:

Datum	Nullkupon 1Y DM	Nullkupon 2Y DM	Nullkupon 3Y DM	Nullkupon 4Y DM	Nullkupon 5Y DM	Nullkupon 6Y DM	Nullkupon 7Y DM	Nullkupon 8Y DM	Nullkupon 9Y DM	Nullkupon 10Y DM
01.01.96	3,67	3,91470318	4,42560427	4,96559407	5,41508641	5,79812594	6,13477187	6,35609936	6,52030446	6,65077227

Entsprechend für die ECU:

Datum	Nullkupon 1Y ECU	Nullkupon 2Y ECU	Nullkupon 3Y ECU	Nullkupon 4Y ECU	Nullkupon 5Y ECU	Nullkupon 6Y ECU	Nullkupon 7Y ECU	Nullkupon 8Y ECU	Nullkupon 9Y ECU	Nullkupon 10Y ECU
01.01.96	5,15	5,35022143	5,76169593	6,19539759	6,44712892	6,67260329	6,88223557	7,10108513	7,26056388	7,37003155

Aus der jeweiligen Nullkupon-Renditestrukturkurve können nun die impliziten Forward Rates für den Betrachtungszeitpunkt 1. Januar 1999 berechnet werden (vgl.: Exkurs 2.2.2.1.1 E2). Es ist jedoch zu beachten, daß zur Berechnung des impliziten Terminzinssatzes einer 'm'-jährigen Anleihe in 'f' Jahren die Werte der 'm+f'-jährigen' und der 'f'-jährigen Nullkupon-Rendite vorhanden sein müssen. Soll z. B. der implizite Terminzinssatz einer zehnjährigen Anleihe am 1. Januar 1996 für den 1. Januar 1999 berechnet werden, so müssen Werte für die dreizehnjährige und die dreijährige Nullkuponrendite vorliegen. Für die meisten Währungen stehen aber nur Zinsswap-Renditestrukturkurven mit einer Laufzeit bis zu zehn Jahren zur Verfügung. Aus datentechnischen Gründen ist es daher sinnvoll, die impliziten Terminzinssätze in einem Bereich '$m+f \leq 10$' Jahre zu betrachten.

Im Ansatz der Commerzbank werden die impliziten Terminzinssätze für eine fünfjährige Anleihe berechnet. Der Betrachtungszeitpunkt ist der 1. Januar 1999. Unter diesen Voraussetzungen werden die impliziten Terminzinssätze rückwirkend ab dem 1. Januar 1994 berechnet. Es werden damit fünfjährige Anleihen zum 1. Januar 1999 ab dem 1. Januar 1994 betrachtet. Folgen wir wieder dem Beispieltag 1. Januar 1996, dann errechnet sich der implizite Terminzinssatz für eine fünfjährige DM-Anleihe zum 1. Januar 1999 aus dem Verhältnis der achtjährigen und der dreijährigen Nullkupon-Rendite:

Gleichung 2.2.2.1.1 F6

$$_{1.1.1999}r^{DM,F5} = \left(\left(\frac{(1+0{,}0635609936)^{8}}{(1+0{,}0442560427)^{3}} \right)^{\frac{1}{5}} - 1 \right) \cdot 100 = 7{,}53148502$$

Entsprechend läßt sich ein impliziter Terminzinssatz für eine fünfjährige ECU-Anleihe berechnen:

Gleichung 2.2.2.1.1 F7

$$_{1.1.1999}r^{ECU,F,5} = \left(\left(\frac{(1+0{,}0710108513)^8}{(1+0{,}0576169593)^3} \right)^{\frac{1}{5}} - 1 \right) \cdot 100 = 7{,}91284687$$

Am 1. Januar 1996 erhalten wir für den 1. Januar 1999 eine positive Terminzinsdifferenz (ECU minus D-Mark). Dieser Wert wird für die gesuchte Terminzinsdifferenz '$_{1.1.99}SD^{DM,ECU,F,m}$' (vgl.: Abschnitt 2.2.2.1) verwendet. Für den gesamten Betrachtungszeitraum sind die Werte für '$_{1.1.99}SD^{DM,ECU,F,m}$' in Graphik 2.2.2.1.1 G1 abgetragen.

Graphik 2.2.2.1.1 G1

Eigene Darstellung und Berechnung

Aus der Graphik 2.2.2.1.1 G1 wird ersichtlich, daß die betrachtete Terminzinsdifferenz in Teilen der ersten Hälfte des Jahres 1994 und zum Jahreswechsel 1996/97 negativ ist. Wie in Abschnitt 2.2.2 bereits erläutert, wird für den Bereich negativer Terminzinsdifferenzen $_{1.1.99}SD^{DM,ECU,F,m}$ null gesetzt. Diese Maßnahme ist

Exkurs 2.2.2.1.1 E2

Berechnung der impliziten Forward Rates

Als implizite Forward Rates werden Terminzinssätze bezeichnet, die rechnerisch auf Basis einer zugrundeliegenden Zinsstrukturkurve ermittelt werden. Im praktischen Tagesgeschäft sind die impliziten Forward Rates die geläufige Bewertungsgrundlage zur Quotierung eines real gehandelten Terminkontraktes (vgl.: Dybvig/Marshall [Februar 1996] S. 34).

Aus rein mathematischer Sicht gesehen, werden die impliziten Forward Rates aus dem Verlauf der zugrundeliegenden Zinsstrukturkurve errechnet. Letztendlich stellen sie nach dieser Argumentation nur eine mathematische Residualgröße dar. In der Regel werden die impliziten Forward Rates auf Grundlage einer Nullkupon-Renditestrukturkurve ermittelt. Der implizite Terminzinssatz einer z. B. einjährigen Anleihe in einem Jahr (${}_{t+1}r^{i,F,1}$) ergibt sich mathematisch aus dem Ertragsverhältnis zur Endfälligkeit der zweijährigen und einjährigen Nullkupon-Anleihe:

$$ {}_{t+1}r^{i,F,1} = \frac{(1+{}_tZ^{i,2})^2}{(1+{}_tZ^{i,1})} - 1 $$

Ebenso entspricht nach Umformung der Endfälligkeitsertrag der zweijährigen Nullkupon-Anleihe:

$$ (1+{}_tZ^{i,2})^2 = (1+{}_tZ^{i,1})(1+{}_{t+1}r^{i,F,1}) $$

Können die impliziten Forward Rates auf den Futures-Märkten realisiert werden, dann leiten sich die impliziten Forward Rates nicht nur als mathematische Residualgröße ab, sondern stehen auch in einer aktiven Beziehung zu den Kassamärkten (vgl.: Fabozzi [1993] S. 203-204). Letztendlich stellt sich damit die Frage, welche Größe den Verlauf der Zinsstrukturkurve bestimmt. Nach den erwartungstheoretischen Ansätzen zur Erklärung des Zinsstrukturkurvenverlaufs werden die Preise an den Anleihemärkten über die Erwartungshaltung der Investoren hinsichtlich der zukünftigen Anleihekassakurse beeinflußt (vgl.: Exkurs 1.3.2.0.0 E1). Die Erwartungen der Marktteilnehmer sind somit implizit im Verlauf der aktuellen Zinsstrukturkurve enthalten (vgl. z. B.: Steiner/Bruns [1996] S. 150-154). Eine von der Erwartungshaltung abweichende Preisbildung an den Termin- oder Kassamärkten wird über eine einsetzende Arbitrage ins Gleichgewicht gebracht (vgl. z. B.: Kapner/Marshall [1992] S. 108-110).

In der Interpretation der „unbiased expectation hypothesis" der Erwartungstheorie wird diese der Zinsstrukturkurve zugrundeliegende Erwartungshaltung unverzerrt durch die impliziten Forward Rates abgebildet. Aus dieser Beziehung kann anhand der beobachtbaren Größen die für ein beliebiges Jahr erwartete Rendite mit beliebiger Laufzeit ermittelt werden (vgl.: z. B. Madura [1992] S. 90). Die allgemeine Form lautet (vgl. z. B.: Investment Research [1995] S. 21):

$$ {}_{t+f}r^{i,F,m} = \left(\left[\frac{(1+{}_tZ^{i,f+m})^{f+m}}{(1+{}_tZ^{i,f})^{f}} \right]^{\frac{1}{m}} - 1 \right) \cdot 100 $$

wobei:

${}_{t+f}r^{i,F,m}$ = der aktuelle implizite Terminzinssatz für eine 'm'-jährige Anleihe in 'f' Jahren

${}_tZ^{i,f}$ = die aktuelle Nullkupon-Rendite der 'f'-jährigen Nullkupon-Anleihe

${}_tZ^{i,f+m}$ = die aktuelle Nullkupon-Rendite der 'f+m'-jährigen Nullkupon-Anleihe

erforderlich, weil wir ansonsten Wahrscheinlichkeitswerte erhielten, die größer als eins wären. Aus der Graphik wird aber ersichtlich, daß der untere kritische Wert nur für kurze Bereiche des Jahres 1994 deutlich unterschritten wird.

Ohne die Schätzgröße des Basiswertes '$_tS(_{1.1.99}SD^{DM,ECU,m}\backslash_{1.1.99}KEWU^{DM,ECU})$' ermittelt zu haben, wird deutlich, daß wir aufgrund der tatsächlichen oder der korrigierten impliziten Terminzinsdifferenz von null, Wahrscheinlichkeitswerte von eins erhalten.

2.2.2.1.2 Der obere Schätzwert – Wahl des Basiszinssatzes

Zur Berechnung der Wahrscheinlichkeitswerte muß die im vorherigen Abschnitt ermittelte Terminzinsdifferenz '$_{1.1.99}SD^{DM,ECU,F,m}$' noch ins Verhältnis zur erwarteten Kassazinsdifferenz für den Fall des Nichtzustandekommens der Währungsunion '$_tE(_{1.1.99}zD^{DM,ECU,m}\backslash_{1.1.99}KEWU^{DM,ECU})$' gesetzt werden. Wie in Abschnitt 2.2.2 beschrieben, ist diese Größe nicht direkt am Markt beobachtbar. Auch der Versuch, diese Größe über ein quantitativ gestütztes Verfahren zu schätzen, muß als ehrgeizig bezeichnet werden. Nicht unbegründet wird der Versuch, die erwartete Kassazinsdifferenz über eine Schätzgröße '$_tS(_{1.1.99}zD^{DM,ECU,m}\backslash_{1.1.99}KEWU^{DM,ECU})$' zu quantifizieren, vom Europäischen Währungsinstitut als „art" element" (Europäisches Währungsinstitut [März 1997] S. 1) betitelt.

Wie Abschnitt 2.2.2 zeigt, ist die Wahl der Schätzmethode, unter der Annahme konstanter Schätzwerte für '$_tS(_{1.1.99}zD^{DM,ECU,m}\backslash_{1.1.99}KEWU^{DM,ECU})$', von einer relativ geringen Bedeutung. Der Schätzwert des Basiszinssatzes ist unter dieser Bedingung als Skalierungsfaktor lediglich für das Niveau der errechneten Wahrscheinlichkeitswerte verantwortlich. Eine intertemporäre Vergleichbarkeit der Wahrscheinlichkeitswerte bliebe damit gewährleistet. Es ist jedoch nicht davon auszugehen, daß die für den 1. Januar 1999 erwartete Kassazinsdifferenz für den Fall des Nichtzustandekommens der Währungsunion im gesamten Betrachtungszeitraum konstant ist. Im Verlauf der Betrachtung würde die Wahl einer konstanten Schätzgröße die Wahrscheinlichkeitswerte über- oder unterschätzen. In der Berechnungsmethodik zur Quantifizierung der Schätzgröße des Basiszinssatzes steht man damit vor dem Problem, die erwartete Kassazinsdifferenz auch im Zeitablauf richtig abzubilden.

Aus theoretischer Sicht wäre es naheliegend, die erwartete Kassazinsdifferenz aus dem aus ökonomischen Fundamentalfaktoren gerechtfertigten Wechselkursänderungsrisiko über die Laufzeit der Anleihe zu schätzen. Neben der grundsätzlichen Problematik, ein fundamental gerechtfertigtes Wechselkursänderungsrisiko für eine in der Zukunft liegende Zeitspanne zu schätzen, ist es fraglich, ob sich die am Markt erwartete Kassazinsdifferenz tatsächlich an der berechneten Größe orientiert.

In den zahlreichen Ansätzen zur Berechnung länderspezifischer Währungsunion-Wahrscheinlichkeitsindikatoren finden sich eine Vielzahl unterschiedlicher Schätzansätze zur Ermittlung des Basiszinssatzes. Sie reichen von einer einfachen Durchschnittswertbetrachtung bis hin zu umfangreichen, quantitativ gestützten Schätzmodellen (vgl.: Abschnitt 2.2.2.2). Eine allgemeine Währungsunion-Wahrscheinlichkeit wird – neben dem hier dargestellten Ansatz – nur von de Grauwe (Mai 1996) und Weidmann (Juli 1996) berechnet. Die genannten Autoren wählen eine einfache Methode zur Ermittlung der Schätzgröße des Basiszinssatzes (${}_tS({}_{1.1.99}zD^{DM,ECU,m} \backslash {}_{1.1.99}KEWU^{DM,ECU})$). Beide verwenden als Schätzgröße die gewichtete[1] aktuelle Terminzinsdifferenz der ECU-Korbwährungen zur D-Mark zum 1. Januar 1999. Hintergrund dieser Vorgehensweise ist die Annahme, daß die (amtliche) ECU für den Fall des Nichtzustandekommens der Währungsunion ihren Korbcharakter nicht verliert (vgl.: de Grauwe [Mai 1996] S. 9 und Weidmann [Juli 1996] S. 3).[2] Dieses Verfahren scheint aber wenig plausibel, da für den Fall, daß die Finanzmarktteilnehmer eine Währungsunion mit sämtlichen im ECU-Währungskorb enthaltenen Währungen erwarten, der Schätzwert '${}_tS({}_{1.1.99}zD^{DM,ECU,m} \backslash {}_{1.1.99}KEWU^{DM,ECU})$' der Terminzinsdifferenz (${}_{1.1.99}SD^{DM,ECU,F,m}$) entspricht. Dieses Ergebnis führt aber dazu, daß die allgemeine Währungsunion-Wahrscheinlichkeit für sämtliche positiven Terminzinsdifferenzen einen Wert von null annehmen wird.

---

[1] Der Gewichtungsfaktor wird über den wechselkursbereinigten Währungsanteil der Korbwährungen am ECU ermittelt. Werden die Gewichte über zeitlich variable Wechselkurse ermittelt, dann ist auch der Gewichtungsfaktor variabel (vgl.: Abschnitt 2.2.1.1). Beide Autoren unterstellen konstante Gewichte, indem sie den jeweiligen Währungsanteil mit einem Stichtagswechselkurs multiplizieren. Weidmann hat in seiner Arbeit den Schätzansatz von de Grauwe auf Basis eines aktuelleren Stichtagwechselkurses übernommen (vgl.: de Grauwe [Mai 1996] S. 10 und Weidmann [Juli 1996] S. 4).

[2] Hier wird vernachlässigt, daß die theoretische Rendite der (amtlichen) ECU mittels einer synthetischen Diskontierungsfunktion berechnet werden müßte (vgl.: Abschnitt 2.2.1.1), um der nicht-linearen Beziehung der Renditen der Korbwährungen Rechnung zu tragen.

Im Bewußtsein der beschriebenen Schätzproblematik wählt die Commerzbank eine einfache Berechnungsmethodik zur Ermittlung der Schätzgröße. Die Bezugsgröße der Berechnungsmethodik bilden die historischen Referenzzinsswap-Differenzen für fünfjährige Anleihen der betrachteten Währungen (vgl.: Graphik 2.2.2.1.2 G1). Als wesentlicher Schritt wird angenommen, daß die Finanzmarktteilnehmer ihre Erwartungshaltung für die Kassazinsdifferenz für den Fall des Nichtzustandekommens der Währungsunion an der historischen Kassazinsdifferenz vergangener Perioden ausrichten. Prinzipiell wird in dieser Arbeit ein Zweijahresdurchschnitt auf Tagesdatenbasis unterstellt. Da die Betrachtungsperiode am 3. Januar 1994 beginnt, errechnet sich die Schätzgröße '$_{t}S(_{1.1.99}SD^{DM,ECU,m}\backslash_{1.1.99}KEWU^{DM,ECU})$' für den 3. Januar 1994 aus dem Durchschnitt der Kassazinsdifferenzen der Jahre 1992 und 1993. Für den 3. Januar 1994 beträgt dieser Wert 0,82 Prozentpunkte.

Graphik 2.2.2.1.2 G1

Um die Zeitspanne der Durchschnittswertbildung auch im Zeitablauf konstant zu halten, wird ein gleitender Zweijahresdurchschnitt verwendet, d. h. wir erhalten im Ergebnis eine im Zeitablauf variable Schätzgröße. Nach diesem Berechnungsverfahren weist die Schätzgröße z. B. am 11. September 1997 einen Wert von 0,38 Prozentpunkten auf. Nun steht man aber vor dem Problem, daß die „technische" Zinskonvergenz die aus Sicht der makroökonomischen Fundamentalvariablen gerechtfertigte Wechselkursrisikoprämie überlagert (vgl.: Abschnitt 1.3). Zudem ist aus den Umfrageergebnissen (vgl.: Abschnitt 2.1) bekannt, daß die Erwartungshaltung hinsichtlich des termingerechten Starts der Währungsunion zu diesem Zeitpunkt relativ hoch ist. Es ist daher anzunehmen, daß ein gleitender Zweijahresdurchschnitt die Schätzgröße aufgrund der technischen Zinskonvergenz zu gering ausweisen wird.

Um diese Problembereiche zu berücksichtigen, sollen die aktuelleren realisierten Kassazinsdifferenzen ein geringeres Gewicht in der Durchschnittswertbetrachtung erhalten. Damit soll der Einfluß der technischen Zinskonvergenz auf die Schätzgröße verringert werden. Mathematisch wird dieses Vorhaben über einen kumulativ gleitenden Durchschnitt realisiert. Dabei wird der Durchschnitt über eine stetig wachsende Betrachtungsperiode gebildet, dessen Anfangsdatum (3. Januar 1992) fixiert bleibt und dessen Enddatum (aktuelles Datum) variiert. Der Schätzwert für den 3. Januar 1994 behält nach diesem Verfahren den Wert von 0,82 Prozentpunkten. Für den 11. September 1997 wird der Durchschnitt über die Zinsdifferenzen der Periode 3. Januar 1992 bis 11. September 1997 ermittelt. Mit einem Wert von 0,81 Prozentpunkten liegt er 43 Basispunkte höher als der über den gleitenden Durchschnitt ermittelte Wert. Die errechneten Wahrscheinlichkeitswerte werden damit im Vergleich für den 11. September 1997 höher ausgewiesen.

Den Kerngedanken für die Wahl eines kumulativ gleitenden Durchschnitts bildet die Annahme, daß die Finanzmarktteilnehmer eine Art „Marktgedächtnis" besitzen. Dieses „Marktgedächtnis" soll im Berechnungsansatz durch die im geringen Ausmaß nicht währungsunionbeeinflußte durchschnittliche Kassazinsdifferenz der Periode 1992 und 1993 (Basiszeitraum) abgebildet werden. Die fundamental gerechtfertigte Zinskonvergenz wird durch die, dem Basiszeitraum hinzugefügten, aktuellen Kassazinsdifferenzen erfaßt. Hier wird jedoch angenommen, daß die fundamental gerechtfertigte Zinskonvergenz die „erfahrungsbestimmte Erwartungshaltung" (Marktgedächtnis) nur langsam verändern wird. Dementsprechend wird den aktuellen Kassazinsdifferenzen durch eine kumulative Durchschnittswertbildung ein geringeres Gewicht eingeräumt, als sie in einer gleitenden Durchschnittswertbildung erhalten hätten. Wie bereits erwähnt, ist desweiteren zu berücksichtigen, daß die technische Zinskonvergenz mit zunehmender Nähe zum Übergangstermin zur dominierenden Größe der aktuellen Kassazinsdifferenz wird.

Dieser Effekt wird in der kumulativen Durchschnittswertbildung dahingehend aufgefangen, daß die zu einem späteren Zeitpunkt der Durchschnittsbildung hinzugefügten Kassazinsdifferenzen, die im wesentlichen der technischen Zinskonvergenz unterliegen, aufgrund der größeren Basis in der Durchschnittswertbetrachtung, ein geringeres Gewicht erhalten als vorherige Kassazinsdifferenzen. (Der Verlauf der Schätzgröße ist in Graphik 2.2.2.1.2 G2 abgebildet).

Graphik 2.2.2.1.2 G2

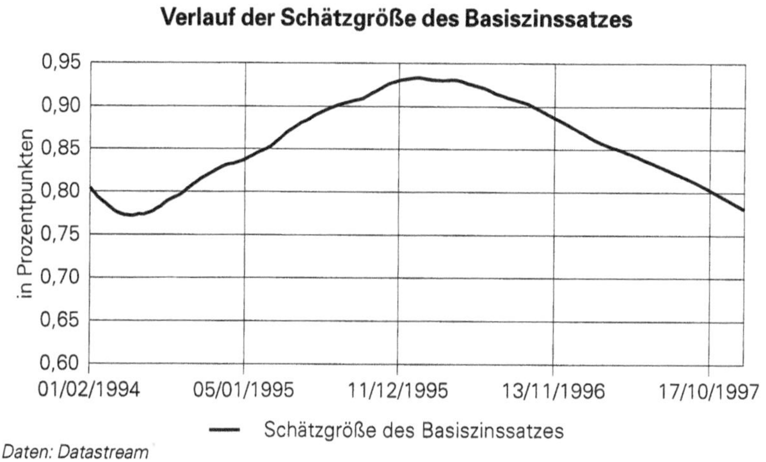

Daten: Datastream
Eigene Darstellung und Berechnung

Aus der Graphik 2.2.2.1.2 G2 ist erkennbar, daß die Schätzgröße des Basiszinssatzes nach der dargestellten Berechnungsmethode nur eine geringe Schwankungsbreite und den typischen geglätteten Verlauf einer gleitenden Durchschnittswertbildung aufweist.

Mit den Ergebnissen des Abschnittes 2.2.2.1.1 kann der Verlauf der Terminzinsdifferenz im tatsächlichen Korridor dargestellt werden (vgl.: Graphik 2.2.2.1.2. G3). Die Schätzgröße für den Basiszinssatz bildet den oberen und die Nullinie den unteren kritischen Zins ab. Wie in Abschnitt 2.2.2 bereits erläutert, wird für den Bereich positiver Terminzinsdifferenzen '$_{1.1.99}SD^{DM,ECU,F,m}$', die größer sind als der Schätzwert '$_{t}S(_{1.1.99}SD^{DM,ECU,m}\backslash_{1.1.99}KEWU^{DM,ECU})$', die Terminzinsdifferenz auf den

Schätzwert korrigiert. Diese Maßnahme ist erforderlich, weil wir ansonsten Wahrscheinlichkeitswerte erhielten, die kleiner als null sind. Aus der Graphik 2.2.2.1.2 G3 wird aber ersichtlich, daß der obere kritische Wert nur für einen ganz kurzen Bereich im März des Jahres 1995 überschritten wird.

Graphik 2.2.2.1.2 G3

Bewegung der Terminzinsdifferenz im Korridor

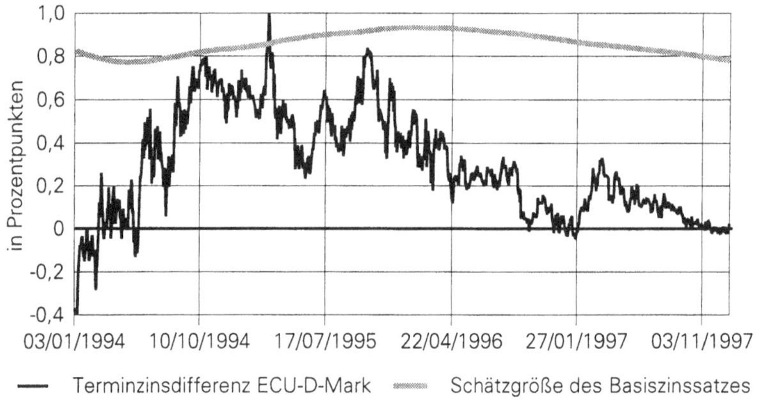

Daten: Datastream
Eigene Darstellung und Berechnung

Zusätzlich wird aus der Graphik 2.2.2.1.2 G3 eine wesentliche Eigenschaft der Schätzgröße des Basiszinssatzes ersichtlich. Da die Schätzgröße über die Durchschnittsbildung träger verläuft als die Terminzinsdifferenz, führen deutliche Bewegungen in der Terminzinsdifferenz zu einer deutlichen Reaktion im Wahrscheinlichkeitswert. Bleibt die Terminzinsdifferenz aufgrund ausbleibender Neuigkeiten relativ konstant, dann vollzieht die Schätzgröße des Basiswertes diese Bewegung mit einer deutlichen Zeitverzögerung nach. Wird z. B. angenommen, daß die Terminzinsdifferenz aufgrund einer Währungsunion-Euphorie sehr schnell gegen den unteren kritischen Wert strebt, die Schätzgröße des Basiszinssatzes aufgrund der kumulativen Durchschnittsbildung aber noch relativ konstant bleibt, dann werden auch die rechnerisch ermittelten Wahrscheinlichkeitswerte im Verhältnis gesehen deutlicher steigen. Der nachrückende Basiszinssatz wird die Wahrscheinlichkeitswerte (bei konstanter Terminzinsdifferenz) „unter Druck setzen".

Diese Eigenschaft des Basiszinssatzes soll die häufig zu beobachtende Reaktion nachbilden, daß die Finanzmärkte z. B. zunächst sehr euphorisch auf nicht erwartete Informationen reagieren, in ihrer nachhaltigen Beurteilung aber wieder kritischer werden.

2.2.2.1.3 Die Wahrscheinlichkeitswerte

Anhand der in den vorherigen Abschnitten ermittelten Ergebnisse für die Terminzinsdifferenz '${}_{1.1.99}SD^{DM,ECU,F,m}$' und den Schätzwert des Basiszinssatzes '${}_{t}S({}_{1.1.99}SD^{DM,ECU,m} \backslash {}_{1.1.99}KEWU^{DM,ECU})$' ermittelt die Commerzbank nach dem grundlegenden Berechnungsansatz von de Grauwe (Mai 1996) ihren allgemeinen Währungsunion-Wahrscheinlichkeitsindikator. Dieses aus Finanzmarktdaten errechnete Zuversichtsmaß beziffert per definitionem die durchschnittliche Erwartungshaltung der Finanzmarktteilnehmer hinsichtlich des termingerechten Starts der Währungsunion zum 1. Januar 1999. Wie schon erläutert, gibt es keine Auskunft über die Zusammensetzung der Währungsunion.

Graphik 2.2.2.1.3 G1

Die Wahrscheinlichkeitswerte des allgemeinen Währungsunion-Wahrscheinlichkeitsindikators der Commerzbank

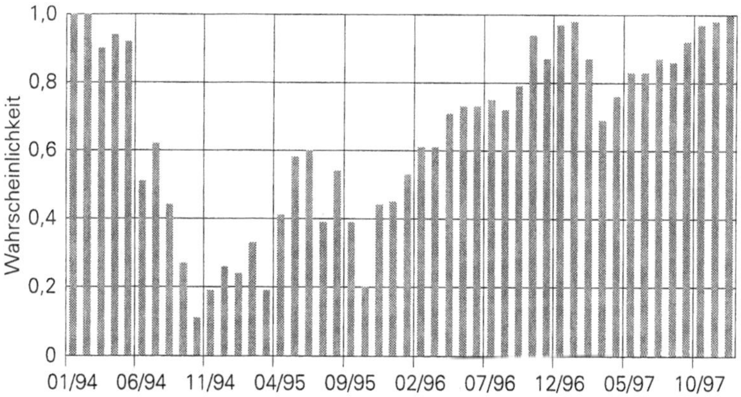

Eigene Darstellung und Berechnung

In Graphik 2.2.2.1.3 G1 sind die Ergebnisse der Berechnungen der Commerzbank auf Monatsbasis (ungewichteter Durchschnitt der Tagesdaten) abgetragen.

Auf den ersten Blick bestätigt das Resultat das Ergebnis auf Umfragebasis (vgl.: Abschnitt 2.1) und das Ergebnis des EWU-Zuversichtsindikators auf Basis der Wertabweichungen der ECU (vgl. Abschnitt 2.2.1.4), nach dem der Terminplan der Maastrichter Verträge nicht als unabwendbarer Automatismus angesehen wird.

Verglichen mit den Ergebnissen des Zuversichtsindikators auf Basis der Wertabweichungen der ECU unterliegt die Erwartungshaltung der Marktteilnehmer hinsichtlich eines termingerechten Starts der Währungsunion drei wesentlichen Entwicklungsphasen (vgl.: Graphik 2.2.2.1.3 G2). Danach ist zunächst die Zuversicht in einen termingerechten Start nach dem Inkrafttreten der Maastrichter Verträge im November 1993 gefallen. Der Wendepunkt der Erwartungshaltung fällt ins Vorfeld bzw. in die Aufbereitungszeit der Ergebnisse des Madrider Gipfels der Staats- und Regierungschefs der Europäischen Union im Dezember 1995. Auf diesem Gipfel hat der Europäische Rat den Beginn der Währungsunion zum 1. Januar 1999 bekräftigt und eine Verordnung angekündigt, die den rechtlichen Rahmen für die Verwendung des Euro bilden soll (vgl.: Abschnitt 2.2.1.3). Den vorläufigen Höhepunkt erreichte die zunehmende Zuversicht um den Zeitpunkt des Dubliner Gipfels der Staats- und Regierungschefs im Dezember 1996. Seitdem verharrt die Zuversicht auf relativ hohem Niveau und erreicht abermals im Dezember 1997 ihren Maximalwert.

Graphik 2.2.2.1.3 G2

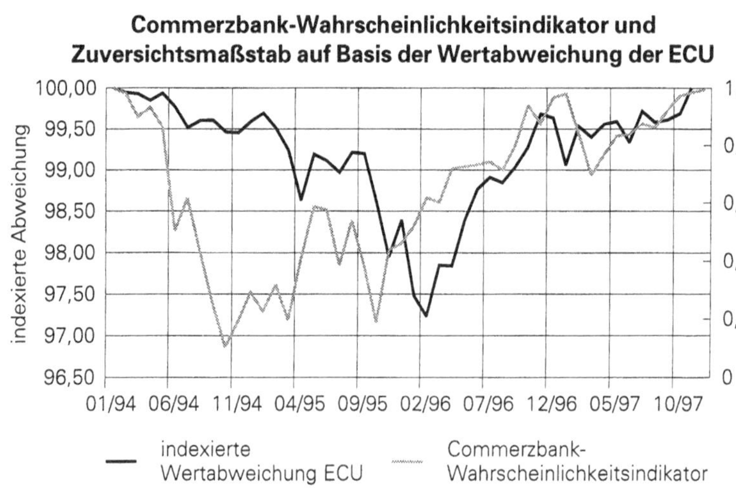

Eigene Darstellung und Berechnung

Verglichen mit den monatlichen Umfrageergebnissen des Handelsblatt-Indikators weisen die Ergebnisse des Währungsunion-Wahrscheinlichkeitsindikators der Commerzbank zwar ein zu hohes Niveau aus, im Verlauf bzw. im Vergleich der Hoch- und Tiefpunkte wird die Zuversicht in einen termingerechten Start (gemessen an den Umfrageergebnissen des Handelsblattes) hingegen relativ gut abgebildet. Die Gegenüberstellung auf Monatsbasis ist in Graphik 2.2.2.1.3 G3 abgebildet. Die Umfrageergebnisse des Handelsblatt-Indikators stehen erst ab August 1996 zur Verfügung (vgl.: Abschnitt 2.1.1).

Graphik 2.2.2.1.3 G3

Commerzbank-Wahrscheinlichkeitsindikator und Umfrageergebnis des Handelsblatt-Indikators

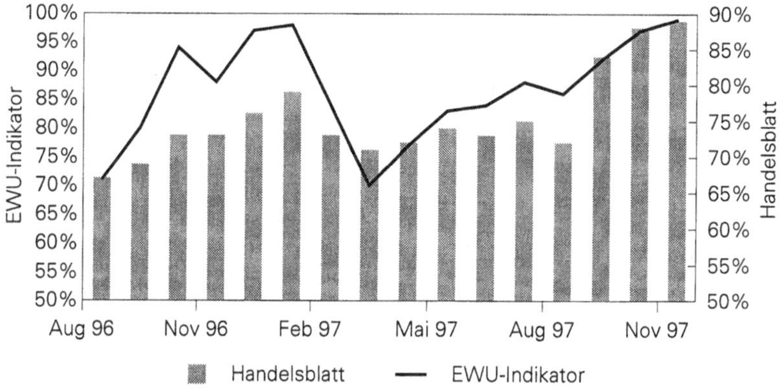

Handelsblatt-Indikator vgl.: Abschnitt 2.1.1
Eigene Darstellung und Berechnung

Gehen wir zunächst davon aus, daß der Handelsblatt-Indikator die Wahrscheinlichkeit eines termingerechten Starts der Währungsunion wahrheitsgemäß abbildet, dann könnte die Niveaufehlschätzung des Commerzbank-Indikators auf eine unzureichende Wahl der Schätzgröße des Basiszinssatzes '$_tS(_{1.1.99}SD^{DM,ECU,m} \backslash _{1.1.99}KEWU^{DM,ECU})$' und/oder auf die unzureichende Laufzeitenauswahl zur Berechnung der Terminzinsdifferenz '$_{1.1.99}SD^{DM,ECU,F,m}$' zurückgeführt werden. Im ersten Fall hätte der Commerzbank-Ansatz die Schätzgröße des Basiszinssatzes zu groß ausgewiesen. Der zweite Gesichtspunkt berücksichtigt die systematische Überschätzung der Wahrscheinlichkeitswerte bei einer Laufzeitenauswahl in der Terminzinsdifferenzberechnung, die über die Stichtagsbetrachtung hinausgeht. In Abschnitt 2.2.2 wird schon darauf hingewiesen, daß je länger die Laufzeit der Anleihe der betrachteten Terminzinsdifferenzen ist, desto höher ist entsprechend die systematische Überschätzung der Eintrittswahrscheinlichkeit zum 1. Januar 1999. Da die Commerzbank Terminzinsdifferenzen fünfjähriger Anleihen betrachtet, berechnet sie entsprechend der berechtigten Kritik nicht die Eintrittswahrscheinlichkeit einer Währungsunion zum 1. Januar 1999, sondern die Eintrittswahrscheinlichkeit einer Währungsunion im Zeitintervall 1. Januar 1999 bis zum 1. Januar 2004. Um diese Problematik zu umgehen, hätten die Terminzinsdifferenzen auf Grundlage sogenannter „instantaneous forward rates" (vgl.: Favero et al. [Juli 1997]) berechnet werden müssen. In dieser Berechnungsmethodik wird die Laufzeit der Anleihe auf einen Tag reduziert.

In der praktischen Umsetzung bilden sich hier jedoch zwei Problemgruppen.

- Zum einen muß zunächst über ein komplexeres Verfahren eine stetige Nullkupon-Strukturkurve ermittelt werden, die über die dargestellte einfach gehaltene Berechnungsmethodik (vgl.: Exkurs 2.2.2.1.1 E1) hinausgeht. Als funktionale allgemeine Form bietet sich hier der Ansatz von Svenson (September 1994) an, der einen Ansatz von Nelson und Siegel (1987) erweitert (vgl.: Schich [Oktober 1996] S. 11-13) und auch in der Berechnung der „instantaneous forward rates" von Favero et al. (Juli 1997) verwendet wird.

- In einem zweiten Schritt müssen die Terminzinssätze für einen infinitesimal kleinen Anlagehorizont berechnet werden, den Favero et al. als „over-night forward rate" operationalisieren (vgl.: Favero et al. [Juli 1997] S. 22). Neben diesen Schwierigkeiten in der Berechnung der Terminzinsdifferenzen stellt sich die Aufgabe, die „instantaneous forward rates" in Relation zu einem laufzeitentsprechenden Kassazinsdifferenz für den Fall des Nichtzustandekommens der Währungsunion zu setzen. Im Ansatz der Commerzbank würde das bedeuten, daß die Schätzgröße des Basiszinssatzes anhand der „over-night"-Zinssatzdifferenzen zwischen der ECU und der D-Mark gewonnen werden müßte.

Es ist jedoch zu beachten, daß es zu einer systematischen Überschätzung der Wahrscheinlichkeitswerte durch eine falsche Laufzeitenauswahl in der Terminzinsberechnung nur kommt, wenn eine Verschiebung des Starts der Währungsunion überhaupt als zulässige und mögliche Option erwartet wird. Verbinden die Finanzmarktteilnehmer mit der Aufgabe des termingerechten Starts der Währungsunion die Aufgabe des Projektes als ganzes, so ist die Laufzeitenauswahl in der Terminzinsberechnung irrelevant.

Um einen Eindruck über mögliche Verschiebungserwartungen zu erhalten, die dann zu einer systematischen Verzerrung der Wahrscheinlichkeitswerte in der ursprünglichen Berechnungsmethodik der Commerzbank führen würden, werden die Ergebnisse des allgemeinen Währungsunion-Wahrscheinlichkeitsindikators auf Basis einer fünfjährigen Anleihe mit einer alternativen Berechnungsmethodik auf Basis einer einjährigen Anleihe verglichen. (Aus Gründen der einfacheren Berechnungsmethodik wird eine einjährige Laufzeitenauswahl getroffen und keine „instantaneous forward rates" berechnet). Entsprechend den obigen Ausführungen ermittelt die alternative Berechnungsmethodik den wahrscheinlichen Eintritt der Währungsunion im Zeitintervall 1. Januar 1999 bis zum 1. Januar 2000. Abgesehen von Verzerrungen, die durch die unterschiedlichen Basiszinssätze hervorgerufen werden können, gibt die Differenz der Wahrscheinlichkeitswerte Auskunft über Verschiebungserwartungen für das Zeitintervall 2000 bis 2004.

Graphik 2.2.2.1.3 G4

Allgemeine Währungsunion-Wahrscheinlichkeit der Commerzbank auf Basis fünfjähriger Anleihen und einjähriger Anleihen

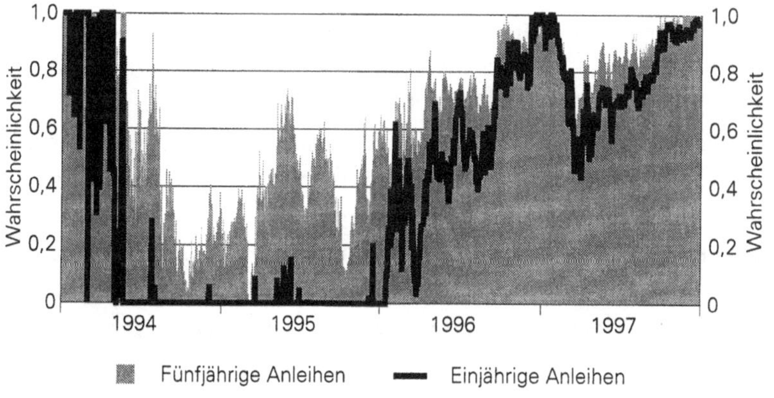

Eigene Berechnungen und Darstellung

Die Ergebnisse der beiden Berechnungsansätze sind in Graphik 2.2.2.1.3 G4 auf Tagesdatenbasis abgetragen. Es ist auffällig, daß die Wahrscheinlichkeitswerte auf Basis einjähriger Anleihen zu Beginn des Jahres 1994 relativ starken Schwankungen unterliegen. Dies ist darauf zurückzuführen, daß in der Berechnungsmethodik der Commerzbank der Schätzwert des Basiszinssatzes in diesem Zeitintervall mit Werten um die 24 Basispunkte gering ausfällt. Wie schon erläutert, führen Tagesschwankungen in der Terminzinsdifferenz damit zu erheblich größeren Schwankungen bei den Wahrscheinlichkeitswerten. Desweiteren ist zu beachten, daß der Schätzwert des Basiszinssatzes für einjährige Anleihen mit einem Schwankungsintervall von 22 bis 91 Basispunkten erheblich größer ausfällt, als für fünfjährige Anleihen (vgl.: Abschnitt 2.2.2.1.2). Es ist damit nicht auszuschließen, daß ein Niveauvergleich der Wahrscheinlichkeitswerte erheblich durch den Einfluß des Schätzwertes des Basiszinssatzes verzerrt wird.

Dennoch gibt die Differenz der Wahrscheinlichkeitswerte einen ersten Eindruck über das mögliche Ausmaß einer Verschiebungsdiskussion. Die Wahrscheinlichkeitswerte auf Basis einjähriger Anleihen sind über den gesamten Betrachtungszeitraum kleiner bzw. gleich den Wahrscheinlichkeitswerten auf Basis fünfjähriger Anleihen. Das Ergebnis legt nahe, daß die Eintrittswahrscheinlichkeit einer Währungsunion zum 1. Januar 1999 durch die Berechnungsmethodik der Commerzbank tatsächlich überschätzt wird. Der Schätzfehler weist gegen Ende der Betrachtungsperiode nur einen geringen Wert auf.

Dieser Eindruck bestätigt sich, wenn der Commerzbank-Indikator den Umfrageergebnissen von MMS International gegenübergestellt wird (vgl.: Graphik 2.2.2.1.3 G5). Der „EMU Sentiment Indicator" von MMS International basiert auf wöchentlichen Erhebungsdaten. Er wurde zum ersten Mal zum 8. November 1996 erhoben und basiert im Unterschied zum Handelsblatt-Indikator auf einer weitaus größeren Umfrageteilnehmerzahl (vgl.: Abschnitt 2.1.2). Gemessen an den Umfrageergebnissen von MMS International gibt der Währungsunion-Indikator der Commerzbank nicht nur eine gute Verlaufsschätzung, sondern auch eine gute Niveauschätzung wieder. Der Commerzbank-Indikator erweist sich unter der Berücksichtigung sämtlicher angeführter Kritikpunkte durchaus als ein geeignetes Maß zur Abbildung der Erwartungshaltung hinsichtlich des termingerechten Starts der Währungsunion.

Graphik 2.2.2.1.3 G5

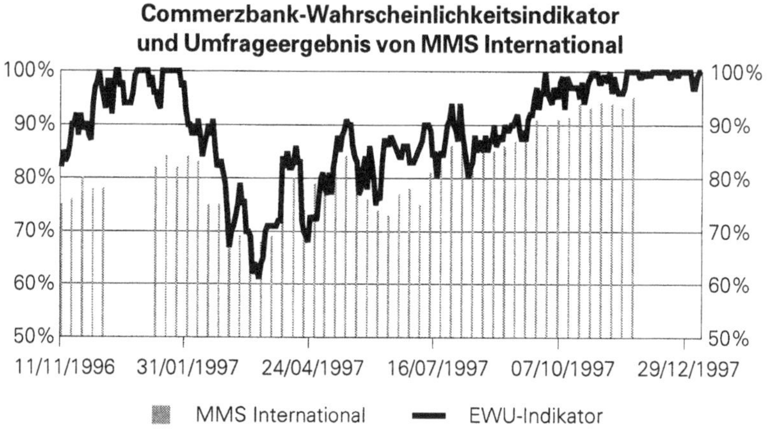

Eigene Berechnungen und Darstellung
Daten von MMS International vgl.: Abschnitt 2.1.2
Zur Jahreswende 1996 erfolgten keine Umfragen und gegen Ende 1997 wurde die Umfrage umgestellt

Schon Weidmann (Juli 1996) weist in der Interpretation der Wahrscheinlichkeitswerte darauf hin, daß die wesentlichen Bewegungen des errechneten Zuversichtsmaß in einem konsistenten Verhältnis zu wesentlichen politischen Ereignissen stehen (vgl.: Weidmann [Juli 1996] S. 8). Diese Beobachtung bestätigt sich, wenn dem allgemeinen Währungsunion-Zuversichtsindikator auf Tages- und Monatsbasis konkrete historische Ereignisse zugeordnet werden (vgl.: Graphik 2.2.2.1.3 G6 Darstellung 1 und 2).

Betrachtet man den Verlauf des Zuversichtsmaß auf Monatsbasis, so läßt sich grob zusammenfassen, daß die Erwartungshaltung des europäischen Integrationsprozesses von drei Einflußfaktoren bestimmt wird. So wurde die Erwartungshaltung hinsichtlich eines termingerechten Übergangs stets negativ durch den Umstand beeinflußt, daß zunächst die Mehrzahl der Mitgliedstaaten die finanzpolitischen Konvergenzkriterien in ihrer „engen" Interpretation nicht erfüllen werden. Dementsprechend liegen die Tiefpunkte des Zuversichtsmaßstabs jeweils im Monat Oktober, in denen traditionell die Haushaltsdebatten der Mitgliedstaaten anstehen. Dagegen führen die regelmäßigen Treffen auf Minister- sowie Staats- und Regierungsebene in den Jahren 1994 und 1995 zumindest kurzfristig und ab 1996 nachhaltig zu einer stärkeren Zuversicht in den Terminplan des Europäischen Inte-

Graphik 2.2.2.1.3 G6

Die Wahrscheinlichkeit einer EWU mit Eintrittsdatum 1. Januar 1999 und historische Ereignisse

Darstellung 1: Monatsdaten

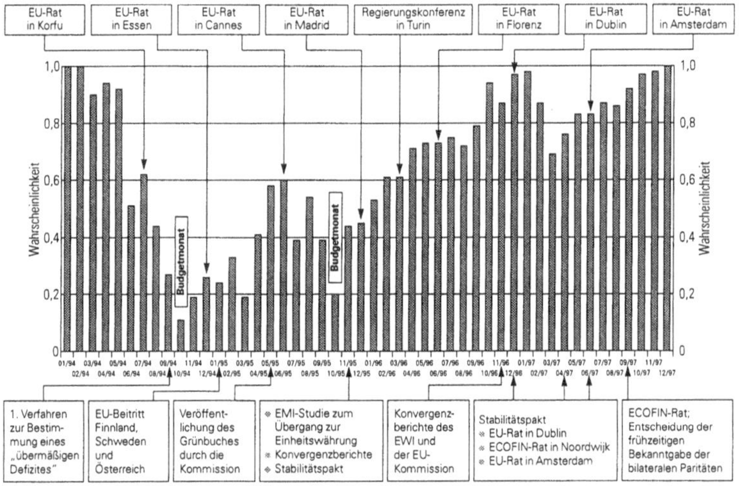

Darstellung 2: Tagesdaten

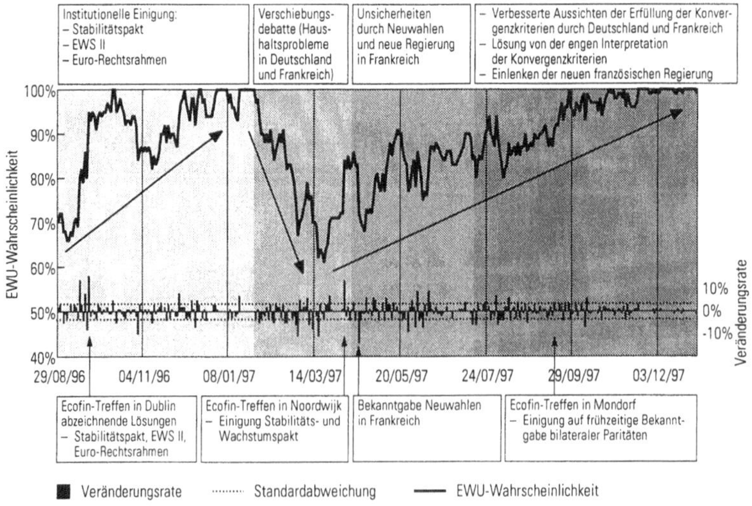

Eigene Darstellung und Berechnung

grationsprozesses. Dieses politische Moment wirkte sich umso nachhaltiger auf die Erwartungshaltung aus, je mehr der politische Wille von konkreten Erfolgen des Einigungsprozesses auf institutioneller Ebene, wie z. B. dem Stabilitätspakt und der Konkretisierung der rechtlichen Grundlagen des Übergangs zum gemeinsamen Währungsraum, begleitet wurde. (Auf eine genaue Zuordnung politischer und ökonomischer Ereignisse soll in dieser Arbeit verzichtet und auf die bereits angeführte wöchentliche Kommentierung in der Mittwochs-Ausgabe der Börsen-Zeitung [ab 30. Januar 1997] und der Broschüre „Euro-Rentenmarkt Countdown" [ab Januar 1997] verwiesen werden).

2.2.2.2 Die länderspezifische Wahrscheinlichkeit

Wie im vorherigen Abschnitt ausgeführt, beziffert das aus Finanzmarktdaten errechnete Zuversichtsmaß der allgemeinen Währungsunion-Wahrscheinlichkeit die durchschnittliche Erwartungshaltung der Finanzmarktteilnehmer hinsichtlich des termingerechten Starts der Währungsunion zum 1. Januar 1999. Dieses Zuversichtsmaß gibt keine Auskunft über die mögliche Zusammensetzung der Währungsunion. Die länderspezifischen Wahrscheinlichkeitsindikatoren folgen einer ähnlichen Berechnungsmethode. Sie sollen die durchschnittliche Erwartungshaltung der Finanzmarktteilnehmer hinsichtlich der erwarteten Teilnahme eines speziell betrachteten Landes zum möglichen Starttermin der Währungsunion wiedergeben.

In seinem Grundlagenartikel „Forward interest rates as predictors of Emu" stellt de Grauwe (Mai 1996) neben der dargestellten Berechnungsmethodik eines finanzmarktgestützten allgemeinen Währungsunion-Wahrscheinlichkeitsindikators auch einen Ansatz zur Berechnung länderspezifischer Wahrscheinlichkeitsindikatoren vor. Grundsätzlich folgt die Methodik der Systematik des allgemeinen Währungsunion-Wahrscheinlichkeitsindikators. Nur wird nun nicht die ECU, die vertragsbedingt in dem gemeinsamen Währungsraum übergehen wird, sondern die D-Mark als Referenzwährung betrachtet. Hintergrund ist wieder die Annahme, daß die Europäische Union ohne Deutschland nicht zu einem gemeinsamen Währungsgebiet übergehen wird.

Über die Annahme, daß die D-Mark auf jeden Fall dem gemeinsamen Währungsgebiet angehören wird, wird anhand der Terminzinsdifferenz zwischen der betrachteten Währung und der D-Mark indirekt auf die Erwartungshaltung hinsichtlich der Teilnahme der betrachteten Währung am gemeinsamen Währungsraum zum Zeitpunkt 't+f' geschlossen. Hier ist zu beachten, daß die länderspezifische Wahrscheinlichkeit nach dieser Berechnungsmethodik nur einen eingeschränkten Informationswert aufweist, wie schon einleitend in Abschnitt 2.2.2 erläutert wurde . So kann aus dem Ergebnis nicht ohne weiteres geschlossen werden, ob die Marktteilnehmer überhaupt eine Währungsunion zum Zeitpunkt 't+f' erwarten. Weist die länderspezifische Wahrscheinlichkeit z. B. einen Wert von kleiner eins auf, so kann dieses Ergebnis zum einen die Information beinhalten, daß

- die Marktteilnehmer eine Währungsunion zum Zeitpunkt 't+f' erwarten und das betrachtete Land nicht zu den erwarteten Teilnehmerstaaten zählen,
- die Marktteilnehmer das betrachtete Land zwar zu den Teilnehmerstaaten zählen würden, die Währungsunion zum Zeitpunkt 't+f' nur noch nicht erwartet wird oder
- das Land nicht zu den erwarteten Teilnehmerstaaten gezählt wird und auch die Währungsunion zu diesem Zeitpunkt noch nicht erwartet wird.

Ohne zusätzliche Information können die komplementären Ereignisse, d. h. die Frage nach der Teilnahme des betrachteten Landes an einer Währungsunion und die Frage nach der Existenz der Währungsunion zum Betrachtungszeitpunkt, nicht isoliert betrachtet werden.

Von weitaus schwerwiegenderer Tragweite ist hingegen das Problem, daß die Resultate der länderspezifischen Wahrscheinlichkeitsindikatoren, die dem Berechnungsansatz von de Grauwe folgen, vor dem Hintergrund der Ergebnisse des allgemeinen Währungsunion-Wahrscheinlichkeitsindikators und den Umfrageergebnissen zur Eintrittswahrscheinlichkeit einer Währungsunion nicht gehalten werden können. So weisen die länderspezifischen Erwartungsindikatoren, die dem Berechnungsansatz von de Grauwe folgen, für die Kernwährungsländer Wahrscheinlichkeitswerte von eins auf. Würden die Marktteilnehmer aber tatsächlich zu einhundert Prozent erwarten, daß die genannten Länder zum Zeitpunkt 't+f' sich in einer Währungsunion befinden werden, dann muß hieraus geschlossen werden, daß die Finanzmarktteilnehmer zu diesem Zeitpunkt eine Währungsunion erwarten. Unter diesen Bedingungen müßte der allgemeine Währungsunion-Wahrscheinlichkeitsindikator einen Wert von eins annehmen. Das ist aber nicht der Fall. Zusätzlich wird eine solche Erwartungshaltung nicht durch die Umfrageergebnisse gedeckt.

In seinem Grundlagenpapier verweist schon de Grauwe (Mai 1996) auf diese Unstimmigkeit: „This leads to a puzzle. On the one hand, the market seems to be quite sure that the DM, the FF und the guilder will be in the EMU (and possibly the BF and the pound sterling). On the other hand, it does not believe (in 1996) that the Euro will be part of this monetary union" (de Grauwe (Mai 1996) 'non technical summary'). De Grauwe führt selber zwei Erklärungsmöglichkeiten an: Zum einen wäre es möglich, daß die Märkte zwar die Währungsunion zum Betrachtungszeitpunkt nicht erwarten würden, aber gleichzeitig glaubten, daß die Kernwährungsländer in eigener Initiative ihre Wechselkursverhältnisse zum Betrachtungszeitpunkt untereinander fixieren und glaubhaft verteidigen werden. Zum anderen wäre es auch denkbar, daß Unsicherheiten, die mit der rechtlichen Ausgestaltung des Übergangs vom ECU zum Euro verbunden sind, die Wahrscheinlichkeitswerte des allgemeinen Währungsunion-Wahrscheinlichkeitsindikators verzerrten.

> „Another possible interpretation is that the market is confident that some sort of monetary union will exist between the DM, the FF and the guilder. However, a lot of uncertainty still exists concerning the status of the Euro. Will it really be a currency in its own right with an irrevocably fixed exchange rate? Will the transition from the ECU to the Euro be possible without creating legal problems of enforcing contracts originally made in ECU?" (de Grauwe [Mai 1996] S. 13)

Naheliegender ist dagegen, daß die Berechnungsmethodik der länderspezifischen Wahrscheinlichkeit für diejenigen Währungen an ihre Grenzen stößt, die eine aus fundamentalen Gesichtspunkten geringe Zinsdifferenz zur D-Mark aufweisen. Wie schon mehrfach erläutert, fällt der Korridor der Berechnungsmethodik für Währungen mit einer geringen Zinsdifferenz schmal aus. Tagesschwankungen im Terminzins führen damit zum einen zu stärkeren Schwankungen im errechneten Wahrscheinlichkeitswert, und zum anderen liegen die Ausprägungen der Terminzinsdifferenz näher und häufiger am unteren kritischen Wert der Modellbetrachtung (vgl.: Abschnitt 2.2.2). Terminzinsbewegungen, die geringer sind als der untere kritische Wert, werden im Modellansatz nicht erfaßt. Zusätzlich kommt erschwerend hinzu, daß für Ausprägungen der Terminzinsdifferenz, die kleiner bzw. gleich null sind, nicht mit Sicherheit der Schluß gezogen werden kann, daß eine Währungsunion zwischen den beiden Währungen zum Betrachtungszeitpunkt 't+f' erwartet wird. Ebenso ist nicht auszuschließen, daß sich die relative Stärke der D-Mark verschlechtert hat.

Durch eine explizite Trennung der komplementären Ereignisse in der Berechnungsmethodik der länderspezifischen Wahrscheinlichkeiten, d. h. die Frage nach der Existenz der Währungsunion und die Frage nach der Teilnahme der betrachteten Währung an der Währungsunion, hat Weidmann (Juli 1996) die grundlegende Berechnungsmethodik von de Grauwe modifiziert. In seinem Discussion Paper „The likelihood of European Monetary Union" berechnet Weidmann sogenannte „bedingte Wahrscheinlichkeiten", die die Zugehörigkeitswahrscheinlichkeit der betrachteten Währung unter der Bedingung der Existenz der Währungsunion zum Zeitpunkt 't+f' bewerten.

Tabelle 2.2.2.2.0 T1

Erwartungshaltung auf Umfragebasis im September 1997

	bedingte Wahrscheinlichkeit*	**Wahrscheinlichkeit termingerechter Start*** 84	**länderspezifische Wahrscheinlichkeit**
Österreich	100		84
Belgien	100		84
Dänemark	6		5,04
Finnland	90		75,6
Frankreich	100		84
Deutschland	100		84
Griechenland	2		1,68
Irland	96		80,64
Italien	74		62,16
Luxemburg	100		84
Niederlande	100		84
Portugal	94		78,96
Spanien	92		77,28
Schweden	6		5,04
Großbritannien	2		1,68

**Angaben in Prozent nach Umfrageergebnis von Reuters <EMUPOLL37>*
Eigene Darstellung.

Das Konzept der bedingten Wahrscheinlichkeit in Abgrenzung zur länderspezifischen Wahrscheinlichkeit soll an einem einfachen Beispiel kurz verdeutlicht werden (vgl.: Tabelle 2.2.2.2.0 T1): Nach den Ergebnissen einer regelmäßigen Umfrage von Reuters beträgt im September 1997 die durchschnittliche Erwartungshaltung eines termingerechten Starts der Währungsunion unter den Umfrageteilnehmern 84 Prozent.[1] Mit einer Wahrscheinlichkeit von einhundert Prozent werden Österreich, Belgien, Frankreich, Deutschland, Luxemburg und die Niederlande zu dem Teilnehmerkreis der ersten Stunde gezählt. Die zuletzt genannte Wahrscheinlichkeit versucht Weidmann anhand seiner „bedingten" Wahrscheinlichkeit abzubilden. Wird davon ausgegangen, daß die Erwartungshaltung eines termingerechten Starts unabhängig von der Länderkonstellation ist, dann wird die (unbedingte) länderspezifische Wahrscheinlichkeit anhand der Multiplikation beider Erwartungshaltungen gewonnen. Folglich beträgt im September 1997 die länderspezifische Wahrscheinlichkeit z. B. für die Niederlande 84 Prozent. Dieser Wahrscheinlichkeitswert bewertet neben der Unsicherheit hinsichtlich des termingerechten Starts der Währungsunion auch die Ungewißheit bezüglich der Teilnahme des betrachteten Landes.

Es ist daher naheliegend, den Ansatz von Weidmann anhand eines geeigneten Schätzers für die allgemeine Währungsunion-Wahrscheinlichkeit zu erweitern. Dieser Schritt wird vom Autor vollzogen. Im Ergebnis wird die bedingte Wahrscheinlichkeit des Weidmann-Ansatzes zur länderspezifischen Wahrscheinlichkeit überführt. In dieser Berechnungsmethodik werden die Ausprägungen der länderspezifischen Wahrscheinlichkeitsindikatoren durch die Höhe des allgemeinen Wahrscheinlichkeitsindikators begrenzt. Die Unstimmigkeit zwischen den Ergebnissen der länderspezifischen Wahrscheinlichkeitsindikatoren und denen der allgemeinen Währungsunion-Wahrscheinlichkeit wird aufgehoben. Im Ergebnis ist jedoch auch dieser Ansatz der Kritik ausgesetzt, daß die Berechnungsmethodik für diejenigen Währungen, die aus fundamentaler Sicht gesehen eine geringe Zinsdifferenz zur Referenzwährung aufweisen, wenig geeignet ist. Nur wird die Problematik in diesem Ansatz auf die Berechnung der bedingten Wahrscheinlichkeiten verlagert.

[1] *Die Umfrageergebnisse von Reuters können unter dem Kürzel <EMUPOLL37> bei Reuters abgerufen werden. Im September 1997 nahmen 50 Analysten an der Befragung teil.*

In den folgenden Abschnitten werden die einzelnen Ansätze zur Berechnung einer länderspezifischen Wahrscheinlichkeit dargestellt und gegenseitig abgegrenzt. Dabei befaßt sich Abschnitt 2.2.2.2.1 mit denjenigen Berechnungsverfahren, die sich auf den einfachen Ansatz von de Grauwe beziehen (z. B.: Credito Italiano, J. P. Morgan und Favero et al.). Basierend auf der Kritik des de Grauwe-Ansatzes durch Weidmann und der Erweiterung der Weidmann-Kritik durch den Autor wird in Abschnitt 2.2.2.2.2 eine alternative Methode zur Berechnung der länderspezifischen Wahrscheinlichkeit erörtert. Die beiden unterschiedlichen Ansätze zur Ermittlung einer länderspezifischen Wahrscheinlichkeit werden abschließend in Abschnitt 2.2.2.2.3 gegeneinander abgegrenzt. Mit Hilfe der erstmaligen Überführung sämtlicher Wahrscheinlichkeitsindikatoren in einen formalen Berechnungsansatz (vgl.: Anhang) wird gezeigt, daß die alternative Berechnungsmethode im Ansatz von Weidmann und die Erweiterung des Autors dem einfachen Ansatz von de Grauwe überlegen ist.

2.2.2.2.1 Der einfache Ansatz nach de Grauwe

Der Ansatz von de Grauwe (Mai 1996) zur Berechnung länderspezifischer Wahrscheinlichkeitswerte basiert auf der Berechnungsmethodik der allgemeinen Währungsunion-Wahrscheinlichkeit. Nur wird nicht die ECU, sondern die D-Mark als Referenzwährung betrachtet. Hintergrund ist die Annahme, daß die Europäische Union ohne Deutschland nicht zu einem gemeinsamen Währungsgebiet übergehen wird. Die Terminzinsdifferenz zwischen der betrachteten Währung 'i' und der D-Mark (${}_{t+f}zD^{i,DM,F,m}$) ergibt sich in dieser Vorgehensweise aus der schon bekannten Beziehung (vgl.: Gleichung 2.2.2.0.0 F1):

Gleichung 2.2.2.2.1 F1

$$
{}_{t+f}zD^{i,DM,F,m} = {}_tE({}_{t+f}EWU^{i,DM}) \cdot {}_tE({}_{t+f}zD^{i,DM,m} \backslash {}_{t+f}EWU^{i,DM}) + {}_tE({}_{t+f}KEWU^{i,DM}) \cdot {}_tE({}_{t+f}zD^{i,DM,m} \backslash {}_{t+f}KEWU^{i,DM})
$$

Diese Relation läßt sich, unter der Annahme, daß die erwartete Kassazinsdifferenz für den Fall des Zustandekommes der Währungsunion (${}_tE_{t+f}zD^{i,DM,m} \backslash {}_{t+f}EWU^{i,DM}$) null beträgt, umformen zu:

Gleichung 2.2.2.2.1 F2

$$_{t}E(_{t+f}EWU^{i,DM}) = 1 - \frac{_{t+f}zD^{i,DM,F,m}}{_{t}E(_{t+f}zD^{i,DM,m}\backslash_{t+f}KEWU^{i,DM})}$$

Die durchschnittliche Erwartungshaltung der Finanzmärkte, daß die Währung 'i' mit der D-Mark zum Zeitpunkt 't+f' eine Währungsunion bildet ($_{t}E(_{t+f}EWU^{i,DM})$), ergibt sich aus dem Verhältnis der aktuellen Terminzinsdifferenz ($_{t+f}zD^{i,DM,F,m}$) zur erwarteten Kassazinsdifferenz für den Fall des Nichtzustandekommens einer Währungsunion zwischen der betrachteten Währung und der D-Mark ($_{t}E(_{t+f}zD^{i,DM,m}\backslash_{t+f}KEWU^{i,DM})$). Über die Annahme, daß die D-Mark auf jeden Fall dem gemeinsamen Währungsgebiet angehören wird, soll indirekt auf die Erwartungshaltung hinsichtlich der Teilnahme der betrachteten Währung 'i'am gemeinsamen Währungsraum zum Zeitpunkt 't+f' geschlossen werden.

Auf Seiten der Finanzinstitute ist dieser Ansatz deckungsgleich von Credito Italiano umgesetzt worden (vgl.: Credito Italiano [Viertes Quartal 1996] S. 30-34). Die Ergebnisse sind zunächst im wöchentlichen Rhythmus und dann in unregelmäßigen Abständen in der italienischen Tageszeitung „Corriere della Sera" erschienen. Als Betrachtungszeitpunkte 't+f' werden der 1. Januar 1999 und der 1. Januar 2001[1)] gewählt. Wie de Grauwe wählt auch Credito Italiano einen konstanten Schätzwert ($_{t}S(_{t+f}zD^{i,DM,m}\backslash_{t+f}KEWU^{i,DM})$) für die erwartete Kassazinsdifferenz ($_{t}E(_{t+f}zD^{i,DM,m}\backslash_{t+f}KEWU^{i,DM})$), und zwar die durchschnittliche Zinsswapdifferenz der betrachteten Währungen des Jahres 1993.

> „Nevertheless, the quantification of this parameter is an exercise that is completely empirical and subjective. Despite such shortcomings, this analysis can be justified on the basis of a series of qualitative considerations. Indeed, in order to assign a quantitative value to the spread$_{nonEMU}$ a historic value could be identified with reference to a time frame in which it could be determined, with a certain degree of confidence, that the markets were not discounting the specific country's entry into EMU. (...) This assump-

---

1) Favero et al. (Juli 1997) weisen darauf hin, daß nur die Terminzinsbetrachtung auf den 1. Januar 1999 die komplementären Ereignisse, d. h. die Frage nach der Teilnahme des betrachteten Landes an einer Währungsunion und die Frage nach der Existenz der Währungsunion zum Betrachtungszeitpunkt, im Niveau richtig gemeinsam abbildet (vgl.: Favero et al. [Juli 1997] S. 7).

tion, which cannot be justified strictly on a objective basis, is to be specified on the basis of a qualitative economic argument. In order to simulate a scenario that excludes expectations about EMU, it seemed appropriate to use the average historical spreads relative to 1993 at the best approximation." (Credito Italiano [Viertes Quartal 1996] S. 32)

Auch hier folgt Credito Italiano im Ansatz der Arbeit von de Grauwe, nur mit dem Unterschied, daß dieser den Schätzwert über die durchschnittliche Zinsdifferenz des Jahres 1990 ermittelt (vgl.: de Grauwe [Mai 1996] S. 11). Eine Reihe von weiteren Finanzinstituten hat den grundlegenden Berechnungsansatz der länderspezifischen Wahrscheinlichkeitsindikatoren übernommen. U. a. können hier Banco Central Hispano (Januar 1997), Banca Commerciale Italiana (März 1997), Deutsche Morgan Grenfell (Februar 1997) und Deutsche Bank Research Milan (September 1996) angeführt werden.

Zu den Ansätzen mit der weitesten Verbreitung zählen die länderspezifischen Wahrscheinlichkeitsindikatoren von J. P. Morgan. Schon Mitte des Jahres 1995 hat J. P. Morgan auf die Möglichkeit hingewiesen, implizite Forward Rates als Währungsunion-Erwartungsbarometer zu nutzen (vgl.: J. P. Morgan [Juli 1995] S. 6). In einer systematischen Analyse präsentierten J. P. Morgan im Oktober 1996 die Ergebnisse ihrer Berechnungsmethodik (vgl.: J. P Morgan [Oktober 1996] und J. P. Morgan [Januar 1997]). U. a. werden die länderspezifischen Wahrscheinlichkeitswerte von J. P. Morgan in regelmäßigen Abständen in der Financial Times veröffentlicht.

Im Ansatz ist die grundsätzliche Berechnungsmethodik von J. P. Morgan mit der von de Grauwe identisch. Wie in den meisten Fällen unterscheidet sie sich in der Berechnung des Schätzwertes des Basiszinssatzes. Der Schätzansatz fußt auf dem Gedanken, daß Schätzmethoden auf Basis makroökonomischer Fundamentalvariablen oder einer isoliert historischen Zinsdifferenzenbetrachtung falsche Signale über die zukünftige Zinsdifferenz für den Fall des Nichtzustandekommens der Währungsunion liefern. In ihrer Auslegung sind Zinsswap-Differenzen eher das Resultat unterschiedlicher Risikoprämien (vgl.: J. P. Morgan [Oktober 1996] S. 2).

„A better clue to where spreads would be if EMU probabilities fell to zero can be found in the observation that bond swap spreads are more a reflection of different risk premia than different fundamentals. Each spread is made up of some mix of policy, currency, inflation, default and volatility risks. There is an 'international price' for these risks. This is why currencies with historically high volatility, or high inflation or high debt tend to be highly correlated with each other despite many fundamental differences." (J.P. Morgan [Oktober 1996] S. 2)

Die internationalen Risikofaktoren werden von J. P. Morgen in drei Klassen aufgegliedert: politisches Risiko, EWU-bedingtes Risiko und internationale Faktoren, die durch Risikofreudigkeit und Liquidität abgebildet werden (J. P. Morgan [Januar 1997] S. 4). Unter der Annahme, daß das länderspezifische politische Risiko relativ konstant ist, dann richtet sich der Schätzwert für die Swapzinsdifferenz für den Fall des Nichtzustandekommens der Währungsunion an den internationalen Faktoren Risikofreudigkeit und Liquidität aus. Als Maß für die internationale Risikofreudigkeit dient die durchschnittliche Zinsdifferenz zwischen Hoch- und Niedrigzinsländern und als Maß für internationale Liquidität die Steilheit der Zinsstrukturkurve sowie das Niveau der Geldmarktzinssätze (vgl.: J. P. Morgan [Januar 1997] S. 4).

Im Rahmen eines multiplen Regressionsmodells zur Schätzung des Basiszinssatzes werden die internationalen Faktoren über ausgewählte internationale Finanzmarktdaten operationalisiert und auf die Renditedifferenz zehnjähriger Anleihen der Währung 'i' zur D-Mark regressiert.[1] Um die Regressionskoeffizienten frei vom Einfluß der Währungsunion zu halten, erstreckt sich der Stützzeitraum für Frankreich, Dänemark und Belgien auf die Jahre 1988 bis 1992 und für die restlichen Staaten (Portugal, Spanien, Finnland, Irland, Schweden, Italien und Großbritannien) auf die Jahre 1988 bis 1991.[2] Die über diesen Stützzeitraum gewonnenen Regressionskoeffizienten werden für die nachfolgenden Berechnungen des Schätzwertes des Basiszinssatzes konstant gesetzt. Anhand der konstanten Regressionskoeffi-

---

[1] Es finden im Modellansatz von J. P. Morgan nur außereuropäische Größen Verwendung, da die Finanzmarktdaten für die EU-Mitgliedstaaten zumindest ab 1994 dem Einfluß der Erwartungshaltung hinsichtlich der Europäischen Währungsunion unterliegen. Die internationale Risikofreudigkeit wird anhand der Renditedifferenz zwischen australischen und japanischen sowie kanadischen und US-amerikanischen zehnjährigen Anleihen operationalisiert. Die internationale Liquidität wird u. a. anhand der Steilheit der US-amerikanischen und japanischen Zinsswapstrukturkurve und der jeweiligen Dreimonats-Geldmarktzinssätze gemessen (vgl.: J. P. Morgan [Januar 1997] S. 4).

[2] Für die zweite Gruppe der Länder wird der Regressionszeitraum verkürzt, um den Stützzeitraum frei von den Währungsturbulenzen des Jahres 1992 zu halten.

zienten und den aktuellen Ausprägungen der operationalisierten Größen wird der Schätzwert des Basiszinssatzes zu jedem Berechnungstag neu ermittelt. Die Schätzgröße ist damit im Zeitablauf variabel. Die Schätzgrößen der Basiszinssätze für ausgewählte Länder sind für einen Stichtag in Tabelle 2.2.2.2.1 T1 abgetragen (das Datum des Stichtages ist von J. P. Morgan nicht angegeben).

> „The results of this approach are surprisingly good. (...) Around 80% of the actual French-German 10yr spread can be explained by the behaviour of spreads outside Europe. The regression breaks down after 1994 when Europe treads a different path from the rest of the world – the EMU path."
> (J. P. Morgan [Oktober 1996] S. 2)[1)]

Tabelle 2.2.2.2.1 T1

Basiszinssätze und länderspezifische Wahrscheinlichkeit

	Schätzgröße des Basiszinssatzes****		Länderspezifische Wahrscheinlichkeit	
	Credito Italiano* konstant	J. P. Morgan** variabel	Credito Italiano*** im November 1996	J. P. Morgan** im Oktober 1996
Frankreich	0,44	0,81	100%	100%
Belgien	0,61	0,76	100%	100%
Italien	3,52	2,95	66%	31%
Spanien	3,59	2,54	82%	39%
Großbritannien	0,98	2,24	24%	37%

** Eigene Berechnung des Schätzwertes nach Credito Italiano (Daten: Datastream)*
*** vgl.: J. P. Morgan (Oktober 1996) S. 3*
**** vgl.: Corriere della Sera (15. März 1997)*
***** Zinsdifferenz in Prozentpunkten*

Aus Tabelle 2.2.2.2.1 T1 wird ersichtlich, daß sich die Schätzgrößen für den Basiszinssatz nach den Berechnungen von J. P. Morgan (in der Stichtagsbetrachtung) deutlich von den konstanten Schätzgrößen von Credito Italiano unterscheiden. Die Tatsache, daß der Wahrscheinlichkeitswert für einen höheren Schätzwert höher

---

1) Der Korrelationskoeffizient für Belgien ist 0,67, Dänemark 0,73, Schweden 0,61, Italien 0,76, Spanien 0,65 und Großbritannien 0,81. Nach Angaben von J. P. Morgan haben weitere statistische Tests, z. B. Test auf Stationarität des Schätzfehlers (Augmented Dickey Fuller Test) und Test auf Strukturbrüche im Schätzansatz (Chow test), den Schätzansatz gestützt (vgl.: J. P. Morgan [Januar 1997] S. 5-6).

ausfällt, dürfte, nach der Darstellung der Berechnungsmethodik, nicht mehr überraschen. In der Interpretation der länderspezifischen Wahrscheinlichkeitsindikatoren von Credito Italiano und J. P. Morgan erwarten die Finanzmärkte mit Sicherheit Frankreich und Belgien zum 1. Januar 1999 als Teilnehmerstaaten der Währungsunion, sofern die Währungsunion zu diesem Zeitpunkt existiert. In diesem Punkt stimmen die Wahrscheinlichkeitsindikatoren überein. Sowohl in relativer als auch in absoluter Betrachtung kann diese Übereinstimmung bei einem Vergleich der Wahrscheinlichkeitswerte für die anderen Staaten nicht gehalten werden.

In Kritik auf die Ansätze von Credito Italiano und J. P. Morgan berechnen Favero et al. (Juli 1997) in ihrem Aufsatz „Extracting information from asset prices: the methodology of EMU Calculators" eine länderspezifische Wahrscheinlichkeit für Italien. Ihr Ansatzpunkt der Kritik ist die Beobachtung, daß die länderspezifischen Wahrscheinlichkeitswerte der Finanzinstitute die Ergebnisse der Eintrittswahrscheinlichkeit auf Umfragebasis weit überschätzen:

> „The case of Italy is interesting because in the survey regulary conducted by Reuters, the probability that Italy joins EMU in 1999 has fluctuated, in the first months of 1997, between 0.07 and 0.15, while, during the same period, the measures of computed by financial houses – which are based on the term structure of interest rates – ranged between 0.5 and 0.8." (Favero et al. [Juli 1997] S. 1)

Die Gründe für diese Verzerrung machen Favero et al. an zwei – in Abschnitt 2.2.2 bereits dargestellten – Komponenten fest:

Zum einen führt die falsche Laufzeitenauswahl in der Terminzinsberechnung zu einer systematischen Überschätzung der länderspezifischen Wahrscheinlichkeitswerte. Credito Italiano berechnet z. B. die Terminzinsdifferenz eines dreijährigen Laufzeitsegmentes (vgl.: Credito Italiano [Viertes Quartal 1996] S. 32) und J. P. Morgan eines fünfjährigen Laufzeitsegmentes (vgl.: Favero et al. [Juli 1997] S. 18). Beide Finanzinstitute berechnen damit die durchschnittliche länderspezifische Wahrscheinlichkeit eines Zeitintervalls: Credito Italiano einen Durchschnitt zeitpunktbezogener Wahrscheinlichkeitswerte im Zeitintervall 1999 bis 2002 und J. P. Morgan in einem Zeitintervall 1999 bis 2004 (vgl.: Favero et al. [Juli 1997] S. 18).

Zum anderen kann die unzureichende Schätzung des Basiszinssatzes verantwortlich für die mögliche Verzerrung des Schätzergebnisses gezeichnet werden.

„Thus the probability computed from the EMU calculators based on m-year forward rates overestimates the true probability of being inside EMU at date T, the more so the larger is the maturity date m. If m is zero, as with instantaneous forward rates, however, and if SPOUT(T)t[1] is the correctly estimated, then the estimate of the probability is unbiased." (Favero et al. [Juli 1997] S. 19)

Favero et al. berechnen die Terminzinsdifferenz für Italien und der D-Mark auf Grundlage der in Abschnitt 2.2.2.1.3 kurz erläuterten Berechnungsmethodik der „instantaneous forward rates". Die systematische Überschätzung der Wahrscheinlichkeitswerte für Italien wird dadurch vermieden. Die Wahl der Berechnung des Schätzwertes des Basiszinssatzes steht anhand der Laufzeitverhältnismäßigkeit des Quotienten im Berechnungsansatz der länderspezifischen Wahrscheinlichkeit in einem engen Verhältnis zur Laufzeitenauswahl der Terminzinsbetrachtung. Im Ansatz von Favero et al. bedeutet das, daß die Berechnungsmethodik der Kassazinsdifferenz für den Fall des Nichtzustandekommens der Währungsunion im Laufzeitsegment der Laufzeit der „instantaneous forward rate" entsprechen muß, welche von Favero et al. als „over-night"-Zinssatzdifferenz (vgl.: Favero et al. [Juli 1997] S. 5) operationalisiert wird.

Im Ansatz von Favero et al. wird der Schätzwert des Basiszinssatzes auf Grundlage einer geldpolitischen Reaktionsfunktion in Anlehnung einer „Taylor-rule" für eine kleine offene Volkswirtschaft gewonnen. Diese bezieht sich – im Gegensatz zum Ansatz von J. P. Morgan – in sämtlichen Bestandteilen auf makroökonomische Fundamentalfaktoren.[2] [3]

---

[1] Entspricht der erwarteten Kassazinsdifferenz für den Fall des Nichtzustandekommens der Währungsunion in der Notation dieser Arbeit.

[2] Der kurzfristige italienische Zinssatz wird im Modellansatz von Favero et al. über einen auf sich selbst bezogenen „time-lag", über das gegenwärtige und zeitverzögert einfließende Niveau des deutschen kurzfristigen Zinssatzes und über drei exogene Einflußvariablen bestimmt. Als exogene Einflußvariablen fließen die Inflationsdifferenz, die Outputdifferenz und die Wachstumsdifferenz zwischen Deutschland und Italien ein (vgl.: Favero et al. [Juli 1997] S. 9).

[3] Favero et al. betonen, daß ihr ermittelter Schätzwert für den Basiszinssatz im Niveau und im Verlauf nahezu identisch mit den Ergebnissen von J. P. Morgan sei (vgl.: Favero et al [Juli 1997] S. 18). Die Unterstreichung des einheitlichen Ergebnisses ist hingegen unglücklich gewählt, da der Schätzwert des Basiszinssatzes im Ansatz von J. P. Morgan sich auf ein fünfjähriges Laufzeitsegment und von Favero et al. auf ein Laufzeitsegment im Bereich des „over-night" Zinssatzes bezieht.

„The intuition behind our specification is that of a small open-economy Taylor-rule where the central bank has an objective function which includes, along with the usual macroeconomic variables such as inflation and growth, exchange rate stability. The objective of exchange rate stability is implemented by defining the target values of the macroeconomic variables as those assumed by these variables in the reference country – Germany." (Favero et al. [Juli 1997] S. 9)

Im Ergebnis weisen Favero et al. für Italien am 10. März 1997 mit 0,24 einen deutlich geringeren länderspezifischen Wahrscheinlichkeitswert aus als Credito Italiano (0,46) und J. P. Morgan (0,57). Um ihre Ergebnisse zu stützen, beziehen sich Favero et al. auf eine regelmäßige Umfrage von Reuters, nach dessem Ergebnis die länderspezifische Wahrscheinlichkeit für Italien am 10. März 1997 lediglich 12 Prozent beträgt. Favero et al. sehen sich damit in ihrer Kritik bestätigt, daß die bisherigen Methoden zur Berechnung länderspezifischer Wahrscheinlichkeitswerte die Erwartungshaltung überschätzten: „We show that the probabilities computed by currently available 'EMU-Calculators' are upward biased because they are based on average rather than on instanteous forward rates" (Favero et al. [Juli 1997] S. 2).

2.2.2.2.2 Ein alternativer Ansatz

Zu einer wirklichen Erweiterung der Berechnungsverfahren einer länderspezifischen Wahrscheinlichkeit hat Weidmann (Juli 1996) mit seinem Discussion Paper „The Likelihood of European Monetary Union" beigetragen.[1] Dabei stehen die Ausführungen von Weidmann im Eindruck der Arbeit von de Grauwe (Mai 1996). Durch die explizite Berücksichtigung der komplementären Komponenten der Erwartungshaltung im Berechnungsansatz der länderspezifischen Wahrscheinlichkeit, d. h. die Frage nach der Existenz der Währungsunion und die Frage nach der Teilnahme der betrachteten Währung, gelingt es Weidmann erstmalig, eine bedingte Wahrscheinlichkeit zu ermitteln.

[1] *Diese Arbeit ist später im Dezember 1996 unter dem gleichen Titel im BNL Quarterly Review, Nr. 199, erschienen.*

> „Let P_l denote the probability that currency l will adopt the single currency. For the further analysis it is necessary to decompose P_l in the probability that country l belongs to the „ins" given that EMU realizes, $P(l \in core \backslash EMU)$, times the probability that EMU comes about, P (EMU):
>
> $$Pl = P(l \in core \backslash EMU)P(EMU).\text{"}$$
>
> (Weidmann [Juli 1996] S. 1)

Es ist ersichtlich, daß die bedingte Wahrscheinlichkeit, d. h. die Frage nach der Teilnahme der betrachteten Währung am gemeinsamen Währungsraum, Bestandteil der länderspezifischen Wahrscheinlichkeit ist. Zur Berechnung der bedingten Wahrscheinlichkeit wählt Weidmann nicht die D-Mark als Referenzwährung, sondern die ECU. Hier folgt er dem schon bekannten Ansatz zur Berechnung der allgemeinen Währungsunion-Wahrscheinlichkeit (vgl.: Gleichung 2.2.2.0.0 F1). Die aktuelle Terminzinsdifferenz zwischen der betrachteten Währung 'i' und der ECU (${}_{t}zD_{t+f}{}^{i,ECU,F,m}$), die sich als Ergebnis der beiden komplementären Erwartungskomponenten einstellt, ergibt sich nach der Erweiterung von Weidmann

- aus der erwartungsgewichteten Kassazinsdifferenz für den Fall des Zustandekommens der Währungsunion (differenziert nach der Erwartung einer Teilnahme bzw. einer Nichtteilnahme der Währung 'i')
- und der erwartungsgewichteten Kassazinsdifferenz für den Fall des Nichtzustandekommens der Währungsunion.

Gleichung 2.2.2.2.2 F1

$$
\begin{aligned}
&{}_{t+f}zD^{i,ECU,F,m} = \\
&{}_{t}E({}_{t+f}EWU)\cdot[{}_{t}E(i \in core \backslash {}_{t+f}EWU)\cdot{}_{t}E({}_{t+f}zD^{i,ECU,m} \backslash i \in core \wedge {}_{t+f}EWU) + (1 - {}_{t}E(i \in core \backslash {}_{t+f}EWU)\cdot{}_{t}E({}_{t+f}zD^{i,ECU,m} \backslash i \notin core \wedge {}_{t+f}EWU))] \\
&+ {}_{t}E({}_{t+f}KEWU)\cdot{}_{t}E({}_{t+f}zD^{i,ECU,m} \backslash {}_{t+f}KEWU)
\end{aligned}
$$

In der Definition und Notation dieser Arbeit bezeichnet:

${}_{t}E({}_{t+f}EWU)$:	die durchschnittliche Erwartung der Finanzmarktteilnehmer, daß die Währungsunion zum Zeitpunkt 't+f' existiert.
${}_{t}E({}_{t+f}KEWU)$:	die durchschnittliche Erwartung der Finanzmarktteilnehmer, daß die Währungsunion zum Zeitpunkt 't+f' nicht existiert.

$_tE(i \in core \backslash _{t+f}EWU)$: die durchschnittliche Erwartung der Finanzmarktteilnehmer, daß die Währung 'i' dem gemeinsamen Währungsgebiet angehören wird, sofern es zum Zeitpunkt 't+f' existiert.

$_tE(i \notin core \backslash _{t+f}EWU)$: die durchschnittliche Erwartung der Finanzmarktteilnehmer, daß die Währung 'i' nicht dem gemeinsamen Währungsgebiet angehören wird, sofern es zum Zeitpunkt 't+f' existiert.

$_tE(_{t+f}zD^{i,ECU,m} \backslash i \in core \wedge _{t+f}EWU)$: die durchschnittlich erwartete Kassazinsdifferenz der Währungen 'i' und 'ECU' mit der Laufzeit 'm' unter der Annahme, daß 'i' den Währungen des gemeinsamen Währungsgebietes angehören wird, sofern es zum Zeitpunkt 't+f' existiert.

$_tE(_{t+f}zD^{i,ECU,m} \backslash i \notin core \wedge _{t+f}EWU)$: die durchschnittlich aktuell erwartete Kassazinsdifferenz der Währungen 'i' und 'ECU' mit der Laufzeit 'm' unter der Annahme, daß 'i' nicht den Währungen des gemeinsamen Währungsgebietes angehören wird, sofern es zum Zeitpunkt 't+f' existiert.

$_tE(_{t+f}zD^{i,ECU,m} \backslash _{t+f}KEWU)$: die durchschnittlich für den Zeitpunkt 't+f' erwartete Kassazinsdifferenz der Währungen 'i' und 'ECU' mit der Laufzeit 'm' für den Fall, daß die Währungsunion zum Zeitpunkt 't+f' nicht existiert.

Unter Berücksichtigung der schon bekannten Beziehung, daß die erwartete Kassazinsdifferenz für den Fall des Zustandekommens der Währungsunion und der Teilnahme der Währung 'i' ($_tE(_{t+f}zD^{i,ECU,m} \backslash i \in core \wedge _{t+f}EWU)$ null beträgt, läßt sich die Gleichung nach der bedingten Wahrscheinlichkeit '$_tE(i \in core \backslash _{t+f}EWU)$' auflösen:

Gleichung 2.2.2.2.2 F2

$$_tE(i \in core \backslash _{t+f}EWU) = 1 - \frac{_{t+f}zD^{i,ECU,F,m} - (1 - _tE(_{t+f}EWU)) \cdot _tE(_{t+f}zD^{i,ECU,m} \backslash _{t+f}KEWU)}{_tE(_{t+f}EWU) \cdot _tE(_{t+f}zD^{i,ECU,m} \backslash i \notin core \wedge _{t+f}EWU)}$$

Die Erwartungshaltung für das Zustandekommen der Währungsunion (${}_{t}E({}_{t+f}EWU)$) ermittelt Weidmann anhand der beschriebenen Methodik zur Berechnung der allgemeinen Währungsunion-Wahrscheinlichkeit (vgl.: Gleichung 2.2.2.1.0 F1), also anhand der Terminzinsdifferenz der D-Mark zur ECU und des Schätzwertes des Basiszinssatzes der betrachteten Währung. (Hinsichtlich der von Weidmann gewählten Methode zur Berechnung der Schätzgröße des Basiszinssatzes im Ansatz der allgemeinen Währungsunion-Wahrscheinlichkeit vgl.: Abschnitt 2.2.2.1.2).

Gleichung 2.2.2.2.2 F3

$${}_{t}E(EWU) \equiv {}_{t}E({}_{1.1.99}EWU^{DM,ECU}) = 1 - \frac{{}_{1.1.99}zD^{DM,ECU,F,m}}{{}_{t}S({}_{1.1.99}zD^{DM,ECU,m} \backslash {}_{1.1.99}KEWU^{DM,ECU})}$$

Die Terminzinsdifferenzen '${}_{t+f}zD^{i,ECU,F,m}$' und '${}_{t+f}zD^{DM,ECU,F,m}$' in Gleichung 2.2.2.2.2 F2 und F3 lassen sich wieder über die Differenz der impliziten Forward Rates auf Basis der Zinsswap-Renditestrukturkurve der ECU und der Währung 'i' bzw. der ECU und der D-Mark ermitteln.[1] Die erwarteten Kassazinsdifferenzen sind als Erwartungsgrößen wiederum nicht direkt beobachtbar. Sie müssen dementsprechend über einen geeigneten Ansatz geschätzt werden. Weidmann wählt als Schätzwert für die erwartete Kassazinsdifferenz im Fall des Nichtzustandekommens der Währungsunion (${}_{t}S({}_{1.1.99}zD^{i,ECU,m} \backslash {}_{1.1.99}KEWU)$) die gewichtete aktuelle Terminzinsdifferenz der restlichen ECU-Korbwährungen zur Währung 'i'.[2] Den Schätzwert für die erwartete Kassazinsdifferenz im Fall des Zustandekommens der Währungsunion unter Ausschluß der Währung 'i' (${}_{t}S({}_{t+f}zD^{i,ECU,m} \backslash i \notin core \wedge {}_{t+f}EWU)$) quantifiziert Weidmann über einen einheitlichen und konstanten Schätzwert für sämtliche Währungen:

> „Finally, it remains to find a proxy for the spread in case EMU starts without currency I. In the present setting a currency excluded from EMU is

[1] *Weidmann berechnet aus datentechnischen Gründen die impliziten Forward Rates nicht selbst, sondern sie wurden ihm von J. P. Morgan zur Verfügung gestellt. Um die impliziten Forward Rates nicht taggenau auf den 1. Januar 1999 zu berechnen, wird vereinfacht immer die Terminzinsdifferenz fünfjähriger Anleihen in fünf Jahren betrachtet. Damit liegt die Terminzinsdifferenz nur für den 1. Januar 1994 genau auf dem 1. Januar 1999. Die Berechnungen beziehen sich damit auf einen immer später liegenden Zeitpunkt. Die quantifizierten Wahrscheinlichkeitswerte von Weidmann sind daher nur von sehr geringer Aussagekraft.*

[2] *Zu dieser Vorgehensweise vgl. die Kritik in Abschnitt 2.2.2.1.2.*

likely to come under devaluative pressure with respect to the newly created Euro. Consequently, interest rates in this country have to rise to those of the Euro. I will therefore assume that $E({}_{t}S_{t+f}{}^{ECU,m} \backslash EMU \wedge I \notin core)$[1] equals the spread between the weakest currency among those considered, i. e. ESP, and DEM." (Weidmann [Juli 1996] S. 6-7)

Die bisherigen Ausführungen hinsichtlich der „richtigen" Wahl eines geeigneten Schätzwertes behalten selbstverständlich auch in diesem Abschnitt ihre Gültigkeit. Die Wahl der Schätzgrößen durch Weidmann bleibt aus diesem Grund unkommentiert. Den obigen Ausführungen entsprechend konkretisieren sich die Gleichungen 2.2.2.2.2 F2 und F3 im Ansatz von Weidmann zu:

Gleichung 2.2.2.2.2 F4

$$ {}_{t}E(i \in core \backslash_{1.1.99} EWU) = 1 - \frac{{}_{1.1.99}SD^{i,ECU,F,m} - (1 - {}_{t}E({}_{1.1.99}EWU^{DM,ECU})) \cdot {}_{t}S({}_{1.1.99}zD^{i,ECU,m} \backslash_{1.1.99} KEWU)}{{}_{t}E({}_{1.1.99}EWU^{DM,ECU}) \cdot {}_{t}S({}_{1.1.99}zD^{i,ECU,m} \backslash i \notin core \wedge_{1.1.99} EWU)} $$

mit (Gleichung 2.2.2.1.0 F1)

$$ {}_{t}E({}_{1.1.99}EWU^{DM,ECU}) = 1 - \frac{{}_{1.1.99}SD^{DM,ECU,F,m}}{{}_{t}S({}_{1.1.99}zD^{DM,ECU,m} \backslash_{1.1.99} KEWU^{DM,ECU})} $$

Bis zu diesem Punkt folgen die länderspezifischen Wahrscheinlichkeitsindikatoren der Commerzbank dem Berechnungsansatz von Weidmann. Hinsichtlich der Operationalisierung der Schätzgrößen '${}_{t}S({}_{1.1.99}zD^{i,ECU,m} \backslash_{1.1.99} KEWU)$' und der Berechnung der Terminzinsdifferenzen unterscheiden sich die Ansätze hingegen deutlich:

- Zum einen ermittelt die Commerzbank im schon bekannten Verfahren des Abschnittes 2.2.2.1.2 die Schätzgrößen der Kassazinsdifferenz für den Fall des Nichtzustandekommens der Währungsunion anhand eines kumuliert gleitenden Durchschnittes über die realisierten Referenzzinsswapdifferenzen der Währung 'i' und der 'ECU' (${}_{t}S({}_{1.1.99}SD^{i,ECU,m} \backslash_{1.1.99} KEWU)$). Im gleichen Verfahren wird die Schätzgröße für die erwartete Kassazinsdifferenz für den Fall der Nichtteilnahme der Währung 'i' an der Währungsunion ermittelt. Nur wird in diesem

[1] *Entspricht ${}_{t}E({}_{t+f}zD^{i,ECU,m} \backslash i \notin core \wedge {}_{t+f}EWU)$ in der Notation dieser Arbeit.*

Fall nicht die ECU sondern die D-Mark als Referenzwährung herangezogen (${}_{t}S({}_{1.1.99}SD^{i,DM,m} \backslash i \notin core \wedge {}_{t+f}EWU)$). Die Begründung dieser Vorgehensweise liegt in der Annahme, daß sich die Zinsentwicklung eines Nichtteilnehmerlandes gegenüber dem Euro annähernd mit der Entwicklung gegenüber der D-Mark vergleichen läßt. Die Schätzgröße '${}_{t}S({}_{1.1.99}SD^{i,DM,m} \backslash {}_{1.1.99}KEWU)$' wird dementsprechend anhand einer kumuliert gleitenden Durchschnittswertbildung über die realisierten Referenzzinsswapdifferenzen der Währung 'i' und der D-Mark gebildet. Als Bezugsgrößen der Referenzzinsswapdifferenzen dienen bei beiden Schätzgrößen – wie im Berechnungsansatz der allgemeinen Währungsunion-Wahrscheinlichkeit – die historischen Werte für fünfjährige Anleihen der betrachteten Währungen.

- Zum anderen wird die Terminzinsdifferenz '${}_{t+f}SD^{i,ECU,F,m}$' im Commerzbank-Ansatz anhand des in Abschnitt 2.2.2.1.1 erläuterten Verfahrens zur Berechnung impliziter Forward Rates ermittelt. Damit wird die unzureichende Methode zur Berechnung der Terminzinsdifferenzen des Weidmann-Ansatzes verbessert, die im Zeitablauf später formulierte Kritik von Favero et al. bleibt aber bestehen. Favero et al. haben erstmals gezeigt, daß die (auch von der Commerzbank) verwendete herkömmliche Methodik aufgrund der Laufzeitenauswahl zu einer systematischen Überschätzung der errechneten Wahrscheinlichkeitswerte führen kann (vgl.: Abschnitt 2.2.2.2.1).

Die Gleichung 2.2.2.2.2 F4 konkretisiert sich über die Wahl der Schätzgrößen im Commerzbank-Ansatz zu:

Gleichung 2.2.2.2.2 F5

$$ {}_{t}E(i \in core \backslash {}_{1.1.99}EWU) = 1 - \frac{{}_{1.1.99}SD^{i,ECU,F,m} - (1 - {}_{t}E({}_{1.1.99}EWU^{DM,ECU})) \cdot {}_{t}S({}_{1.1.99}SD^{i,ECU,m} \backslash {}_{1.1.99}KEWU)}{{}_{t}E({}_{1.1.99}EWU^{DM,ECU}) \cdot {}_{t}S({}_{1.1.99}SD^{i,DM,m} \backslash i \notin core \wedge {}_{1.1.99}EWU)} $$

In einem abschließenden Schritt wird der Ansatz zur Berechnung bedingter Wahrscheinlichkeitswerte durch den Autor in eine (unbedingte) länderspezifische Wahrscheinlichkeit überführt. Ausgehend von der Annahme, daß die Erwartungshaltung eines termingerechten Starts der Währungsunion unabhängig von der Länderkonstellation ist, kann die bedingte Wahrscheinlichkeit nach Gleichung 2.2.2.2.2 F5 (${}_{t}E(i \in core \backslash {}_{t+f}EWU)$) mit dem Ergebnis des allgemeinen Währungsunion-Wahrscheinlichkeitsindikators nach Gleichung 2.2.2.1.0 F2 (${}_{t}E_{1.1.99}EWU^{DM,ECU}$) multipliziert werden:

Gleichung 2.2.2.2.2 F6

$$ {}_{t}E(i \in core \wedge {}_{1.1.99}EWU) = {}_{t}E({}_{1.1.99}EWU^{DM,ECU}) \cdot {}_{t}E(i \in core \backslash {}_{1.1.99}EWU) $$

mit (vgl.: Gleichung 2.2.2.2.2 F5):

$$ {}_{t}E(i \in core \backslash {}_{1.1.99}EWU) = 1 - \frac{{}_{1.1.99}SD^{i,ECU,F,m} - (1 - {}_{t}E({}_{1.1.99}EWU^{DM,ECU})) \cdot {}_{t}S({}_{1.1.99}SD^{i,ECU,m} \backslash {}_{1.1.99}KEWU)}{{}_{t}E({}_{1.1.99}EWU^{DM,ECU}) \cdot {}_{t}S({}_{1.1.99}SD^{i,DM,m} \backslash i \notin core \wedge {}_{1.1.99}EWU)} $$

und (vgl.: Gleichung 2.2.2.1.0 F2)

$$ {}_{t}E({}_{1.1.99}EWU^{DM,ECU}) = 1 - \frac{{}_{1.1.99}SD^{DM,ECU,F,m}}{{}_{t}S({}_{1.1.99}SD^{DM,ECU,m} \backslash {}_{1.1.99}KEWU^{DM,ECU})} $$

Im Ergebnis erhält man damit einen Berechnungsansatz, der die länderspezifische Wahrscheinlichkeit in beiden Erwartungskomponenten abbildet. In der Interpretation entspricht dieser Ansatz den länderspezifischen Wahrscheinlichkeitsindikatoren des Abschnittes 2.2.2.2.1, nur mit dem Unterschied, daß die Ausprägung der länderspezifischen Wahrscheinlichkeit in Gleichung 2.2.2.2.2 F6 durch die Höhe der allgemeinen Währungsunion-Wahrscheinlichkeit begrenzt ist. Die Unstimmigkeit zwischen den Ergebnissen der länderspezifischen Wahrscheinlichkeitsindikatoren nach Gleichung 2.2.2.2.1 F2 und den Ergebnissen der allgemeinen Währungsunion-Wahrscheinlichkeit wird aufgehoben.

2.2.2.2.3 Die länderspezifischen Wahrscheinlichkeitswerte

Der Zusammenhang der unterschiedlichen Berechnungsmethoden zur Ermittlung einer länderspezifischen Wahrscheinlichkeit nach Gleichung 2.2.2.2.1 F2 und Gleichung 2.2.2.2.2 F6 kann zunächst anhand des Schaubilds 2.2.2.2.3 S1 erläutert werden. Nach Gleichung 2.2.2.2.1 F2 ergibt sich der länderspezifische Wahrscheinlichkeitswert aus dem Verhältnis der Terminzinsdifferenz '${}_{t+f}SD^{i,DM,F,m}$' zur gewählten Schätzgröße der erwarteten Kassazinsdifferenz für den Fall des Nichtzustandekommens der Währungsunion '${}_{t}S({}_{t+f}zD^{i,DM,m} \backslash {}_{t+f}KEWU^{i,DM})$'. Die Ausprägung der länderspezifischen Wahrscheinlichkeit wird im wesentlichen über die Entwicklung der Terminzinsdifferenz der Währung 'i' zur D-Mark bestimmt, die Informationsträger der beiden komplementären Erwartungshaltungen (Start der Währungsunion und Teilnahme des betrachteten Landes) ist.

Schaubild 2.2.2.2.3 S1

Berechnungsmethoden der länderspezifischen Wahrscheinlichkeit

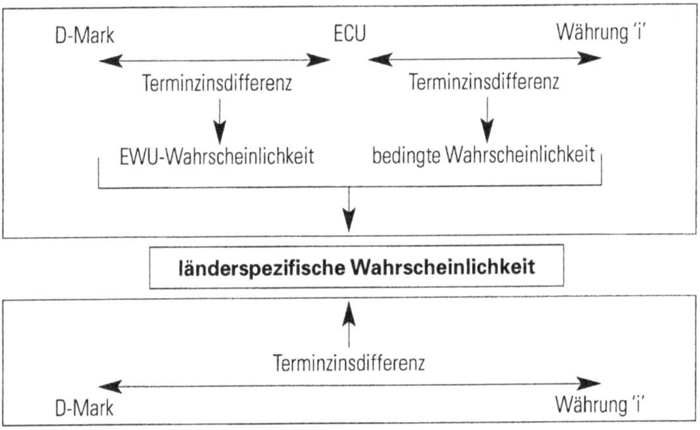

Eigene Darstellung

Im Berechnungsansatz nach Gleichung 2.2.2.2.2 F6 verliert die Terminzinsdifferenz diese Eigenschaft nicht, nur wird die Information hinsichtlich der beiden Komponenten der Erwartungshaltung im Ansatz der allgemeinen Währungsunion-Wahrscheinlichkeit per definitionem und im Ansatz der bedingten Wahrscheinlichkeit über „Korrekturgrößen" herausgefiltert. Dabei ist die Terminzinsdifferenz zwischen der D-Mark und der ECU im Ansatz der Gleichung 2.2.2.1.0 F2 (allgemeine Währungsunion-Wahrscheinlichkeit) wiederum die Trägerin der beiden komplementären Erwartungshaltungen. Da aber angenommen werden kann, daß die Europäische Union ohne Deutschland nicht zum gemeinsamen Währungsgebiet übergehen wird, spiegelt die Terminzinsdifferenz '$_{t+f}SD^{DM,ECU,F,m}$' lediglich die Unsicherheit hinsichtlich des termingerechten Starts der Währungsunion wider.

Um die komplementären Erwartungshaltungen im Ansatz der bedingten Wahrscheinlichkeit der Gleichung 2.2.2.2.2 F5 zu trennen, wird die Terminzinsdifferenz

'${}_{t+f}SD^{i,ECU,F,m}$' um den Term '$(1-{}_{t}E({}_{1.1.99}EWU^{DM,ECU}))\cdot{}_{t}S({}_{1.1.99}SD^{i,ECU,m}\backslash{}_{1.1.99}KEWU)$' und die Schätzgröße des Basiszinssatzes '${}_{t}S({}_{1.1.99}SD^{i,ECU,m}\backslash i \notin core \wedge {}_{1.1.99}EWU)$ um den Term '${}_{t}E({}_{1.1.99}EWU^{DM,ECU})$' erweitert. Nimmt nun die Erwartungshaltung eines termingerechten Starts der Währungsunion den Wert eins an, so ist der Erweiterungsterm der Terminzinsdifferenz null und der Erweiterungsterm des Basiszinssatzes eins. Für diesen Fall reduziert sich der Berechnungsansatz der bedingten Wahrscheinlichkeit nach Gleichung 2.2.2.2.2 F5 auf die bekannte Berechnungsmethodik der länderspezifischen Wahrscheinlichkeit nach Gleichung 2.2.2.2.1 F2 (mit dem Unterschied, daß sich die Terminzinsdifferenz auf einen Basiszinssatz im Fall des Zustandekommens der Währungsunion unter Ausschluß der Währung 'i' bezieht und die ECU als Referenzwährung herangezogen wird).

Es wird deutlich, daß die Methode zur Berechnung länderspezifischer Wahrscheinlichkeitswerte nach Gleichung 2.2.2.2.2 F6 ebenfalls, wie im Berechnungsansatz der Gleichung 2.2.2.2.1 F2, ein Spiegelbild der Terminzinsdifferenz der D-Mark zur Währung 'i' ist. Nur daß die Terminzinsdifferenz zwischen der D-Mark und der Währung 'i' in Gleichung 2.2.2.2.1 F2 direkt und in Gleichung 2.2.2.2.2 F6 indirekt über die relative Bewegung zur ECU einfließt. Fällt z. B. die Terminzinsdifferenz der D-Mark zur ECU (steigende Währungsunion-Wahrscheinlichkeit), und gleichzeitig hält die Währung 'i' ihr Terminzinsverhältnis zur ECU konstant (relativ konstante bedingte Wahrscheinlichkeit), dann steigt über die multiplikative Verknüpfung der bedingten Wahrscheinlichkeit mit der allgemeinen Währungsunion-Wahrscheinlichkeit auch die länderspezifische Wahrscheinlichkeit nach Gleichung 2.2.2.2.2 F6. Die länderspezifische Wahrscheinlichkeit ist in diesem Ansatz das Ergebnis sich unterstützender, konträrer oder einander aufhebender Zinsbewegungen im Terminzinsverhältnis der D-Mark zur ECU und der Währung 'i' zur ECU.

Auf den ersten Blick scheinen die beiden Ansätze zur Berechnung einer länderspezifischen Wahrscheinlichkeit dementsprechend deckungsgleich zu sein. Es bliebe lediglich anzuführen, daß in einem Ansatz die ECU und im anderen Ansatz die D-Mark als Referenzwährung herangezogen wird, und daß sich die Berechnungsmethoden in der Wahl des Basiszinssatzes unterscheiden. Doch gerade die Verschiedenheit in der Wahl des Basiszinssatzes erweist sich, bei genauerem Hinsehen, als Ergebnis einer unzureichenden Modellspezifikation in der Berechnungsmethodik der Gleichung 2.2.2.2.1 F2.

Zu dieser Erkenntnis gelangt man anhand der formalen Herleitung des Zusammenhangs der Wahrscheinlichkeitsindikatoren. Im Anhang wird gezeigt, daß nur für den Fall, daß der Basiszinssatz im Ansatz des Abschnittes 2.2.2.2.1 '$_{t}E(_{t+f}zD^{i,DM,m}\backslash_{t+f}KEWU^{i,DM})$ dem Ausdruck

Gleichung 2.2.2.2.3 F1 (vgl.: Gleichung 17 Anhang)

$$\frac{_{t}E(i\notin core\backslash_{t+f}EWU)_{t}E(_{t+f}zD^{i,ECU,m}\backslash i\notin core\wedge_{t+f}EWU)+_{t}E(_{t+f}KEWU)_{t}E(_{t+f}zD^{i,ECU,m}\backslash_{t+f}KEWU)}{_{t}E(i\notin core\backslash_{t+f}EWU)+_{t}E(_{t+f}KEWU)}$$

entspricht, die beiden Berechnungsansätze der länderspezifischen Wahrscheinlichkeit nach Gleichung 2.2.2.2.1 F2 und Gleichung 2.2.2.2.2. F6 einander gleichen. Das gilt insbesondere dann, wenn die erwarteten Kassazinsdifferenzen für den Fall, daß keine Währungsunion stattfindet, der erwarteten Kassazinsdifferenz für den Fall, daß die Währungsunion unter Ausschluß der Währung 'i' startet, entspricht:

Gleichung 2.2.2.2.2 F2 (vgl.: Gleichung 18 Anhang)

$$_{t}E(_{t+f}zD^{i,DM,m}\backslash_{t+f}KEWU^{i,DM})=_{t}E(_{t+f}zD^{i,ECU,m}\backslash_{t+f}KEWU)=_{t}E(_{t+f}zD^{i,ECU,m}\backslash i\notin core\wedge_{t+f}EWU)$$

Es soll nochmals darauf hingewiesen werden, daß die Referenzwährung frei wählbar ist. Bei gleicher Wahl der Referenzwährung sind in Gleichung 2.2.2.2.2 F2 die ersten beiden Erwartungsgrößen damit identisch. Es ist jedoch nicht davon auszugehen, daß die erwartete Kassazinsdifferenz für den Fall, daß die Währungsunion nicht stattfindet, der Erwartungsgröße für den Ausschluß der Währung 'i' entspricht.

In der jeweiligen unterschiedlichen Wahl des Basiszinssatzes spiegelt sich deutlich die unzureichende Beschreibung der möglichen Umweltzustände im Berechnungsansatz der Gleichung 2.2.2.2.1 F2 wider (vgl.: Anhang). So hat Weidmann (Juli 1996) zurecht darauf hingewiesen, daß die Erwartungshaltung hinsichtlich des Zustandekommens der Währungsunion nochmals in die Erwartungshaltung der Teilnahme bzw. Nichtteilnahme der Währung 'i' differenziert werden müßte (vgl.: Abschnitt 2.2.2.2.2).

Graphik 2.2.2.2.3 G1

Die länderspezifischen Wahrscheinlichkeitswerte der Commerzbank auf Monatsbasis

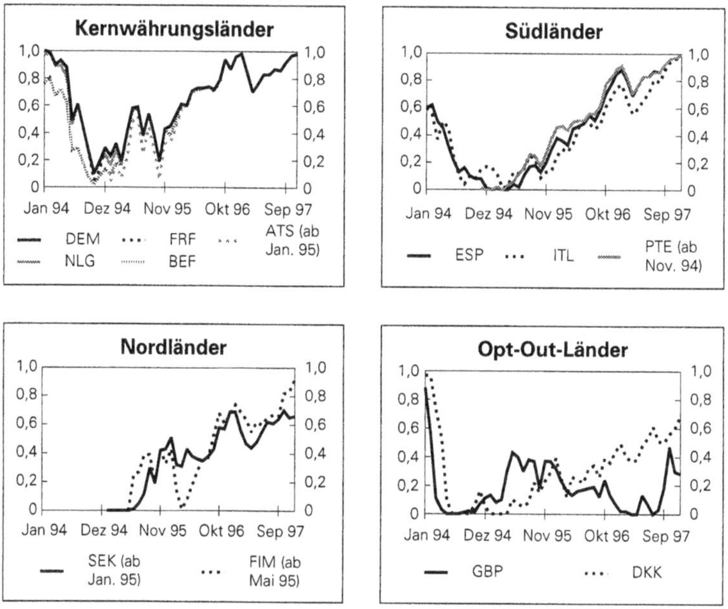

Eigene Berechnungen und Darstellung

In Graphik 2.2.2.2.3 G1 sind die Ergebnisse der länderspezifischen Wahrscheinlichkeitsindikatoren sortiert nach Ländergruppen graphisch abgebildet. Es soll nochmals darauf hingewiesen werden, daß bei der Interpretation der Ergebnisse nicht vergessen werden darf, daß die Commerzbank ihrer Berechnung der Terminzinsdifferenzen fünfjährige Anleihen zugrunde legt. Die Wahrscheinlichkeitswerte für einen Übergang zur Währungsunion zum 1. Januar 1999 werden dementsprechend zu hoch ausgewiesen. Ohne auf den Verlauf der einzelnen länderspezifischen Wahrscheinlichkeitsindikatoren im Detail näher einzugehen (hier wird wieder auf die genannten Quellen des Abschnittes 2.2.2.1.3 verwiesen), ist zu erkennen, daß zunächst die Kernwährungsländer zu den erwarteten Teilnehmerstaaten gezählt werden, gefolgt von den Südländern, die im Verlauf des Jahres 1996 und 1997 kontinuierlich zu den Kernwährungsländern aufschließen. Mit deutlichem Abstand folgen die Nordländer, und erwartungsgemäß weisen nach den Ergebnissen der länderspezifischen Wahrscheinlichkeitsindikatoren der Commerzbank die sogenannten „Opt-out-Staaten" Dänemark und Großbritannien die geringsten Werte aus.

Konzentriert man sich auf den Verlauf der Erwartungsindikatoren in den Darstellungen der Graphik 2.2.2.2.3 G2, so kann deutlich die steigende Zuversicht in eine größere Teilnehmergruppe für den Start in die Währungsunion abgelesen werden. Zur Berechnung einer solchen Erwartungshaltung werden die bedingten länderspezifischen Wahrscheinlichkeiten der betrachteten Ländergruppe untereinander und abschließend mit der allgemeinen Währungsunion-Wahrscheinlichkeit multipliziert. Im Ergebnis erhalten wir ein Zuversichtsmaß, das die Wahrscheinlichkeit eines termingerechten Starts der Währungsunion in einer bestimmten Länderkonstellation bemißt. In Graphik 2.2.2.2.3 G2 Darstellung 1 und 2 sind die Ergebnisse einer Kernwährungsunion, einer um Portugal und Spanien erweiterten Kernwährungsunion, einer zusätzlich noch um Italien erweiterten Währungsunion sowie abschließend auf Tagesdatenbasis auch die Wahrscheinlichkeit einer Währungsunion mit sämtlichen Teilnehmerstaaten (ohne Griechenland und Irland) [1] abgetragen.

In der Betrachtungsperiode der Graphik 2.2.2.2.3 G2 Darstellung 2 weisen sämtliche Kernwährungsländer eine bedingte Wahrscheinlichkeit von eins auf. Die abgebildeten Werte der länderspezifischen Wahrscheinlichkeit werden dementsprechend nur noch über die Unsicherheit hinsichtlich des termingerechten Startes bestimmt. Der Abstand einer anderen Ländergruppe zur Kernwährungsländergruppe, z. B. Kernwährungsländer plus Portugal und Spanien, resultiert entsprechend aus einer geringeren bedingten Wahrscheinlichkeit für Portugal und Spanien.

Der Verlauf der Ländergruppenindikatoren in Graphik 2.2.2.2.3 G2 läßt vermuten, daß z. B. noch im September des Jahres 1996 ein Start in die Währungsunion mit einer großen Anzahl von Teilnehmerstaaten inklusive Italien eine geringe Wahrscheinlichkeit eingeräumt wird. Auch die Wahrscheinlichkeit, daß Portugal und Spa-

---

[1] *Für Irland und Griechenland standen zur Berechnung der länderspezifischen Wahrscheinlichkeiten keine konsisten Zinsswap-Renditestrukturkurven zur Verfügung. Die Wahrscheinlichkeitswerte für diese beiden Staaten fehlen dementsprechend.*

Graphik 2.2.2.2.3 G2

Länderspezifische Wahrscheinlichkeit in Ländergruppen auf Monats- und Tagesdatenbasis

Darstellung 1: Auf Monatsdatenbasis

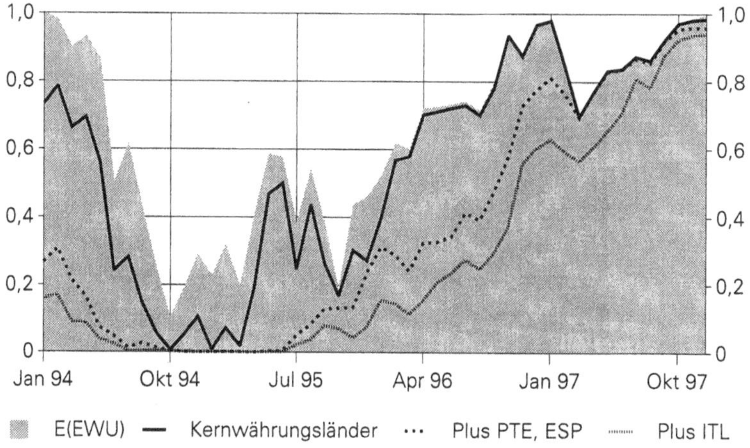

Darstellung 2: Auf Tagesdatenbasis

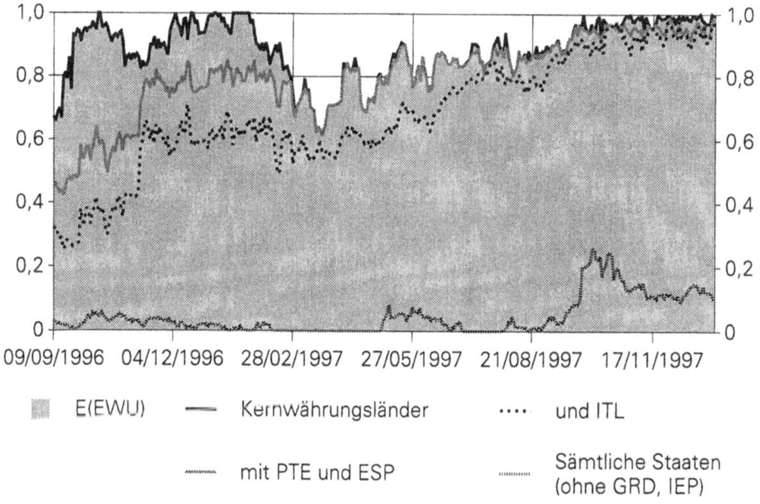

Eigene Berechnungen und Darstellung

nien zu dem Teilnehmerkreis der ersten Stunde gehören werden, zeigt zu diesem Zeitpunkt noch einen deutlichen Abstand zu der Wahrscheinlichkeit der Kernwährungsländergruppe auf. Ende Januar 1997 kippt das Bild. Vorausgegangen waren Spekulationen, daß mit einer hohen Wahrscheinlichkeit Deutschland und Frankreich das Defizitkriterium der Maastrichter Kriterien nicht punktgenau erfüllen werden. Zum einen führte diese Entwicklung zu aufkommenden Verschiebungsängsten, zum anderen wurde vermehrt bezweifelt, daß unter diesen Umständen die Kernwährungsländer den südländischen Mitgliedstaaten den Eintritt in die Währungsunion verweigern könnten. Im Verlauf dieser Diskussion wurden Portugal und Spanien im wesentlichen über die erwartete Schwäche Deutschlands und Frankreichs in das Boot der erwarteten Teilnehmerstaaten gehoben. Im Tiefpunkt der Verschiebungsdebatte Mitte April 1997 erschien selbst eine große Lösung mit Italien nicht mehr ausschließbar zu sein. Gestützt durch die neue Regierung in Frankreich, die einen Start in die Währungsunion mit Italien mit Nachdruck einfordert, und der hohen Wahrscheinlichkeit, daß Italien im entscheidenden Berichtsjahr 1997 das Defizitkriterium der Maastrichter Verträge nahezu punktgenau erfüllen wird, schloß Italien nach Beilegung der Regierungskrise im Oktober 1997 nahezu zu den Kernwährungsländern auf.[1)]

Das Ergebnis einer zuversichtlicheren Haltung hinsichtlich eines größeren Teilnehmerkreises der Währungsunion wird in der Kernaussage auch von Umfrageergebnissen getragen. Im Oktober 1997 erwarten nach Umfrageergebnissen von Reuters 88 Prozent der Umfrageteilnehmer einen pünktlichen Start der Währungsunion. Zu 100 Prozent werden Österreich, Belgien, Frankreich, Deutschland, Luxemburg und die Niederlande zu dem Teilnehmerkreis der ersten Stunde gezählt. Spanien und Portugal weisen einen Wert von jeweils 98 Prozent auf, gefolgt von Italien mit 73 Prozent.[2)] Die Umfrageergebnisse von MMS International, die auf einer größeren Grundgesamtheit von Umfrageteilnehmern basiert, weist einen höheren Wert für Italien aus. Danach wird Italien am 21. Oktober 1997 eine länderspezifische Wahrscheinlichkeit in Höhe von 84,79 Prozent ausgesprochen. Am 21. Mai 1997 betrug der Wert noch 42,23 Prozent.

---

1) Für eine detailliertere Darstellung wird wieder auf die wöchentliche Kommentierung in der Mittwochs-Ausgabe der Börsen-Zeitung (ab 30. Januar 1997) und der Broschüre „Euro-Rentenmarkt Countdown" der Commerzbank (ab Januar 1997) verwiesen.

2) Die Umfrageergebnisse von Reuters können über das Kürzel <EMUPOLL37> bei Reuters abgerufen werden. Im Oktober 1997 betrug die Grundgesamtheit der Umfrageteilnehmer 52 Personen.

3. Die Frage nach dem Zinsaufschlag am deutschen Kapitalmarkt

Wie in Abschnitt 2 beschrieben, läßt sich die Frage, ob die Erwartungen einer Währungsunion einen zinssenkenden, zinserhöhenden oder neutralen Einfluß auf das deutsche Kapitalmarktzinsniveau im Übergangsprozeß zum gemeinsamen europäischen Währungsraum ausgeübt haben, in formaler Hinsicht in ein einfaches Hypothesensystem gießen: Wenn das nominale deutsche Zinsniveau im Übergangsprozeß ($z_{Übergang}$) durch die Erwartungshaltung einer Währungsunion und/oder durch die nationalen Bestrebungen zur Teilnahme an der Währungsunion höher ausfällt, als es in einer Umgebung ohne Währungsunioneinfluß ($z_{ohne\ WU}$) ausgefallen wäre, dann kann von einem währungsunionbedingten Zinsaufschlag am deutschen Kapitalmarkt gesprochen werden. Diesem Ansatz folgend lassen sich die drei, aus Abschnitt 2 schon bekannten, einfachen Hypothesen formulieren.

- $Z_{Übergang} > Z_{ohne\ WU}$ währungsunionbedingter Zinsaufschlag
- $Z_{Übergang} = Z_{ohne\ WU}$ neutraler Einfluß
- $Z_{Übergang} < Z_{ohne\ WU}$ währungsunionbedingter Zinsabschlag

Dabei ist jedoch zu beachten, daß die Umsetzung dieses Hypothesensystems in einer quantitativen Analyse unter zwei Prämissen steht:

- Erstens muß ein geeigneter Vergleichszinssatz bestimmbar sein, der ein Kapitalmarktzinsniveau ohne Währungsunioneinfluß bemißt.
- Zweitens muß eine signifikante Wertabweichung des tatsächlichen Zinssatzes von seinem Vergleichswert unzweifelhaft auf den Einfluß der Währungsunion zurückzuführen sein.

Die meisten der frühen, empirisch gestützten Analyseansätze beziehen aber nur die erste der beiden genannten Prämissen in ihre Analyse ein, indem sie lediglich versuchen, eine signifikante und systematische Abweichung des tatsächlichen Zinssatzes von seinem Vergleichswert zu bestimmen. Ob und in welchem Verhältnis die Wertabweichung zur Erwartungshaltung der Währungsunion steht, bleibt in den meisten Analyseansätzen unbeantwortet bzw. wird einfach per definitionem angenommen. Diese Vorgehensweise ist jedoch vor dem Hintergrund der tatsächlichen Renditeentwicklung der Jahre 1995 und 1996 und der zu diesem Zeitpunkt in Deutschland vorherrschenden grundsätzlichen Einschätzung hinsichtlich der zu erwartenden Stabilität des gemeinsamen europäischen Währungsraumes zu sehen.

So steht die Mehrzahl der frühen Analyseansätze unter dem (voreingenommenen) Eindruck der Erwartungshaltung einer währungsunionbedingten Risikoprämie am deutschen Kapitalmarkt. Das Schlagwort der „Risikoprämie" war die bestimmende Assoziation, wenn die Diskussion auf die Frage nach dem Einfluß der Erwartung einer Währungsunion auf den deutschen Kapitalmarktzins gelenkt wurde. Dementsprechend ist auch die empirische Analyse weitgehend geprägt von der Suche nach einem risikobedingten Zinsaufschlag am deutschen Kapitalmarkt. Dabei wird in der Regel die EWU-Risikoprämie aus den Inflationserwartungen abgeleitet, die Ausdruck der Bewertung des Inflationsrisikos des neuen europäischen Währungsraums sind.

Das (voreingenommene) Argument einer Risikoprämie am deutschen Kapitalmarkt schien zunächst auch durch die tatsächliche Renditeentwicklung gestützt. Von der Commerzbank wurde z. B. das Verharren der Renditeentwicklung am oberen Rand des Schätzbandes des Zinserklärungsmodelles (vgl.: Abschnitt 1.2) in weiten Teilen des Jahres 1995 und 1996 als möglicher Hinweis auf die Existenz einer EWU-Risikoprämie interpretiert. Auch der historische Steilheitsgrad der Zinsstrukturkurve im Verlauf des Jahres 1996 (vgl.: Abschnitt 1.1.2) schien das Argument einer EWU-Risikoprämie zu stützen. In dieser Argumentation wird das einfache Hypothesensystem verändert. Eine Abweichung des tatsächlichen Zinssatzes vom Schätzwert wird in dieser Auslegung nicht neutral als „währungsunionbedingter Zinsaufschlag" bezeichnet, sondern als „risikobedingter Zinsaufschlag". Entsprechend wird das Hypothesensystem umformuliert zu:

- $Z_{Übergang} > Z_{ohne\ WU}$ EWU-risikobedingter Zinsaufschlag
- $Z_{Übergang} = Z_{ohne\ WU}$ neutraler Einfluß
- $Z_{Übergang} < Z_{ohne\ WU}$ EWU-risikobedingter Zinsabschlag

Diese zunächst harmlos anmutende geänderte Schwerpunktlegung in der Definition führte im Verlauf des Jahres 1997 aber zu erheblichen Interpretationsschwierigkeiten als die Renditeentwicklung Ende 1996/Anfang 1997 – wie schon zum Jahreswechsel 1993/94 – in den verschiedensten Modellansätzen deutlich unter das Erklärungsband rutschte und auch im Verlauf des Jahres 1997 darunter verblieb (vgl.: Abschnitt 3.2). In einer konsequenten Anwendung des obigen Hypothesensystems hätte diese negative Wertabweichung als „EWU-risikobedingter Zinsabschlag" interpretiert werden müssen. Leiten wir die EWU-Risikoprämie wieder aus den Inflationserwartungen ab, die Ausdruck der Bewertung des Inflationsrisikos des neuen europäischen Währungsraums sind, dann beinhaltet die Feststellung eines „EWU-bedingten Zinsabschlags" am deutschen Kapitalmarkt die Aussage, daß der Euro im Innen- als auch im Außenverhältnis wertstabiler eingeschätzt werde als die D-Mark. Diese Aussage ist aber allein schon vor dem Hintergrund der Umfrageergebnisse des Zentrums für Europäische Wirtschaftsforschung (vgl.: Abschnitt 3.1) und einer zunehmenden Erwartungshaltung einer großen Währungsunion als relativ unwahrscheinlich einzuschätzen; dementsprechend wurde diese Aussage – selbst angesichts der Gefahr einer inkonsistenten Argumentationslinie – häufig umgangen.

Als Entgegnung auf diese Diskussion werden in den abschließenden Abschnitten dieser Arbeit folgende zwei Thesen entwickelt:

1. Eine EWU-Risikoprämie ist mit dem gegebenen empirischen Instrumentarium nicht zu bemessen. Sie ist vielmehr ein nicht zu isolierender Bestandteil einer möglichen Fehlbewertung des deutschen Kapitalmarktes, gemessen am Vergleichszinssatz des fundamentalen Zinserklärungsmodells der Commerzbank.

2. Die Wertabweichung der tatsächlichen Rendite vom Vergleichszinssatz des Zinserklärungsmodells (Fehlbewertung) steht in einer gegenläufigen Beziehung zu den in dieser Arbeit entwickelten Währungsunion-Wahrscheinlichkeitsindikatoren. Gemessen an diesem Ergebnis hat die Währungsunion zu einem Zinsabschlag am deutschen Kapitalmarkt geführt.

Beide hier entwickelten Thesen widersprechen nicht der intuitiven Behauptung, daß der deutsche Kapitalmarkt eine EWU-Risikoprämie tragen müsse, oder wie es die Deutsche Bundesbank beschreibt: „Für die Existenz einer „EWU-Prämie" im deutschen Kapitalmarkt gibt es zwar keinen eindeutigen Beleg, aber eine

Reihe von Indizien" (Deutsche Bundesbank [November 1996] S. 29). Vielmehr kann eine EWU-Risikoprämie Bestandteil überlagernder Faktoren sein, die in der Summe zu einem Zinsabschlag geführt haben, der wiederum – bewertet an den Ergebnissen dieser Arbeit – durchaus in Beziehung zur erwarteten Währungsunion stehen kann.

3.1 Die Erwartung einer Risikoprämie am deutschen Kapitalmarkt

Im Januar 1996 befragte das Zentrum für Europäische Wirtschaftsforschung (ZEW) im Rahmen ihres monatlichen „ZEW-Finanzmarkttests" 350 Finanzexperten aus Banken, Versicherungen und größeren Industrieunternehmen in Deutschland zu ihrer Einschätzung der Kapitalmarktwirkungen der Währungsunion. Nach den Ergebnissen dieser Umfrage erwarteten 77 Prozent der befragten Finanzexperten, daß das Kapitalmarktzinsniveau im gemeinsamen Währungsraum höher ausfallen werde, als im D-Mark-Währungsregime.[1] Dabei erwartet der überwiegende Anteil (39 Prozent, vgl.: Graphik 3.1.0.0.0 G1) einen Zinsanstieg von 20 bis 60 Basispunkten (vgl.: ZEW [März 1996] S.2).

Im Januar/Februar des darauffolgenden Jahres konzentrierte sich die Befragung des ZEW, vor dem Hintergrund der zunehmenden Wahrscheinlichkeit einer großen Währungsunion, u. a. auf die Fragestellung, ob und in welchem Ausmaß der erwartete Zinsaufschlag in Beziehung zur erwarteten Länderkonstellation des gemeinsamen Währungsgebietes steht. Nach den Ergebnissen dieser Befragung erwartet der Durchschnitt der Umfrageteilnehmer im Januar/Februar 1997 einen Zinsaufschlag gegenüber dem D-Mark-Währungsregime von 38 Basispunkten für eine kleine Startergruppe (Kernwährungsunion) und von 91 Basispunkten für eine große Startergruppe (Kernwährungsgruppe plus Italien, Portugal und Spanien), gemessen an der Rendite für zehnjährige Staatsanleihen (vgl.: ZEW [März 1997] S. 3-4).

Insbesondere die Finanzinstitute erklärten in frühen, quantitativen Ansätzen die eventuelle Abhängigkeit des Zinsaufschlages von der erwarteten Zusammensetzung der Währungsunion anhand einer gewichteten Durchschnittswertbildung der aktuellen Renditeniveaus der potentiellen Teilnehmerstaaten. Dieser Ansatz war

[1] Die Sonderumfrage „Währungsunion" findet im jährlichen Rhythmus statt. Im Jahr 1996 beteiligten sich 256 und 1997 223 Fachleute an der Befragung (vgl.: ZEW [März 1996 und März 1997] S. 1).

Graphik 3.1.0.0.0 G1

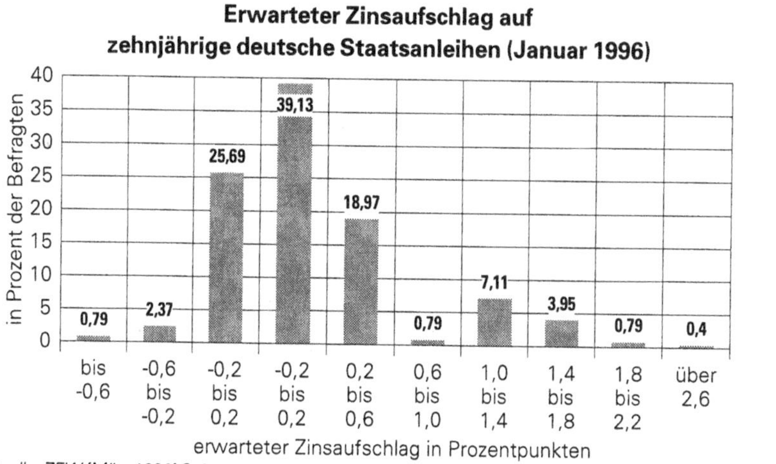

Quelle: ZEW [März 1996] S. 2
Eigene Darstellung

insbesondere 1995 und 1996 weit verbreitet und sollte einen ersten Näherungswert für eine potentielle Obergrenze eines rechnerisch gerechtfertigten Renditeaufschlags liefern (vgl. z. B.: DIRI [August 1995] S. 8 oder BHF [August 1995] S. 3):

> „Anhand einer Modellrechnung können die Konsequenzen für das Renditeniveau abgeschätzt werden: Als grober Schätzer für die mögliche Rendite im gemeinsamen Währungsraum wird ein mit den Bruttoinlandsprodukten gewichteter Durchschnitt der aktuellen Renditen der sicheren Teilnehmer verwendet. Nach dieser – ebenso ungenauen wie vorsichtigen – Schätzung ergäbe sich bei einer Währungsunion zwischen Deutschland, Frankreich, Österreich, Belgien, Luxemburg und den Niederlanden für zehnjährige Bundesanleihen ein rechnerischer Renditeaufschlag von circa 25 bis 30 bp." (Bank Gesellschaft Berlin [Oktober 1995] S. 16-17)
> (In Graphik 3.1.0.0.0 G1 sind die Ergebnisse einer solchen Berechnungsmethode für eine große und kleine Währungsunion dargestellt).

Wie die Bank Gesellschaft Berlin schränkt auch die BHF-Bank ein, daß eine solche Durchschnittswertbetrachtung nur als eine Näherunglösung hinsichtlich der Zinswirkungen dienen sollte, da sie unterstelle, daß sich die gesamtwirtschaftlichen

Verhältnisse durch den Übergang zur Währungsunion nicht entscheidend ändern würden (vgl.: BHF-Bank [August 1995] S. 3).[1] Dennoch ist die Durchschnittswertbetrachtung trotz ihrer offensichtlichen Mängel nicht zu vernachlässigen, da nicht auszuschließen ist, daß sich die Erwartungsbildung hinsichtlich der Zinswirkungen einer Währungsunion an den Ergebnissen einer intuitiven oder expliziten Durchschnittswertbetrachtung orientierten. Das Deutsche Bank Research führt z. B. im März 1995 aus:

> „Ungeachtet möglicher Erwartungsänderungen hinsichtlich der WWU dürfte die Tendenz hin zu einer durchschnittlichen Rendite der teilnehmenden Länder am neuen gemeinsamen Kapitalmarkt gehen. (...) Soweit die Anleiherenditen im Vorfeld der dritten Stufe noch voneinander abweichen, wird es also c.p. einen tendenziellen Renditeanstieg in Niedrigzinsländern wie Deutschland und einen Renditerückgang in den teilnehmenden höherverschuldeten Ländern geben." (Deutsche Bank Research [März 1995] S. 4)

Die Begründung eines höheren Zinsniveaus im Europäischen Währungsraum wird dabei in der Regel auf die Befürchtung zurückgeführt, daß der Euro sich sowohl im Innen- als auch im Außenverhältnis als nicht so wertstabil erweisen könnte wie die D-Mark. In dieser Argumentation bildet – der idealtypischen Abgrenzung der Internationalen Fisher-Gleichung und der offenen (oder geschlossenen) Zinsparität folgend – die Inflationserwartung für den europäischen Währungsraum das entscheidende Bindeglied in der Diskussion der Wertstabilität des Euro (vgl. z. B.: Clark et al. [1994] S. 86 und Exkurs 3.1.0.0.0 E1).

Entsprechend der Aussage, daß die Inflationserwartung den Schlüssel zur Erklärung des erwarteten Zinsaufschlags darstellt, korrespondieren auch die geäußerten Inflationserwartungen in der Umfrage des ZEW mit den Angaben zum erwarteten Zinsaufschlag. Wie bereits in diesem Abschnitt beschrieben, beträgt der im Januar/Februar 1997 von den Umfrageteilnehmern im Durchschnitt erwartete Zins-

---

[1] *In einer genaueren Betrachtung erweist sich diese Methodik nur als eine andere Darstellungsform des Zinskonvergenzprozesses. Von entscheidender Bedeutung für die Zinswirkungen ist vielmehr die Frage, ob die Einengung der Renditeunterschiede auf die makroökonomische Konvergenz oder auf einen – in Abschnitt 1.3 beschriebenen – technischen Zinskonvergenzprozeß zurückzuführen ist.*

Graphik 3.1.0.0.0 G2

Gewichtete Euro-Rendite einer großen und kleinen Währungsunion

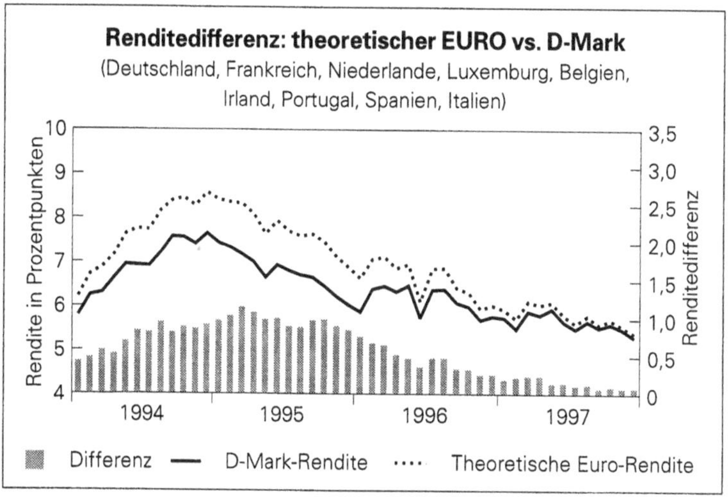

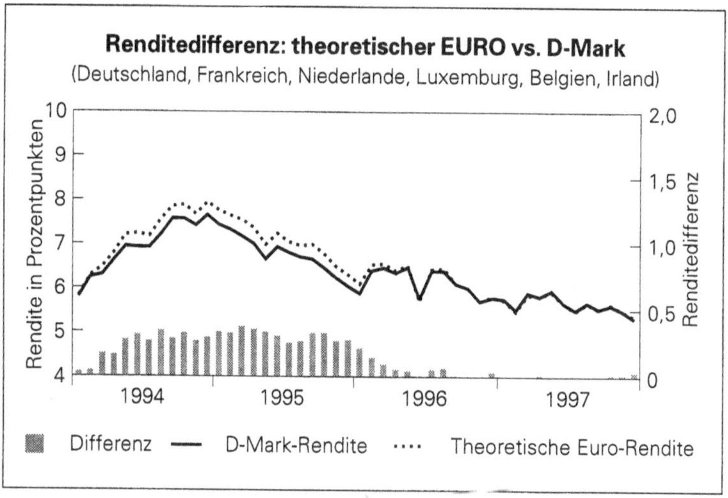

Eigene Berechnungen[1] und Darstellung
Daten: Datastream

[1] Die Ergebnisse beruhen auf gewichtete Monatsdaten für die Rendite zehnjähriger Anleihen einer ausgewählten Länderkonstellation. Die Gewichtungsfaktoren werden aus den Währungsanteilen der ausgewählten Länder am ECU-Währungskorb berechnet. Der Gewichtungsfaktor ist damit variabel.

aufschlag 38 Basispunkte für eine kleine und 91 Basispunkte für eine große Währungsunion. Gleichzeitig erwarten die Umfrageteilnehmer einen durchschnittlichen Inflationsanstieg gegenüber dem D-Mark-Währungsregime in Höhe von 36 Basispunkten für eine kleine und 87 Basispunkten für eine große Währungsunion (vgl.: ZEW [März 1997] S. 4). [1]

Trotz der überwiegenden Erwartung eines währungsunionbedingten Zinsanstiegs in beiden Umfragen des ZEW im Januar 1996 und im Januar/Februar 1997 glaubt nur eine knappe Mehrheit der Befragten, einen Einfluß der Währungsuniondebatte auf das aktuelle deutsche Kapitalmarktzinsniveau ausmachen zu können. Nach Angaben der ersten Befragung im Januar 1996 glauben 55,5 Prozent der Befragten einen Einfluß zu erkennen, während 42,6 Prozent die Anleihepreisbildung als weitgehend frei von Maastricht-Effekten beurteilen (vgl.: ZEW [März 1997] S. 3).

In der öffentlichen Diskussion änderte sich dieses Bild im Verlauf des Jahres 1996. Die Entwicklung der Renditedifferenz am Geld- und Kapitalmarkt gab Anlaß zu der Vermutung, daß sich aus dem zunehmenden Steilheitsgrad der Zinsstrukturkurve (vgl.: Abschnitt 1.1.2) konkrete Hinweise auf die Existenz einer „EWU-Risikoprämie" auf dem deutschen Kapitalmarkt ableiten ließen. Im Juni des Jahres 1996 führt z. B. Goldman Sachs aus:

> „In the following, we argue that (...) the difference between bond yields and 3-month money market rates remain high during this period because of an inflation risk premium ahead of EMU. In other words, the market will demand an EMU risk premium long before EMU will actually commence." (Goldman Sachs [Juni 1996] S. 1)

Tatsächlich weist die Renditestrukturkurve – gemessen an der Renditedifferenz des zehnjährigen minus des einjährigen Laufzeitsegmentes – seit dem Herbst 1995 eine ungewöhnlich steile Struktur auf und erreicht sogar im Mai 1996 ihren historisch maximalen Steilheitsgrad (vgl. Abschnitt 1.1.2). Vor dem Hintergrund der

---

[1] Das ZEW sieht in der leichten Differenz der Angaben – wie sie übrigens auch in der Umfrage im Januar 1996 aufgetreten sind – keine Inkonsistenz, da es selbst ohne einen Anstieg der Inflationsrate zumindest zu Beginn der Währungsunion zu einem Zinsanstieg kommen könne, wenn die Europäische Zentralbank nicht von Anfang an über das gleiche stabilitätspolitische Ansehen wie die Bundesbank verfüge (vgl.: ZEW [März 1996] S. 2).

Exkurs 3.1.0.0.0 E1

Die Inflationserwartung als Bindeglied in der Diskussion der Wertstabilität des Euro

Folgen wir der Annahme, daß die Realzinsen in zwei betrachteten Ländern nahezu identisch sind, dann ergibt sich die Nominalzinsdifferenz und die erwartete Wechselkursänderungsrate des gemeinsamen europäischen Währungsraumes zu einem Drittland aus der Differenz der erwarteten Inflationsraten beider Währungsräume. Bezeichnet 'P' den aktuellen Wechselkurs zwischen dem zukünftigen gemeinsamen Währungsraum ('Euro') und dem Drittland in der Preisnotierung, 'E(P)' den erwarteten Wechselkurs, 'z' den Nominalzins und 'π' die Inflationserwartung, dann kann der verbal beschriebene Zusammenhang in der einfachsten Abgrenzung anhand folgender Gleichgewichtsbeziehung approximiert werden (vgl. z. B.: Husted/Melvin [1993] S. 364-365):

$$z^{Euro} - z = \pi^{Euro} - \pi = \frac{E(P) - P}{P}$$

Die Inflationserwartung kann in dieser einfachen Abgrenzung als ursächliche Bestimmungsgröße der Wechselkursstabilität (Geldwertstabilität im Außenverhältnis) und der Zinsdifferenz isoliert werden. Fällt ceteris paribus die Inflationserwartung für den gemeinsamen Währungsraum höher aus, als sie für das D-Mark-Währungsgebiet ausgefallen wäre, dann ist der Nominalzinsanstieg gleichzeitig Ausdruck einer geringeren Geldwertstabilität im Innenverhältnis. Diese Aussage wird deutlicher, wenn die Erklärung des Nominalzinsniveaus von der Internationalen zur (Nationalen) Fisher Gleichung gelenkt wird. In dieser Beziehung führt ein Anstieg der erwarteten Inflationsrate zu einem gleichzeitigen Anstieg der Nominalzinsforderung, um die reale Ertragsrate des Kapitals konstant zu halten.

Die Gefahr einer höheren Inflationserwartung für den gemeinsamen Währungsraum wird in der Regel in eine enge Beziehung zu einer Vielzahl von Einflußfaktoren gesetzt. Auszugsartig kann hier die Auswahl der Teilnehmerstaaten, der Erfüllungsgrad der Konvergenzkriterien und die faktische Unabhängigkeit der Europäischen Zentralbank genannt werden (vgl. z. B.: Oppenheim Finanzanalyse [Februar 1996] S. 13 oder Deutsche Bundesbank [November 1996] S. 28). Im Zusammenhang zur Inflationserwartung steht die Mehrzahl der Einflußfaktoren über einen monetaristischen Inflationserklärungsansatz Friedmann'scher Prägung, der die Inflation aus der Differenz der Wachstumsraten der Geldmenge zur realen Produktion erklärt. Dabei konzentiert sich die Diskussion weniger auf die „technische" Problematik der Wahrung der Preisstabilität, welche de jure – von pragmatischen Steuerungsschwierigkeiten abgesehen – über den institutionellen und politischen Unabhängigkeitsstatus der Europäischen Zentralbank geregelt wird [1], sondern vielmehr auf den de facto funktionalen[2] und personellen[3] Unabhängigkeitsstatus sowie auf Fragen der grundsätzlichen Stabilitätskultur der erwarteten Teilnehmerstaaten der Europäischen Währungsunion.

[1] *Die institutionelle und politische Unabhängigkeit der Zentralbank kann in Anlehnung an Neumann (1993) an die Erfüllung folgender Forderungen geknüpft werden: Unabhängigkeit von Weisungen der Regierung, Verzicht auf die explizite Verpflichtung zur Unterstützung der allgemeinen Wirtschaftspolitik sowie die Gewährung ungeteilter Wechselkurskompetenz (vgl.: Neumann [1993] S. 4-5). Im Vertrag von Maastricht wird die institutionelle und politische Unabhängigkeit durch die Art. 107, 109a bis d sowie dem Protokoll zur Satzung der ESZB und EZB gewährleistet.*

[2] *Funktionale Abhängigkeiten zwischen der Geld- und Finanzpolitik, die zu Interessenkonflikten führen können, bestehen de facto über die Zinswirkungen einer defizitären Haushaltspolitik (Nichtneutralität der Kreditaufnahme) (vgl. z. B.: Buiter/Klezer [1990] oder Buti [1990]) und dem Anreiz zur Finanzierung staatlicher Budgetdefizite über den Geldschöpfungsprozeß (Nichtneutralität der Geldemission) (vgl. z. B.: Sargent/ Wallace [1981] oder Schlesinger [1993] S. 48-67). Um die Gefahr aus funktionalen Abhängigkeiten zu reduzieren, wird die staatliche Kreditaufnahme im Rahmen der Maastrichter Verträge durch Marktmechanismen (Art. 104, 104a und 104b) und vertragsrechtliche Beschränkungen (Art. 104c) diszipliniert.*

[3] *Unter diesem Aspekt wird die Gefahr diskutiert, daß die Zentralbankiers nicht der Intention des Gesetzes, sondern anderen, selbstgesetzten Zielen folgen werden (vgl. z. B.: Neumann [1993]).*

Erkenntnisse des Abschnittes 1.3 ist es durchaus naheliegend, diese Besonderheit auf eine EWU-Risikoprämie zurückzuführen, wie auch die Deutsche Bundesbank in ihrem Monatsbericht vom November 1996 ausführt:

> „Die Laufzeiten der längerfristigen Anleihen reichen bis weit über die Jahrtausendwende und damit bis hinter den Zeitpunkt des geplanten Beginns der dritten Stufe der Europäischen Währungsunion (EWU). Die Renditen dieser Papiere beinhalten folglich Erwartungen über das Zinsniveau innerhalb der Währungsunion. Der seit längerem zu beobachtende, ausgeprägt steile Verlauf der Renditestrukturkurve kann insofern mit Unsicherheit oder Skepsis gegenüber den Zins- und Inflationsverhältnissen in der Europäischen Währungsunion zusammenhängen." (Deutsche Bundesbank [November 1996] S. 28)

Letztendlich ist es aber weder der Deutschen Bundesbank noch anderen Instituten gelungen, aus dem Steilheitsgrad der Zinsstrukturkurve eine EWU-Risikoprämie am deutschen Kapitalmarkt eindeutig zu belegen. Die Bayerische Hypotheken- und Wechselbank führt z. B. an, daß die tatsächliche Steilheit der deutschen Renditestrukturkurve nur geringfügig von der aufgrund fundamentaler Einflußfaktoren zu erwartenden Steilheit abgewichen sei. Ein besonderer Aufschlag, den man der EWU zuschreiben könne, sei damit nicht nachweisbar (vgl.: Bayerische Hypotheken- und Wechselbank [April 1997] S. 28). Durchaus differenzierter urteilt die Deutsche Bundesbank. Zwar gäbe es keine eindeutigen Belege für die Existenz einer „EWU-Prämie" im deutschen Kapitalmarktzins, aber eine Reihe von Indizien sprächen durchaus dafür. So bestehe der ungewöhnliche Renditeabstand zwischen zehn- und einjährigen Papieren doppelt so lange wie in vergleichbaren Perioden (vgl.: Deutsche Bundesbank [November 1996] S. 29). Die Bundesbank räumt zwar ein, daß ein Ansatz zur Quantifizierung einer solchen Prämie darin bestehen könnte, „(i)m Rahmen ökonometrischer Modelle über einen langfristigen Zeitraum die Determinanten des Kapitalmarktzinses zu schätzen und aus Abweichungen zwischen den geschätzten und den beobachteten Renditen auf besondere Einflüsse zu schließen" (Deutsche Bundesbank [November 1996] S. 29). Allerdings ließen derartige Untersuchungen bislang keine eindeutigen Interpretationen zu, zumal die Schätzunsicherheiten so groß seien, daß keine verlässlichen Angaben über eine solche Risikoprämie getroffen werden könne (vgl.: Deutsche Bundesbank [November 1996] S. 29).

3.2 Die Suche nach der Risikoprämie: ein Irrweg

Das Research der Deutschen Bank gehört im November 1995 zu den Pionieren, die im Rahmen einer systematisch-empirischen Analyse der Frage nachgehen, ob die Europäische Währungsunion einen Belastungsfaktor für den deutschen Rentenmarkt darstellt. Anlaß der Untersuchung ist die These, daß Anleger tendenziell den deutschen Rentenmarkt mieden, weil sie nicht genau wüßten, welche Währung sie bei Fälligkeit der Anleihen zurückbekämen, sofern die Anleihe im Laufzeitbereich in das neue Währungsgebiet hineinreiche (vgl.: Deutsche Bank Research [November 1995] S. 1). Die Systematik der methodischen Vorgehensweise ist aus den vorherigen Abschnitten bekannt: Ansatz der Untersuchung ist die Fragestellung, ob mit Hilfe in der Vergangenheit bewährter Fundamentaldaten (Preisanstieg, Wechselkurs usw.) die augenblickliche Entwicklung von Zinsniveau, Zinsstruktur und Zinsdifferenzen erklärt werden kann (vgl.: Deutsche Bank Research [November 1995] S. 3). In seiner Untersuchung konzentriert sich das Deutsche Bank Research auf die Erklärung des Zinsniveaus und des Steilheitgrades der Zinsstrukturkurve am deutschen Kapitalmarkt, auf das Anlageverhalten in- und ausländischer Anleger und auf die Kursentwicklung des Schweizer Frankens.

Im Ergebnis kommt das Deutsche Bank Research zu dem Schluß, daß die EWU als Belastungsfaktor nicht erkennbar sei, lediglich die Stärke des Schweizer Franken könnte eventuell auf einen EWU-Einfluß hindeuten. Ansonsten würden die aktuellen Werte keine signifikanten Abweichungen zu den Referenzmodellen aufweisen. Hinsichtlich der Entwicklung des deutschen Kapitalmarktzinsniveaus führt es aus:

> „Ein Vergleich zwischen dem Zinsniveau für 10jährige Anleihen und dem sich aus einem Fundamentalmodell (...) ergebenen Zinsniveau zeigt keine signifikanten Auffälligkeiten (...). Die vom Modell vorgegebene Zinshöhe liegt zwar aktuell um knapp 20 Bp. unter dem augenblicklichen Zinsniveau. Verglichen mit den früheren Abweichungen der Modellösung von der tatsächlichen Entwicklung (...) ist diese Abweichung aber nicht als signifikant einzustufen und daher wohl kaum ein Hinweis darauf, daß

sich hier Belastungen aufgrund von EWU-Irritationen widerspiegeln." (Deutsche Bank Research [November 1995] S. 3-4) [1]

Im März 1996 greift Heinemann vom Zentrum für Europäische Wirtschaftsforschung in seinem Discussion Paper „Währungsunion und deutsche Kapitalmarktzinsen" die Fragestellung ebenfalls auf. Im einführenden Teil des Papers beklagt Heinemann, daß es auf wissenschaftlicher Seite zwar zahlreiche Beiträge zur institutionellen Analyse der Maastrichter Verträge gäbe, es bislang aber an empirischen Studien fehle, die Auskunft darüber geben würden, wie die Akteure an den Finanzmärkten die Qualität des Euro einschätzten. Ausgangspunkt seiner Überlegungen ist der Gedanke, daß die Erwartungshaltung hinsichtlich der währungspolitischen Zukunft Europas nicht spurlos an der Preisbildung an den Finanzmärkten vorübergehen werde. Vor diesem Hintergrund wäre zu vermuten, daß sich ein ausgeprägter Stabilitätspessimismus für die europäische Währung tendenziell bereits im Vorfeld der Währungsunion in einem ansteigenden langfristigen DM-Zins niederschlage (vgl.: Heinemann [März 1996] S. 1).

Angeregt durch die Studie des Deutsche Bank Research setzt sich Heinemann zum Ziel, aus der Zinsentwicklung am deutschen Kapitalmarkt Rückschlüsse auf die Stabilitätseinschätzung der Marktteilnehmer hinsichtlich der Währungsunion zu schließen. Wie das Deutsche Bank Research bezieht sich Heinemann neben dem Kapitalmarktzinsniveau auf die Entwicklung der Zinsstruktur und der Zinsdifferenz zu zehnjährigen französischen Anleihen. Im methodischen Ansatz weicht Heinemann hingegen von der Vorgehensweise des Deutsche Bank Research ab. Das Deutsche Bank Research bezieht sich in seiner Analyse auf fundamentale Erklärungsmodelle, die sich im Zeitraum vor den Maastrichter Verträgen bewährt haben. Aus der Analyse der Residuen, also der Abweichungen der beobachteten Werte von ihren Schätzwerten, werden Rückschlüsse auf eventuell auffällige Fehlbewertungen geschlossen. Die identifizierte Fehlbewertung wird dann in eine direkte Beziehung zur Ausgangshypothese gesetzt.

---

[1] *Das Modell zur Erklärung des deutschen Kapitalmarktzinsniveaus ist mit dem dargestellten Ansatz der Commerzbank vergleichbar (vgl.: Abschnitt 1.2). Als fundamentale Erklärungsgrößen gehen die Preissteigerungsrate der alten Bundesländer, der 3-Monats-Geldmarktzinssatz, der Dollar-Wechselkurs und die Rendite für zehnjährige US-Anleihen ein (vgl.: Deutsche Bank Research [November 1995] S. 7).*

Heinemann hingegen isoliert zunächst fundamentale Erklärungsfaktoren und regressiert diese Faktoren mit verschiedenen Währungsunion-Proxies auf die zu erklärende Variable. Das Vorzeichen und das Signifikanzniveau der Währungsunion-Proxies in der Regressionsschätzung für das Zinsniveau, die Zinsstruktur und den Zinsabstand sollen dann Aufschluß hinsichtlich des am Markt dominierenden Währungsunion-Szenariums geben. Ein positives Vorzeichen eines hinreichend signifikanten Währungsunion-Proxies, z. B. in der Regressionsschätzung für das Zinsniveau, läßt dann vermuten, daß die Währungsunion einen positiven Einfluß auf die Erklärungsvariable und damit einen zinserhöhenden Effekt ausgeübt hat. Im Hypothesensystem von Heinemann ließe dieses Ergebnis auf ein „pessimistisches Währungsunionszenarium" schließen.

Als Währungsunion-Proxies bezeichnet Heinemann Variablen, die sich „(...) als Stimmungsindikatoren für die Aussichten eines planmäßigen Eintritts in die Währungsunion interpretieren lassen" (Heinemann [März 1996] S. 2). Heinemann führt drei Variablen an, die nacheinander in der zeitreihenökonomischen Analyse Anwendung finden. Neben einer naiven Größe, die anhand eines einfachen linearen Trends die zeitliche Nähe zum Übergangstermin bemißt, konzentriert sich der zweite Währungsunion-Proxie auf die Entwicklung des Zinsabstands zwischen deutschen und französischen Anleihen. Heinemann schränkt jedoch ein, daß beide Variablen als Währungsunion-Proxie nur bedingt aussagefähig seien.[1] Als dritte Größe betrachtet Heinemann die Differenz zwischen der Rendite der „theoretischen" (amtlichen) ECU und der an den Devisen- und Bondmärkten handelbaren „privaten" ECU (vgl.: Abschnitt 2.2.1) (vgl.: Heinemann [März 1996] S. 13-15).

Im Hypothesensystem unterscheidet Heinemann drei mögliche Szenarien: ein pessimistisches, ein optimistisches und ein euphorisches Szenarium. Im pessimistischen Szenarium überwiegen die Stabilitätsskeptiker für den Euro-Währungsraum am deutschen Kapitalmarkt, im optimistischen Szenarium wird die Stabilität

---

[1] Die naive Variable „Nähe zur Währungsunion" ist nur beschränkt aussagefähig, weil anzunehmen ist, daß die zeitliche Nähe durch eine veränderte Einschätzung hinsichtlich der Glaubwürdigkeit des vertraglichen Zeitplans überlagert wird. Dahinter steht der Gedanke, daß die Vorgaben der Maastrichter Verträge nicht als unabwendbarer Automatismus verstanden werden (wie übrigens die Ergebnisse des Abschnitts 2 bestätigen). Die Betrachtung der Renditekonvergenz ist nur bedingt aussagekräftig, da die Zinskonvergenz zwischen den betrachteten Ländern auch durch eine Konvergenz der Fundamentalfaktoren hervorgerufen werden kann (vgl.: Abschnitt 1.3) (vgl.: Heinemann [März 1996] S. 13).

des Euro neutral zur D-Mark eingeschätzt, und im euphorischen Szenarium kommt es sogar zu einem Zinsabschlag am deutschen Kapitalmarkt. Die Möglichkeit eines Zinsabschlags – „(s)chließlich sollte auch das euphorische Szenario eines Zinsrückgangs nicht von vornherein ausgeschlossen werden" (Heinemann [März 1996] S. 3) – führt Heinemann aber nicht auf eine positivere Stabilitätseinschätzung des Euro gegenüber dem D-Mark-Währungsregime zurück, sondern auf verbesserte institutionelle Rahmenbedingungen wie z. B. die höhere Ergiebigkeit und Breite des Kapitalmarktes. Einschränkend fügt Heinemann hinzu, daß sowohl das optimistische als auch das euphorische Szenarium nur mit der Annahme vereinbar seien, die Währungsunion auf einen kleinen Kreis stabiler Länder zu begrenzen (vgl.: Heinemann [März 1996] S. 3).

Überwiegt eine jeweilige Einschätzung bei den Marktteilnehmern, so muß diese Einschätzung ihren Niederschlag im heutigen Zinsniveau, in der Zinsstruktur und in der Zinskonvergenz finden. Ein pessimistisches Szenarium werde sich erhöhend, ein optimistisches neutral und ein euphorisches Szenarium senkend auf das Kapitalmarktzinsniveau und die Zinsstruktur am deutschen Kapitalmarkt auswirken. Die Zinskonvergenz werde hingegen bei allen drei Szenarien vollzogen, sofern man glaube, daß die Währungsunion starte. Dementsprechend zieht Heinemann die Zinsdifferenz nur zur Kontrolle der Methodik und der Variablenauswahl heran (vgl.: Heinemann [März 1996] S. 22-23). Erweist sich nun ein Währungsunion-Proxie z. B. in der Regressionsschätzung für das Zinsniveau als signifikant positive Einflußgröße, dann kann aus diesem Ergebnis der Schluß gezogen werden, daß die Einschätzung der Marktteilnehmer dem pessimistischen Szenarium entspricht.

Im Ergebnis kommt Heinemann zu dem Schluß, daß die Zinsentwicklung im Untersuchungszeitraum Dezember 1991 bis Ende 1995 voll und ganz anhand der gewöhnlichen fundamentalen Zinseinflußfaktoren erklärt werden kann. Ein Einfluß der Währungsunion auf das Niveau der deutschen Kapitalmarktzinsen sei damit nicht erkennbar. Lediglich die Entwicklung der deutschen Zinsstruktur stände in einem schwach signifikant positiven Bezug zum naiven Währungsunion-Proxie „Nähe der Währungsunion". Die Regressionsergebnisse für den deutsch-französischen Zinsabstand würden die Eignung des naiven Währungsunion-Proxies „Nähe zur Währungsunion" hingegen in Frage stellen und die Zinsdifferenz der ECU als geeigneten Währungsunion-Proxie empfehlen. Dieser weise in der Regressionsschätzung für das Zinsniveau und die Zinsstruktur übereinstimmend auf die Gültigkeit des optimistischen Szenariums hin (vgl.: Heinemann [März 1996] S. 25).

> „An den Kapitalmärkten scheint von daher eine optimistische Einschätzung der Euro-Qualität zu dominieren. Insofern ein Zinsanstieg erwartet wird, scheint das Ausmaß dieses Effektes im Vergleich zu den üblichen Schwankungen im Zinszyklus nur als geringfügig eingeschätzt zu werden." (Heinemann [März 1996] S. 25)

Der Verdienst von Heinemann in der empirischen Analyse der Auswirkungen der Erwartungshaltung einer Währungsunion auf das deutsche Kapitalmarktzinsniveau liegt im wesentlichen in drei Punkten: Erstens versucht Heinemann, die Erwartungshaltung einer Währungsunion zum ersten Mal direkt in die Analyse zu integrieren, zweitens formuliert er ein geschlossenes Hypothesensystem, und drittens grenzt er zumindest in formaler Hinsicht die Bestimmungsgrößen des Währungsunioneffektes explizit ab.

Entgegen der Vorgehensweise des Deutsche Bank Research setzt Heinemann eine eventuell zu beobachtende signifikante Fehlbewertung der zu erklärenden Größe nicht in eine direkte Beziehung zu einer Ausgangshypothese. Heinemann beschränkt sich nicht auf eine reine Residuenbetrachtung, sondern versucht, den Währungsunioneinfluß direkt über einen „Währungsunion-Proxie" in das fundamentale Erklärungsmodell zu integrieren. Der Währungsunion-Proxie soll dabei die Erwartungshaltung eines termingerechten Starts der Währungsunion bemessen. Hintergrund der Vorgehensweise ist der Gedanke, je höher die Erwartungshaltung eines termingerechten Starts der Währungsunion ausfalle, desto höher sei ceteris paribus der Einfluß der Erwartungshaltung auf die Preisbildung. An diesem Punkt setzt eine berechtigte Kritik zur herkömmlichen Residuenbetrachtung ein. Es reicht eben nicht aus, eine signifikante Fehlbewertung gemessen am fundamentalen Umfeld zu belegen, sondern es muß auch der Nachweis erbracht werden, daß diese Fehlbewertung in einer systematischen Beziehung zur Währungsuniondebatte steht.

Als zweiter Pluspunkt ist dem Ansatz von Heinemann anzurechnen, daß er ein geschlossenes Hypothesensystem entwirft. Heinemann beschränkt sich nicht allein auf die Möglichkeit eines währungsunionbedingten Zinsaufschlages am deutschen Kapitalmarkt, der in seiner Definition auf ein pessimistisches Währungsunion-Szenarium schließen läßt, sondern er räumt auch explizit die Möglichkeit eines währungsunionbedingten Zinsabschlages ein.

In enger Beziehung zum Hypothesensystem steht der dritte Pluspunkt des Heinemann-Ansatzes: eine einführende, in Teilen formal gehaltene Darstellung des Währungsunioneffektes. Nach Heinemann erklärt sich das nationale Kapitalmarktzinsniveau gemessen an der Endfälligkeitsrendite für langlaufende Staatsanleihen aus einem nicht näher erläuterten funktionalen Zusammenhang zwischen den gesamtwirtschaftlichen Fundamentalvariablen (Inflationserwartung, konjunkturelle Situation usw.) und den spezifischen Eigenschaften des Anleihemarktsegmentes und des Emittenten. Im Exkurs 1.3.1.0.0 E1 ist eine ähnliche Darstellungsweise der traditionellen Sichtweise des Zinskonvergenzprozesses zugeordnet worden. Im Rahmen der Klassifizierung des Exkurses 1.3.1.0.0 E1 kann das deutsche Kapitalmarktzinsniveau im reinen D-Mark-Währungsregime anhand folgender, schon bekannter Gleichung beschrieben werden:

Gleichung 3.2.0.0.0 F1 (vgl.: Exkurs 1.3.1.0.0 E1)

$$z_D^{DM} = g^{DM}(o^{DM}, h^{DM}, \ldots, t) + v(a_D, l_D, \ldots, t)$$

Nun weist Heinemann schon darauf hin, daß es zu keinem sprunghaften Wechsel von der nationalen zu einer europäischen Zinserklärungsgleichung mit dem Übergang zum neuen gemeinsamen Währungsraum kommen wird. Die Begründung führt Heinemann aber lediglich verbal aus:

> „Weil es hier um die Bestimmung eines Zinssatzes langfristiger Anleihen geht, wird die Euro-Ära den Zinssatz in stetig zunehmenden Maße beeinflussen, je näher der Beginn der Währungsunion rückt. Außerdem wird der Prozeß durch sich verändernde Einschätzungen über die Wahrscheinlichkeit eines planmäßigen Übergangs zur Währungsunion beeinflußt. Diese Einschätzungen werden etwa durch die Entwicklung der Konvergenzkriterien oder durch politische Äußerungen über die Interpretation dieser Kriterien beeinflußt.“ (Heinemann [März 1996] S. 7)

Dabei hätte Heinemann anhand einer konsequenten Fortführung der formalen Darstellungsmethode seine erste Behauptung, daß die Euro-Ära den deutschen Kapitalmarktzinssatz in stetig zunehmenden Maße beeinflussen wird, anschaulich zu der Aussage konkretisieren können, daß sich die Anleihebewertung im Übergangsprozeß in Abhängigkeit vom Laufzeitbereich und der Nähe der Währungsunion in Teilbewertungen aufspaltet:

Gleichung 3.2.0.0.0 F2 (vgl.: Exkurs 1.3.1.0.0 E1)

$$z_{D,t}^{DM}(\tau) = f^{DM}(o_\tau^{DM}, h_\tau^{DM}, ..., o_\tau^{Euro}, h_\tau^{Euro}, ..., t, \tau) + v(a_D, l_D, ..., t)$$

('t' bezeichnet die Laufzeit der Anleihe, 'τ' das Übergangsdatum zum gemeinsamen Währungsraum und 't-τ' die Laufzeit im Euro-Währungsregime).

Wird die zweite Behauptung Heinemanns, daß die sich verändernde Einschätzung der Wahrscheinlichkeit eines plangemäßen Übergangs zur Währungsunion ebenfalls eine Determinante der Bewertung langfristiger Anleihen darstellt, in diese formale Darstellungsweise integriert, dann kann folgende, schon bekannte wahrscheinlichkeitsgewichtete Gleichung formuliert werden:

Gleichung 3.2.0.0.0 F3 (vgl.: Exkurs 1.3.1.0.0 E1)

$$z_{D,t}^{DM} = \sum_{\tau=0}^{t} EWU(\tau) \cdot z_{D,t}^{DM}(\tau)$$

$$= \sum_{\tau=0}^{t} EWU(\tau) \cdot f^{DM}(o_\tau^{DM}, h_\tau^{DM}, ..., o_\tau^{Euro}, h_\tau^{Euro}, ..., t, \tau) + v(a_D, l_D, ..., t)$$

mit:

$$\sum_{\tau=0}^{t} EWU(\tau) = 1 \qquad wobei \qquad EWU(\tau) \geq 0$$

Abweichend von der Aussage Heinemanns bezeichnet der Term 'EWU(τ)' nicht die Erwartungshaltung eines termingerechten Starts der Währungsunion, sondern die Erwartungshaltung, daß die Währungsunion zu einem bestimmten Termin während der Laufzeit der Anleihe starten wird (und die betrachteten Währungen zu den Teilnehmerstaaten gehören werden). Diese Verallgemeinerung trägt dem Umstand Rechnung, daß Verschiebungserwartungen der Währungsunion, sofern sie in den Laufzeitbereich der Anleihe fallen, mit in der Anleihepreisbildung zu berücksichtigen sind.

Insgesamt läßt sich anhand der formalen Darstellung der Gleichung 3.2.0.0.0 F3 der Einfluß der Erwartungshaltung einer Währungsunion auf die Anleihepreisbildung vollständig beschreiben:

1. Die Höhe des potentiell maximalen Einflusses ist abhängig von der Laufzeit der Anleihe im Euro-Währungsregime. Ob sich der Einfluß letztendlich positiv, negativ oder neutral auf die heutige Anleihepreisbildung auswirkt, hängt davon ab, inwieweit

   - die gesamtwirtschaftlichen Fundamentalvariablen des D-Mark-Währungsregimes von den Werten des Euro-Währungsregimes abweichen,

   - die Identität des funktionalen Zusammenhanges der gesamtwirtschaftlichen Fundamentalvariablen 'g^{DM}' und 'f^{DM}' gegeben ist und

   - die spezifischen Eigenschaften des Anleihemarktsegmentes und des Emittenten durch die Währungsunion beeinflußt werden.

2. Ob der potentiell maximale Einfluß der Erwartungshaltung einer Währungsunion überhaupt zum Tragen kommt, ist davon abhängig, zu welchem Zeitpunkt mit welcher Wahrscheinlichkeit eine Währungsunion (und die Teilnahme der betrachteten Währungen) erwartet wird.

Es wird ersichtlich, daß der Einfluß der Erwartungshaltung einer Währungsunion auf die aktuelle Anleihepreisbildung umso größer ausfällt, je näher der erwartete Starttermin der Währungsunion liegt. Die Richtung des Einflusses bleibt hingegen offen. Eine Vielzahl von Einflußfaktoren können richtungsbestimmend wirken. Die Suche nach einer EWU-bedingten Risikoprämie am deutschen Kapitalmarkt bezieht sich aber in der Regel nur auf eine Komponente: den Inflationserwartungen für das Euro-Währungsgebiet '$h_{t-\tau}^{Euro}$'. Es ist aber durchaus anzunehmen, daß diese Komponente durch andere Faktoren in der Zinserklärungsgleichung überlagert wird, wie z. B. durch die erwartete Konjunktursituation des gemeinsamen europäischen Währungsraumes '$o_{t-\tau}^{Euro}$'. Vor diesem Hintergrund muß der Versuch, eine EWU-Risikoprämie am deutschen Kapitalmarkt nachzuweisen, als mehr als fraglich bezeichnet werden.

3.3 Die Suche nach dem Zinsaufschlag: ein überraschendes Ergebnis

Im vorherigen Abschnitt ist anhand einer vereinfachenden, im Ansatz formal gehaltenen Darstellungsweise gezeigt worden, daß der isolierte Nachweis einer EWU-bedingten Risikoprämie nicht möglich ist. In der empirischen Analyse kann vielmehr nur ein Zinsauf- oder Zinsabschlag, gemessen an der Entwicklung fundamentaler Zinseinflußfaktoren, festgestellt werden. Ob dieses Ergebnis in einer systematischen Beziehung zur Währungsunionerwartung steht, muß in einem zweiten Schritt erst noch bewiesen werden.

Vor dem Hintergrund der Ergebnisse der Abschnitte 2 und 3.1 dürfte es nicht überraschen, daß es in keinem der frühen Analyseansätze gelungen ist, eine signifikante Fehlbewertung des deutschen Kapitalmarktzinses, geschweige denn einen signifikanten Währungsunioneinfluß, zu belegen. Zwar fielen im günstigsten Fall Anfang 1995 gut 60 Prozent der Laufzeit einer zehnjährigen deutschen Anleihe in das gemeinsame europäische Währungsregime, die Erwartungshaltung eines pünktlichen Starts war zu diesem Zeitpunkt – gemessen an den Ergebnissen des Abschnittes 2 – jedoch eher gering. Schon aus diesem Grund dürfte zu diesem Zeitpunkt der tatsächliche Einfluß der Währungsunion auf die Preisbildung an den Rentenmärkten geringer anzusetzen sein, als es anhand der Laufzeit der Anleihe als potentieller Einfluß zu vermuten wäre. Wird zusätzlich bedacht, daß zu diesem Zeitpunkt die Vorstellung einer kleinen, lediglich aus den Kernwährungsländern bestehenden Währungsunion vorherrscht, die hinsichtlich der ökonomischen Fundamentalvariablen und der emittentenbezogenen Ausstattungsmerkmale als relativ homogen zu bezeichnen ist, dann dürfte das Ausmaß des potentiellen Währungsunioneinflusses ebenfalls zu relativieren sein.

Entsprechend ist es nicht verwunderlich, daß weder die frühen Arbeiten des Deutsche Bank Researchs (November 1995) noch die der Deutschen Bundesbank (November 1996) einen (erhöhenden) Einfluß der Währungsunion auf den deutschen Kapitalmarktzins feststellen können. Auch Heinemann (März 1996) kommt in seiner empirischen Analyse der Zinsentwicklung im Untersuchungszeitraum Dezember 1991 bis Ende 1995 zu dem Schluß, daß die Zinsentwicklung voll und ganz anhand der gewöhnlichen fundamentalen Zinseinflußfaktoren erklärt werden kann (vgl.: Abschnitt 3.2). Diese Ergebnisse wurden zu diesem Zeitpunkt immerhin als zufriedenstellend angesehen, da sie zumindest auf den ersten Blick der These einer EWU-bedingten Risikoprämie am deutschen Kapitalmarkt nicht widersprechen.

Als Indiz eines EWU-risikobedingten Zinsaufschlages am deutschen Kapitalmarkt wurde z. B. im Jahr 1996 von der Commerzbank das über weite Teile des Jahres 1995 und 1996 zu beobachtende dauerhafte Verharren des Kapitalmarktzinses am oberen Rand ihres Zinserklärungsbandes interpretiert. Diese Sichtweise geriet ins Wanken, als die Zinsentwicklung Ende 1996/Anfang 1997 wie schon zum Jahreswechsel 1993/94 deutlich unterhalb des Zinserklärungsbandes fiel und dort bis zum Ende des Untersuchungszeitraumes dieser Arbeit (Dezember 1997) verblieb (vgl.: Abschnitt 1.2 und 2). Ebenfalls Juchems (1997) und Goldman Sachs (September 1997) konstatieren unabhängig voneinander im Jahresverlauf 1997 ein deutliches und dauerhaftes Unterschreiten des fundamental gerechtfertigten Erklärungszinssatzes (Vergleichssatz) durch den deutschen Kapitalmarktzins. Ein verwirrendes Ergebnis, da die Zuversicht eines termingerechten Starts der Währungsunion – gemessen an den Ergebnissen des allgemeinen Währungsunion-Wahrscheinlichkeitsindikators – nicht nur zu Beginn des Jahres 1997 ihren zwischenzeitlichen mehrjährigen Maximalwert erreicht, sondern sich auch im Verlauf des Jahres 1997 zunehmend die Erwartungshaltung einer großen Währungsunion durchsetzt (vgl.: Abschnitt 2.2.2.1.3 und 2.2.2.2.3). Treffend beschreiben Goldman Sachs im September 1997 das Dilemma der Analysten, die auf der Suche nach einer Risikoprämie einen Zinsabschlag am deutschen Kapitalmarkt, gemessen am fundamental gerechtfertigten Niveau, zu erklären haben:

> For some time, bond market observers have been puzzled by the fact that they have not only failed to find an EMU risk premium on german bond yields, but that yields also have stabilised at a level considerably below the value that emerged in similar economic circumstances in the past." (Goldman Sachs [September 1997] S. 5)

Während Juchems den Zinsabschlag gegenüber dem fundamental gerechtfertigten Vergleichszinssatz lediglich dahingehend interpretiert, daß die deutschen Zinsen derzeit keine Risikoprämie aufgrund von Unsicherheiten hinsichtlich der Stärke des Euros enthielten (vgl.: Juchems [1997] S. 7), hinterfragen Goldman

Sachs, welche Faktoren für diese unerwartete Entwicklung verantwortlich gezeichnet werden können (vgl.: Goldman Sachs [September 1997]). Neben der erhöhten relativen Attraktivität deutscher Anleihen aufgrund des sinkenden Renditeniveaus in den europäischen Nachbarstaaten, begleitet durch eine Konvergenz der Realzinsniveaus, stellt Hatzius, ein Mitarbeiter von Goldman Sachs, die zunehmende Interdependenz der europäischen Anleihemärkte als einen wesentlichen Erklärungsansatz heraus. Hatzius führt im „REUTERS-FORUM" wie folgt aus:

> „Hat der näher rückende Beginn der EWU möglicherweise die Struktur des deutschen Rentenmarktes so verändert, daß „nationale" Variablen weniger wichtig werden? Es ist zu vermuten, daß die Anleihen der voraussichtlichen EWU-Teilnehmer zunehmend gegeneinander austauschbar sind, da der Markt die Wahrscheinlichkeit hoch ansetzt, daß die EWU im Jahr 1999 pünktlich und mit einer großen Zahl von Teilnehmern an den Start gehen wird, und dies in den Rentenkursen berücksichtigt. (...) Daher drängt sich uns die Vermutung auf, daß die niedrigen deutschen Renditen unter Berücksichtigung der zunehmenden Interdependenz zwischen den europäischen Rentenmärkten gerechtfertigt sein können und sich damit längerfristig aufrechterhalten ließen." (Hatzius [17. September 1997] S. 1)

Wenngleich der Wirkungskanal einer zunehmenden Interdependenz der europäischen Rentenmärkte in den Ausführungen von Goldman Sachs unklar bleibt, so sind doch die Schlußfolgerungen, die Goldman Sachs hinsichtlich der Erwartungshaltung eines EWU-bedingten Zinsaufschlages am deutschen Kapitalmarkt ziehen, recht deutlich: „The more sceptical attitude of German private household investors – who appear to demand an EMU risk premium – seems to be a minority view that is more than compensated by the bullish views of the non-German investors" (Goldman Sachs [September 1997] S. 6).

In Abschnitt 3.2 und im Exkurs 1.3.1.0.0 E1 ist schon deutlich herausgestellt worden, daß die (erwarteten) gesamtwirtschaftlichen Fundamentalvariablen für den gemeinsamen europäischen Währungsraum in Abhängigkeit zur Laufzeit der Anleihe und den Erwartungen hinsichtlich des Starts der Währungsunion eine einheitliche Bewertungsgrundlage für sämtliche Anleihen der erwarteten Teilnehmerstaaten bilden. Diese einheitliche Bewertungsgrundlage kann hier herangezogen werden, um in einfacher Form die von Goldman Sachs hervorgehobene zunehmende Interdependenz der Anleihemärkte zu verdeutlichen:

vgl.: Gleichung 3.2.0.0.0 F3 und Exkurs 1.3.1.0.0 E1

$$z_{D,t}^{DM} = \sum_{\tau=0}^{t} EWU(\tau) \cdot z_{D,t}^{DM}(\tau)$$

$$= \sum_{\tau=0}^{t} EWU(\tau) \cdot f^{DM}(o_\tau^{DM}, h_\tau^{DM}, \ldots, o_\tau^{Euro}, h_\tau^{Euro}, \ldots, t, \tau) + v(a_D, l_D, \ldots, t)$$

mit:

$$\sum_{\tau=0}^{t} EWU(\tau) = 1 \qquad wobei \qquad EWU(\tau) \geq 0$$

Wie bereits in Abschnitt 3.2 erläutert, ist die Erwartungshaltung für das Zustandekommen der Währungsunion eine bestimmende Komponente dieser „zunehmenden Interdependenz" der Anleihemärkte. Die Erwartunghaltung ist dafür verantwortlich, in welchem Umfang der potentielle Währungsunioneinfluß durch die vereinheitlichte Bewertungsgrundlage überhaupt zum Tragen kommt. Für die Richtung des potentiellen Währungsunioneinflusses sind hingegen in der hier gewählten formalen Abgrenzung die Differenz der gesamtwirtschaftlichen Fundamentalvariablen des D-Mark und des Euro-Währungsraumes, die Identität des funktionalen Zusammenhangs dieser Variablen und die Unterschiede in den spezifischen Eigenschaften des Anleihemarktsegmentes und des Emittenten verantwortlich.

Neben dieser Darstellungsweise ist es in Abschnitt 1.3.2 gelungen, im Rahmen eines erwartungstheoretischen Ansatzes der Anleihebewertung eine konkretere Darstellungsform der Interdependenz an den europäischen Rentenmärkten zu formulieren.[1)] In diesem Ansatz bilden die erwarteten Terminzinssätze für die Laufzeit der Anleihe im neuen Währungsgebiet die gemeinsame Bewertungsgrundlage für die Anleihepreisbildung. Schaubild 1.3.2.0.0 S1 skizziert den Idealfall, in dem mit Sicherheit feststeht, daß zwei Staaten zu einem bestimmten Zeitpunkt eine Währungsunion bilden. Diesem Idealfall sind in Graphik 1.3.2.0.0 G3 die tatsächlichen impliziten Forward Rates gegenübergestellt, die sich am 17. November 1997 rechnerisch aus den Renditen zehnjähriger Anleihen ergeben. Es wird deutlich, daß sich

[1)] *Vgl. auch Berichterstattung über diesen Ansatz in der Börsen-Zeitung (01.10.1997).*

die Differenz der Renditen zehnjähriger Anleihen fast ausschließlich aus der Differenz der erwarteten Terminzinssätze für die Laufzeit der Anleihe in den nationalen Währungsregimen erklärt. Die restliche Laufzeit spiegelt die einheitliche Bewertungsgrundlage der Anleihepreisbildung wider.

In Graphik 3.3.0.0.0 G1, Darstellung 6, sind die impliziten Forward Rates am 17. November 1997 nochmals abgebildet. Die gestrichelte vertikale Linie markiert das vertraglich vorgesehene Übergangsdatum zum gemeinsamen Währungsraum 1. Januar 1999. Aus dem Verlauf der impliziten Forward Rates wird deutlich, daß die Marktteilnehmer mit einem termingerechten Start der Währungsunion und der Teilnahme Deutschlands, Spaniens und Portugals rechnen. Italien weist zu diesen Staaten noch eine leichte Differenz auf. Die erwarteten Terminzinssätze für Großbritannien nähern sich erst in fünf bis sechs Jahren der gemeinsamen Bewertungsgrundlage. Gemessen an den Werten der länderspezifischen-Wahrscheinlichkeitsindikatoren des Abschnitt 2.2.2.2.3 erwarteten die Marktteilnehmer am 17. November 1997 zu 100 Prozent einen Start der Währungsunion (ablesbar an der länderspezifischen Wahrscheinlichkeit für Deutschland). Zu jeweils 99 Prozent erwarten sie, daß Portugal und Spanien von Beginn an zu dem Teilnehmerkreis der Währungsunion gehören werden. Italien weist einen geringeren Wert von 94 Prozent auf und Großbritannien einen Wert von 35 Prozent. (Die Ergebnisse der Graphik 3.3.0.0.0 G1, Darstellung 6, lassen vermuten, daß der länderspezifische Wahrscheinlichkeitswert für Großbritannien höchstwahrscheinlich, wie auch in der Kritik der Berechnungsmethodik der Wahrscheinlichkeitsindikatoren angemerkt, durch die Erwartungshaltung eines späteren Eintritts nach oben verzerrt wird).

Sofern die allgemeine EWU-Wahrscheinlichkeit 100 Prozent beträgt, bestimmen ab dem Übergangsdatum 1. Januar 1999 die bedingten länderspezifischen Wahrscheinlichkeitswerte das Ausmaß, in dem der potentielle Währungsunioneinfluß für das betrachtete Land zum Tragen kommt. Wird z. B. überraschend und glaubhaft bekanntgegeben, daß ein bestimmtes Land zu den Gründerstaaten der Währungsunion gehören wird, dann fallen die impliziten Terminzinssätze für den Zeitraum, der in das neue Währungsgebiet fällt, auf die einheitliche Bewertungsgrundlage. (Inwiefern die einheitliche Bewertungsgrundlage durch diese Ankündigung beeinflußt wird, ist davon abhängig, in welchem Ausmaß sich der erweiterte Teilnehmerkreis auf die erwarteten Terminzinssätze des gemeinsamen Währungs-

Graphik 3.3.0.0.0 G1

Implizite Terminzinssätze als gemeinsame Bewertungsgrundlage der europäischen Rentenmärkte

Darstellung 1 (02.02.1995)

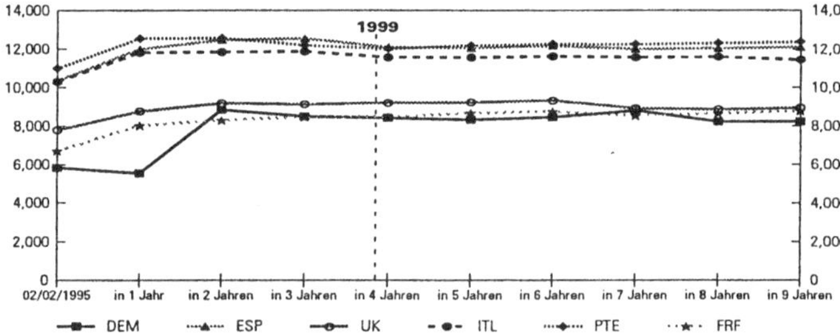

EWU-Wahrscheinlichkeit:
Deutschland 32%, Spanien 1%, Großbritannien 8%, Italien 11%, Portugal 3%, Frankreich 32%

Darstellung 2 (02.02.1996)

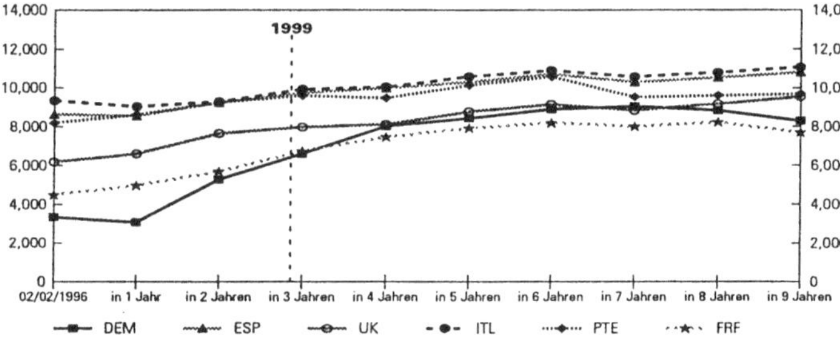

EWU-Wahrscheinlichkeit:
Deutschland 61%, Spanien 36%, Großbritannien 23%, Italien 30%, Portugal 46%, Frankreich 61%

Darstellung 3 (03.02.1997)

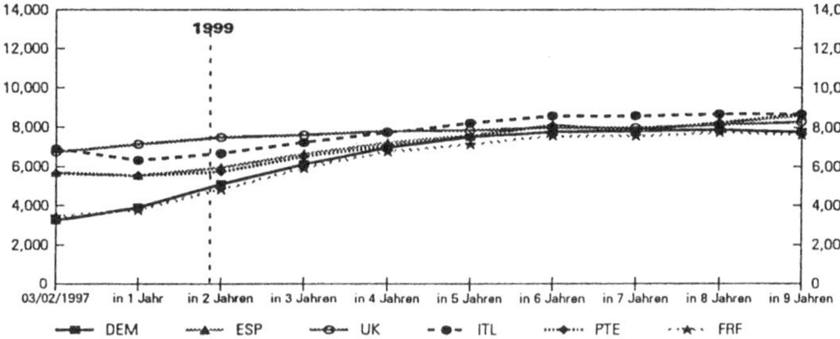

EWU-Wahrscheinlichkeit:
Deutschland 90%, Spanien 83%, Großbritannien 3%, Italien 68%, Portugal 85%, Frankreich 90%

Eigene Darstellung und Berechnung

Graphik 3.3.0.0.0 G1

Implizite Terminzinssätze als gemeinsame Bewertungsgrundlage der europäischen Rentenmärkte

Darstellung 4 (01.09.1997)

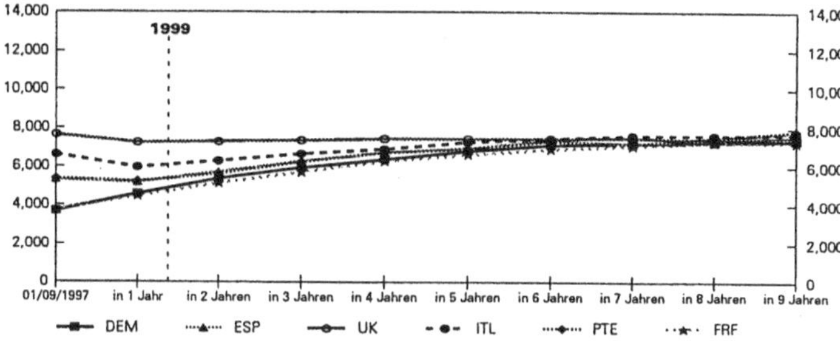

EWU-Wahrscheinlichkeit:
Deutschland 87%, Spanien 87%, Großbritannien 3%, Italien 79%, Portugal 87%, Frankreich 87%

Darstellung 5 (25.09.1997)

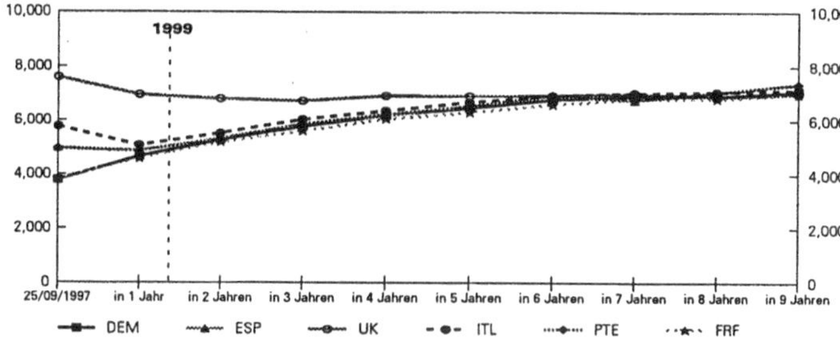

EWU-Wahrscheinlichkeit:
Deutschland 96%, Spanien 96%, Großbritannien 46%, Italien 91%, Portugal 95%, Frankreich 96%

Darstellung 6 (17.11.1997)

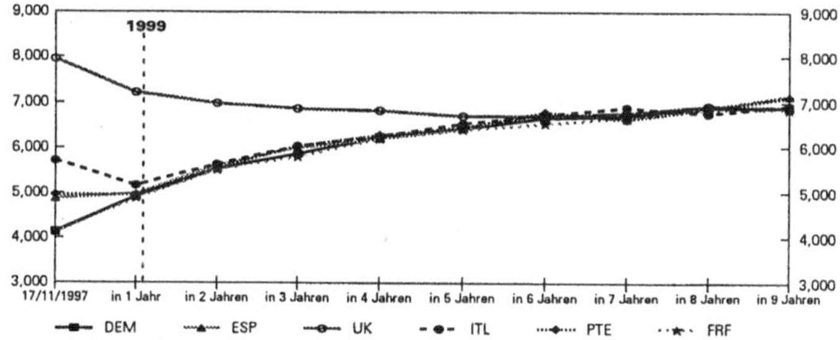

EWU-Wahrscheinlichkeit:
Deutschland 100%, Spanien 99%, Großbritannien 35%, Italien 94%, Portugal 99%, Frankreich 100%

Eigene Darstellung und Berechnung

gebietes auswirkt). Die Einengung der Renditedifferenzen am Kassamarkt zwischen dem betrachteten Land und den ursprünglich erwarteten Teilnehmerstaaten bestimmt sich in dieser Darstellung aus der Differenz der impliziten Forward Rates des betrachteten Landes zur einheitlichen Bewertungsgrundlage im Laufzeitbereich des neuen Währungsregimes. Je größer die Fläche zwischen diesen beiden Kurven ist, desto größer wird die Reaktion an den Kassamärkten ausfallen.

Es wird deutlich, daß der potentielle Währungsunioneinfluß auf die Anleihepreisbildung – sichtbar an den nahezu identischen impliziten Forward Rates (gemeinsame Bewertungsgrundlage) – am 17. November 1997 für Deutschland, Frankreich, Spanien, Portugal und mit leichten Abstrichen auch für Italien aufgrund der Erwartungshaltung der Währungsunion voll zum Tragen kommen kann. Betrachtet man allerdings die historische Entwicklung, so zeigt es sich, daß diese Aussage nicht für jeden Zeitpunkt gehalten werden kann. So ist z. B eine einheitliche Bewertungsgrundlage für die betrachteten Länder am 2. Januar 1995 nicht zu erkennen. Der potentielle Währungsunioneinfluß wird durch die Erwartungshaltung der Währungsunion überlagert (vgl.: Graphik 3.3.0.0.0 G1, Darstellung 1). Nach den Ergebnissen des allgemeinen EWU-Wahrscheinlichkeitsindikators liegt die Erwartung eines termingerechten Starts der Währungsunion zu diesem Zeitpunkt lediglich bei 32 Prozent; Portugal, Spanien, Italien und Großbritannien weisen vernachlässigbar geringe Wahrscheinlichkeitswerte auf. Bei dieser Erwartungshaltung wird die Anleihepreisbildung für die gesamte Laufzeit der Anleihe anhand der länderspezifischen Zinseinflußfaktoren bewertet, obwohl die Laufzeit der Anleihe theoretisch zu über 60 Prozent in das neue Währungsgebiet hineinreicht. Mit verbesserten Aussichten eines termingerechten Startes der Währungsunion und einer erhöhten Wahrscheinlichkeit für die Teilnahme eines betrachteten Landes verdeutlicht sich auch die gemeinsame Bewertungsgrundlage der Anleihepreisbildung (vgl.: Graphik 3.3.0.0.0 G1, Darstellung 1-6). Der potentielle Währungsunioneinfluß kommt mehr und mehr zum Tragen.

Anhand der Aussagen zur Interdependenz der Anleihemärkte wird ersichtlich, daß es nicht unwahrscheinlich ist, daß die Erwartungshaltung zur Währungsunion die Preisbildung an den deutschen Anleihemärkten in der zweiten Stufe zur Europäischen Wirtschafts- und Währungsunion nicht unwesentlich beeinflußt haben könnte. Für einen Nachweis der möglichen Zinswirkungen der Währungsuniondiskussion reicht es aber nicht aus, die Wertabweichung des tatsächlichen Zinssatzes vom Schätzwert zu betrachten und in einfacher Analogie auf den Währungsunioneinfluß zurückzuführen. Vielmehr ist die Frage zu klären, ob und in welchem Verhältnis eine am Fundamentalmodell gemessene Fehlbewertung zur Erwartungshaltung der Währungsunion steht. Es besteht der Bedarf eines „Währungsunion-Proxies", der die Einschätzung der Marktteilnehmer hinsichtlich des termingerechten Starts der Währungsunion und/oder der erwarteten Länderkonstellation bemißt. So ist es von entscheidender Bedeutung, ob die Erwartungshaltung bei einer z. B. positiven Abweichung vom Schätzwert hoch oder niedrig ist und ob die beiden Größen im Verlauf in einem systematischen Verhältnis zueinander stehen.

Mit den Werten des allgemeinen Währungsunion-Wahrscheinlichkeitsindikators und den Ergebnissen für die Erwartungshaltung einer bestimmten Länderkonstellation werden in dieser Arbeit zwei Instrumentarien entwickelt (vgl.: Abschnitt 2.2.2.1.3 und 2.2.2.2.3), die es ermöglichen, die im Modellansatz zu beobachtende Fehlbewertung in einen Zusammenhang zur Europäischen Währungsunion zu setzen.

In einem ersten Schritt kann die Abweichung des tatsächlichen Zins zu seinem Vergleichswert aus dem Zinserklärungsmodell der Commerzbank (vgl.: Abschnitt 1.2) graphisch den Ergebnissen der allgemeinen Währungsunion-Wahrscheinlichkeit gegenübergestellt werden (vgl.: Graphik 3.3.0.0.0 G2). Das Ergebnis ist im Hinblick auf die These einer Währungsunion-Risikoprämie auf den deutschen Kapitalmarktzins verblüffend: Ist die Erwartungshaltung hinsichtlich des pünktlichen Starts der Währungsunion hoch, dann fällt der tatsächliche Zins niedriger aus als der Vergleichswert. Mit anderen Worten: Jeweils zu Phasen des absoluten Optimismus hinsichtlich des termingerechten Starts der Währungsunion (Anfang 1994 und im Verlauf des Jahres 1997) unterschreitet der Kapitalmarktzins das Erklärungsband des Commerzbank-Modells. In statistischer Hinsicht weisen beide Reihen einen hohen Zusammenhang mit einem Korrelationskoeffizienten von minus 0,79 auf. Nach diesen Ergebnissen führt die steigende Wahrscheinlichkeit eines termingerechten Starts der Währungsunion zu einem tendenziell niedrigeren deutschen Kapitalmarktzins, als das fundamentale Umfeld im Commerzbank-Modell rechtfertigen würde.

In einem zweiten Schritt stellt sich die Frage, ob dieses Ergebnis auch unter Berücksichtigung der Erwartungshaltung hinsichtlich der Länderkonstellation der Währungsunion Bestand hat. Aus diesem Grund wird die im Modellansatz zu beobachtende Fehlbewertung einem Indikator für die Wahrscheinlichkeit einer großen Währungsunion (Kernwährungsländer zuzüglich Portugal, Spanien und Italien) gegenübergestellt. Hintergrund dieser Vorgehensweise ist der Gedanke, daß die Finanzmärkte eine große Währungsunion instabiler erachten als eine Kernwährungsunion (vgl.: Abschnitt 3.1). Die Wahrscheinlichkeit für eine große Währungsunion ist über den gesamten Betrachtungszeitraum geringer als die Erwartungshaltung hinsichtlich eines pünktlichen Starts. Erst in den letzten Monaten glauben die Finanzmärkte vermehrt an einen großen Teilnehmerkreis und damit per definitionem an eine „Schwachwährungsunion".

Wieder können die Werte für den Wahrscheinlichkeitsindikator einer großen Währungsunion den Abweichungen der tatsächlichen Rendite zu den Vergleichswerten des Commerzbank-Modells gegenübergestellt werden. Es ist leicht erkennbar, daß sich am grundsätzlichen Bild nichts geändert hat: Der gegenläufige

Graphik 3.3.0.0.0 G2

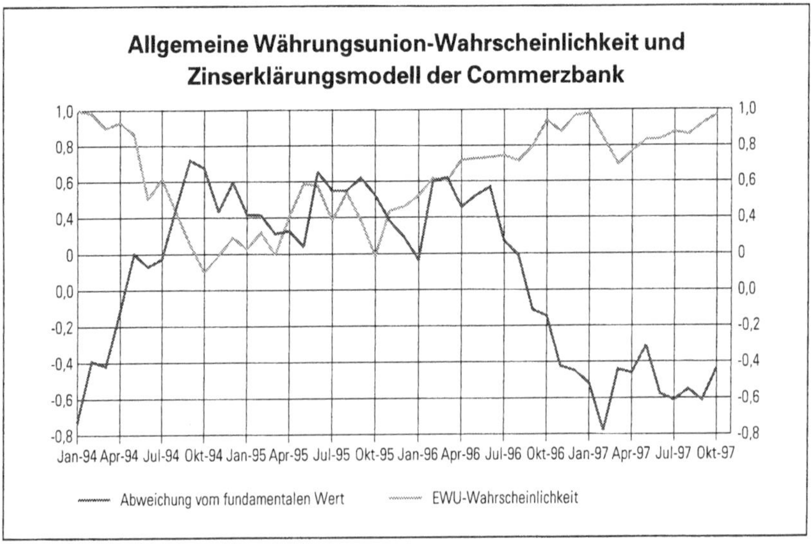

Graphik 3.3.0.0.0 G3

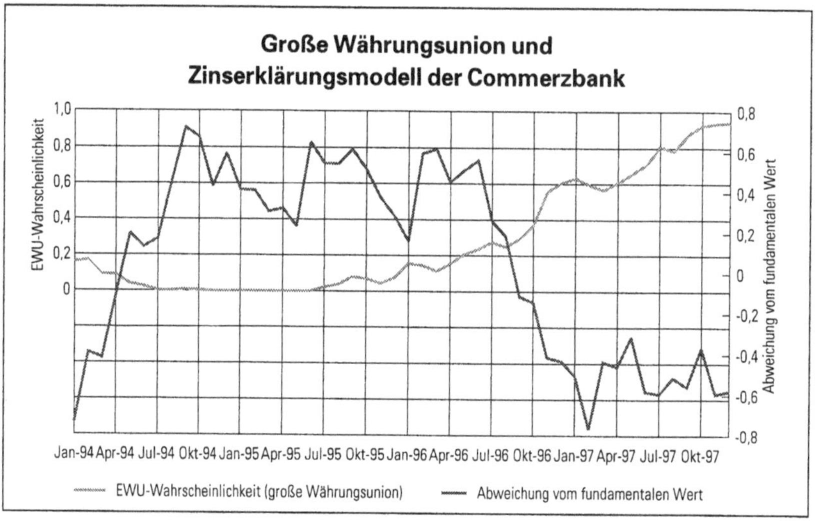

Zusammenhang bleibt bestehen. In statistischer Hinsicht verbessert sich der Korrelationskoffefizient leicht auf minus 0,81 (vgl.: Graphik 3.3.0.0.0 G3).[1]

Die empirisch gestützte Erkenntnis macht letztendlich nur Sinn, wenn sie aus einem theoretischen Kausalzusammenhang erklärt werden kann. Wie soll aber ein Zinsabschlag am deutschen Kapitalmarkt über die Erwartung einer (schwachen) Währungsunion erklärt werden? Der Schlüssel zur Erklärung liegt – der Argumentation dieser Arbeit folgend – in der einheitlichen Bewertungsgrundlage der Anleihemärkte der erwarteten Teilnehmerländer, die in der Begrifflichkeit von Goldman Sachs auch als zunehmende Interdependenz bezeichnet werden kann.

In der formal gehaltenen Erklärung des Kapitalmarktzinses im Übergangsprozeß zur Europäischen Währungsunion (vgl.: Exkurs 1.3.1.0.0 E1 und Abschnitt 3.2) ließen sich drei ursächliche Bestimmungsfaktoren zur Erklärung eines währungsunionbedingten Zinsabschlages anführen:

---

[1] Die Ergebnisse der Korrelationsanalyse werden anhand eines zweiten Referenzmodells bestätigt, wenn auch mit geringen Korrelationskoeffizenten. Die Residuen der Langfristregression des Ifo-Institutes zur Erklärung des deutschen Kapitalmarktzinsniveaus weisen mit -0.48 (große Währungsunion) und -0.41 (allgemeiner Währungsunionindikator) ebenfalls eine deutlich negative Korrelation zu den hier entwickelten Währungsunion-Zuversichtsindikatoren im gewählten Untersuchungszeitraum der Arbeit auf. (Für die genauere Modellspezifikation des Ifo-Ansatzes vgl.: Juchems [1997] und [November 1998]).

- Zum einen können die (erwarteten) gesamtwirtschaftlichen Fundamentalvariablen des gemeinsamen Währungsraums – die vor dem Hintergrund der erwarteten Länderkonstellation gebildet werden – einen zinssenkenden Einfluß ausüben. Die Ausprägungen der gesamtwirtschaftlichen Fundamentalvariablen, wie z. B. das erwartete Inflationsniveau, die konjunkturelle Situation oder die Kapitalmarktbeanspruchung seitens öffentlicher Gebietsträger würden in diesem Fall von den deutschen Werten abweichen. Hierbei ist es denkbar, daß sich gegenläufige Effekte überlagern. So könnte z. B. eine höhere Risikoprämie aufgrund der Erwartung eines höheren Inflationsrisikos durch eine abweichende Position im Konjunkturzyklus des jeweiligen Währungsgebietes überlagert werden.
- Zum anderen wird die Identität des funktionalen Zusammenhangs 'f^{DM}' und 'g^{DM}' der gesamtwirtschaftlichen Fundamentalvariablen im allgemeinen nicht gegeben sein.
- Und letztendlich könnten die geänderten Rahmenbedingungen im europäischen Währungsraum die spezifischen Eigenschaften des Anleihemarktsegmentes und des Emittenten verändern. Denkbar wären z. B. eine verbesserte Liquidität durch eine erhöhte Markttiefe oder positive Effekte aus der Erwartung, daß Bundesanleihen die Benchmark im europäischen Währungsraum bilden könnten.

In der Interpretation des erwartungstheoretischen Ansatzes zur Erklärung des Zinsniveaus wird die gemeinsame Bewertungsgrundlage anhand der erwarteten Terminzinssätze des neuen Währungsraumes gebildet (Abschnittes 1.3.2). In dieser Formulierung entspricht die Rendite einer Anleihe dem geometrischen Durchschnitt des Produktes des aktuellen und der erwarteten kurzfristigen Zinssätze über die Laufzeit der Anleihe. Ein Zinsabschlag bedingt in dieser Argumentation, daß das Produkt über den aktuellen und den erwarteten kurzfristigen Zinssätzen geringer ausfällt, als es in einer Situation ohne Währungsunioneinfluß ausgefallen wäre.

Dieses Ergebnis läßt sich in extremer Auslegung allerdings in doppelter Hinsicht interpretieren: Zum einen könnte die Erwartungshaltung eines im Vorfeld der Währungsunion tendenziell weniger restriktiven Geldmarktumfeldes im D-Mark Währungsregime als verantwortlich für den Zinsabschlag gezeichnet werden. Zum anderen könnte der Zinsabschlag auf die Erwartungshaltung der Finanzmärkte hinsichtlich des Geldmarktzinsniveaus des gemeinsamen Währungsraumes zurückgeführt werden.

Im folgenden werden einfache Fallbeispiele zur Erklärung eines EWU-bedingten Zinsabschlages am deutschen Kapitalmarkt entwickelt, die – selbst in ihrer Unvollständigkeit – einen Eindruck von den vielfältigen Interpretationsmöglichkeiten eines währungsunionbedingten Zinsabschlages am deutschen Kapitalmarkt geben. (Eine umfassende und systematische Analyse der möglichen ursächlichen Einflußfaktoren soll in dieser Arbeit nicht geleistet werden, da sie den gegebenen Rahmen sprengen würde):

Der extreme Fall, daß der Zinsabschlag sich allein auf die erwartete Geldpolitik der Bundesbank zurückführen ließe, ist in Schaubild 3.3.0.0.0 S1 stilisiert abgetragen. In diesem Schaubild bildet die durchgezogene Linie die hypothetisch erwarteten kurzfristigen Geldmarktzinssätze für Deutschland ohne Währungsunioneinfluß (Vergleichslinie) und die unterbrochene Linie die tatsächlich erwarteten Geldmarktzinssätze ab. Im Schaubild wird angenommen, daß die Geldpolitik der Europäischen Zentralbank den Stabilitätsanforderungen der deutschen Bundesbank entspricht und die konjunkturelle Situation sowie sämtliche anderen Zins-

Schaubild 3.3.0.0.0 S1

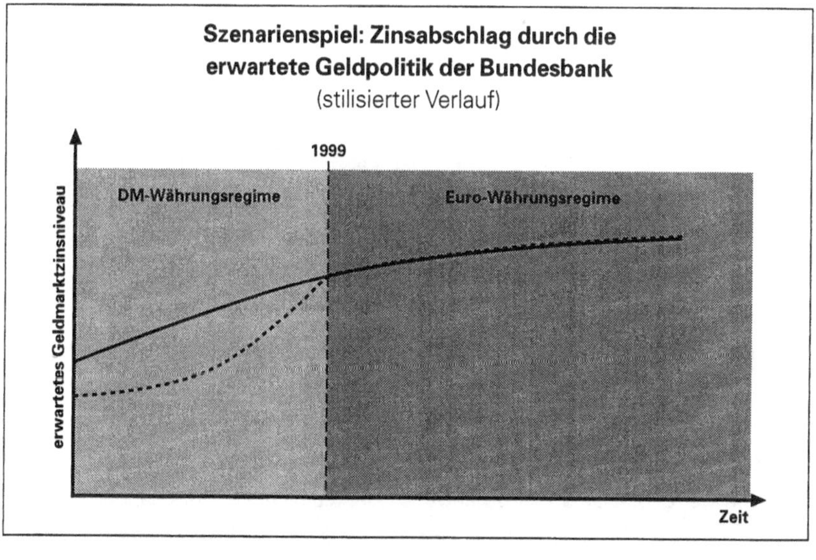

einflußfaktoren im neuen Währungsgebiet mit der Situation in Deutschland vergleichbar sind. Für die Zeitperiode vor dem Übergang zur Währungsunion wird ferner unterstellt, daß die Finanzmärkte vor dem Hintergrund kurzfristig geringer Inflationsgefahren eine weniger restriktive Geldpolitik durch die Bundesbank erwarten.

Da die tatsächlich erwarteten Geldmarktzinsen auf bzw. unterhalb der Vergleichskurve liegen, ist auch das Produkt der erwarteten Zinssätze geringer als der Vergleichswert: Damit haben wir eine Möglichkeit zur isolierten Erklärung eines Zinsabschlages abgebildet. Im ursächlichen Zusammenhang kann diese Erwartungshaltung sowohl zu monetären als auch zu realwirtschaftlichen Faktoren stehen:

Auf realwirtschaftlicher Seite kann z. B. die straffe Fiskalpolitik der öffentlichen Hand zur Erfüllung der Maastrichter Konvergenzkriterien den Druck auf das Preisniveau gelindert haben. Gleichzeitig ist es denkbar, daß durch diese Maßnahmen die Deutsche Bundesbank vermehrt in die konjunkturelle Verantwortung genommen wird, um über das Setzen der monetären Rahmenbedingungen die private Investitionsbereitschaft zu stützen und den Nachfrageausfall der öffentlichen Hand zu kompensieren. Es ist ebenfalls denkbar, daß die Deutsche Bundesbank im Rahmen ihrer Möglichkeiten Verantwortung für den europäischen Integrationsprozeß übernimmt. Immerhin stehen die europäischen Mitgliedstaaten in einem engen Zinsverbund.

Wie aus Schaubild 3.3.0.0.0 S1 ersichtlich wird, läuft der zinssenkende Effekt über die erwartete Geldpolitik der Bundesbank mit dem Näherrücken des Starttermins der Währungsunion aus. In immer geringer werdendem Umfang erklärt sich der Kapitalmarktzins über die erwarteten Zinssätze des D-Mark-Währungsregimes. Das durch die Währungsuniondiskussion beeinflußte erwartete deutsche Geldmarktzinsniveau kann damit lediglich in abnehmendem Maße für den Zinsabschlag verantwortlich gezeichnet werden. Auch ein zweiter Grund spricht gegen die Hypothese, daß sich der währungsunionbedingte Zinsabschlag am Kapitalmarkt zu weiten Teilen aus den geänderten Rahmenbedingungen des nationalen Währungsregimes herleitet: Die durch die Währungsuniondiskussion beeinflußten Größen, wie z. B. das Geldmarktzinsniveau oder die Nettokreditaufnahme, gehen selbst als Inputgrößen in das Zinserklärungsmodell ein. Die Wertabweichung des tatsächlichen Zinssatzes zum Vergleichswert des Modellansatzes wird entsprechend geringer und damit ein eventuell zu beobachtender Währungsunioneinfluß schwerer nachweisbar.

Der Effekt eines Zinsabschlages für deutsche Anleihen läuft tendenziell nicht aus, wenn die erwartete Geldpolitik der Europäischen Zentralbank oder das erwartete Zinsumfeld des neuen Währungsraumes verantwortlich für den Zinsabschlag gemacht werden. Auch diese zweite extreme Position kann wieder stilisiert abgebildet werden (vgl.: Schaubild 3.3.0.0.0 S2). Wieder kennzeichnet die durchgezogene Linie das Vergleichsmaß der erwarteten kurzfristigen Zinssätze im D-Mark-Währungsgebiet ohne Währungsunioneinfluß. Es wird angenommen, daß sich die Geldpolitik der Deutschen Bundesbank nicht geändert hat und die Vorbereitungen auf die Währungsunion den Konjunkturverlauf oder andere Zinsdeterminanten unbeeinflußt ließen. Dagegen wird im Fallbeispiel unterstellt, daß die Europäische Zentralbank in einem hinsichtlich der Inflations- und der Konjunkturerwartungen vergleichbaren Umfeld eine nicht so restriktive Geldpolitik fährt, wie sie die Bundesbank gefahren hätte. Diese Annahme bildet die Befürchtung einer weniger stabilitätsorientierten Geldpolitik durch die Mitgliedstaaten einer größeren Währungsunion ab.

Schaubild 3.3.0.0.0 S2

Szenarienspiel: Zinsabschlag durch die erwartete Geldpolitik der Europäischen Zentralbank
(stilisierter Verlauf)

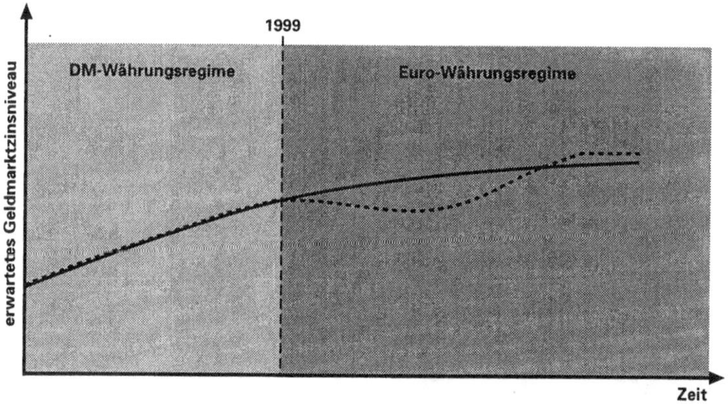

Auf Dauer wird eine solche Politik zu einer Neubewertung der Inflationsgefahren durch die Finanzmärkte führen und damit zu der Forderung nach einer höheren Ausgleichsprämie für den erwarteten Realzinsverlust. Der zinssenkende Effekt am Kapitalmarkt würde in dieser Konstellation auslaufen und letztendlich in einen Zinsaufschlag umschlagen.

Schon aus diesen beiden rudimentären Fallbeispielen läßt sich erkennen, daß das empirische Ergebnis eines währungsunionbedingten Zinsabschlags am deutschen Kapitalmarkt nicht mit der Annahme gleichzusetzen ist, daß der Euro wertstabiler als die D-Mark eingeschätzt wird. Vielmehr können sich verschiedene Effekte überlagern, die jeweils isoliert zu prüfen sind. Denkbar wären z. B. die Thesen,

- daß ein fiskalgedämpfter Konjunkturverlauf im D-Mark-Währungsregime oder ein prinzipiell zur deutschen Konjunktur nicht vergleichbarer Konjunkturverlauf der Mitgliedstaaten im Euro-Währungsregime zu einem Zinsabschlag geführt haben können,
- daß die Geldpolitik der Bundesbank aus dem Argument einer politischen Verantwortung zum Europäischen Integrationsprozeß heraus ursächliche Bestimmungsgröße eines temporären Zinsabschlags gewesen sein könnte oder
- daß die Erwartung einer tendenziell weniger stabilitätsorientierten Geldpolitik durch die Europäische Zentralbank vor dem Hintergrund einer aus realwirtschaftlicher Sicht positiven Bewertung des Inflationsumfeldes zu einer zinssenkenden Tendenz am deutschen Kapitalmarkt geführt habe.

Ergebniszusammenfassung

Als empirisches Resultat dieser Arbeit ist festzuhalten, daß die Erwartungshaltung zur Währungsunion im Untersuchungszeitraum Januar 1994 bis Dezember 1997 einen zinssenkenden Einfluß auf den deutschen Kapitalmarktzins ausgeübt hat. In der Interpretation widerspricht dieses Ergebnis aber nicht der intuitiven Behauptung, daß der deutsche Kapitalmarktzins eine EWU-bedingte Risikoprämie tragen müsse. Vielmehr ist diese Prämie – sofern sie überhaupt existiert – ein nicht zu isolierender Bestandteil sich überlagernder Zinseinflußfaktoren, die in ihrer Summe zu einem Zinsabschlag geführt haben, der wiederum – bewertet an den Ergebnissen dieser Arbeit – in gegenläufiger Beziehung zur Währungsunionerwartung steht.

In methodischer Vorgehensweise wird dieses Ergebnis anhand einer einfachen Korrelationsberechnung gewonnen. In dieser Berechnung wird die Abweichung der tatsächlichen Kapitalmarktrendite von einem Schätzwert, der die Kapitalmarktrendite ohne Währungsunioneinfluß bemessen soll, zwei Zuversichtsindikatoren gegenübergestellt, von denen der eine die durchschnittliche Erwartungshaltung der Marktteilnehmer hinsichtlich des termingerechten Starts und der andere die durchschnittliche Erwartungshaltung hinsichtlich der Zusammensetzung der Währungsunion zum 1. Januar 1999 bemißt. Beide Zuversichtsindikatoren weisen im Untersuchungszeitraum mit einem Korrelationskoeffizienten von minus 0,79 bzw. 0,81 einen in statistischer Hinsicht hohen Zusammenhang zur Abweichung der tatsächlichen Rendite von ihrem Schätzwert auf. Im Hypothesensystem dieser Arbeit führt dieses empirische Ergebnis zu der These, daß die Erwartungshaltung zur Währungsunion im Untersuchungszeitraum zu einem Zinsabschlag am deutschen Kapitalmarkt geführt hat (vgl.: Abschnitt 3.3). Um den Vorwurf einer ergebnisbezogenen Modellbildung zu umgehen, wird der Schätzansatz für das Kapitalmarktzinsniveau ohne Währungsunioneinfluß in dieser Arbeit nicht selbst entwickelt, sondern es wird auf die Ergebnisse eines vor dem Untersuchungszeitraum bewährten quantitativen Erklärungsansatzes des Investment Research der Commerzbank zurückgegriffen. Als Zuversichtsindikatoren werden die Ergebnisse des allgemeinen Commerzbank-Wahrscheinlichkeitsindikators und der länderspezifischen Wahrscheinlichkeitsindikatoren verwendet. In methodischer Hinsicht zählen diese Indikatoren zu der Gruppe der finanzmarktgestützten Erwartungsindikatoren, die sich auf die Preisbildung an den Terminmärkten beziehen. Grundlage bilden die Arbeiten von de Grauwe (Mai 1996) und Weidmann (Juli 1996) (vgl.: Abschnitt 2.2.2).

Die Erklärung des erzielten empirischen Untersuchungsergebnisses ist allgemein gehalten. Aus zwei unterschiedlichen Blickwinkeln heraus wird gezeigt, daß die Preisbildung auf den Anleihemärkten der erwarteten Teilnehmerstaaten schon im Vorfeld der Währungsunion einer einheitlichen Bewertungsgrundlage folgt. In welchem Ausmaß die einheitliche Bewertungsgrundlage aber als potentieller Währungsunioneinfluß überhaupt zum Tragen kommt, wird durch die vorherrschende Erwartungshaltung in bezug auf den Starttermin der Währungsunion und der Teilnahme der jeweils betrachteten Währung bestimmt. Im Rahmen einer formal gehaltenen Darstellungsweise wird die einheitliche Bewertungsgrundlage anhand der (erwarteten) makroökonomischen Fundamentalvariablen des gemeinsamen Währungsraums und im Rahmen eines erwartungstheoretischen Ansatzes anhand der erwarteten Terminzinssätze für die Laufzeit der Anleihe im gemeinsamen Währungsraum anschaulich beschrieben (vgl.: Abschnitte 1.3.3.2 und 3.3).

Bewertung und Ausblick

Es muß nicht besonders betont werden, daß die in dieser Arbeit erzielten empirischen Resultate in einem hohen Maße von den Ergebnissen des gewählten Zinsreferenzmodells und von den gewählten Zuversichtsindikatoren für die Währungsunionerwartung abhängen.

Wie bereits mehrfach erläutert, wird der Schätzansatz, der die Kapitalmarktrendite ohne Währungsunioneinfluß bemessen soll, in dieser Arbeit nicht selbst entwickelt, sondern es wird auf die Ergebnisse eines vor der zweiten Stufe zur Wirtschafts- und Währungsunion bewährten quantitativen Erklärungs- und Prognosemodells zurückgegriffen. Hier ist jedoch zu bedenken, daß das verwendete quantitative Erklärungsmodell sowohl in methodischer Hinsicht als auch in der Auswahl der fundamentalen Zinseinflußfaktoren nur eine Variante aus einer Vielzahl denkbarer Ansätze darstellt. Es ist dementsprechend nur naheliegend, das in dieser Arbeit erzielte Schätzergebnis nur als ein zusätzliches Indiz für die These aufzufassen, daß die Erwartungshaltung zur Währungsunion im Untersuchungszeitraum zu einem Zinsabschlag am deutschen Kapitalmarkt geführt hat. Vor diesem Hintergrund sind vertiefende empirische Untersuchungen, die sich auf weitere Referenzmodelle beziehen, durchaus wünschenswert (dies gilt insbesondere, wenn man dem zu niedrigen Durbin-Watson-Koeffizenten des Commerzbank-Regressionsansatzes Rechnung tragen will). Aus diesem Grund wurden, über diese Arbeit hinausgehend, die EWU-Zuversichtsindikatoren zu einer vertiefenden empirischen Untersuchung dem Ifo-Institut in München, respektive Herrn Juchems, zur Verfügung gestellt. Nach Auskunft von Herrn Juchems erweise sich der Zuversichtsindikator für das Zustandekommen einer großen Währungsunion als eine statistisch signifikante Erklärungsgröße in der Ifo-Langfristregression zur Erklärung des deutschen Kapitalmarktzinsniveaus. In der Kurzfristregression, die durch einen Fehlerkorrekturterm der Langfristregression erweitert wird und auf einer Differenzenbetrachtung beruht, sei der Indikator hingegen nur schwach signifikant. In beiden Fällen übe der Zuversichtsindikator einen zinssenkenden Einfluß auf die Erklärungsgröße „Deutscher Kapitalmarktzins" aus (Juchems [November 1998]). Eine genauere Betrachtung beabsichtigt das Ifo-Institut im Dezember-Bericht 1998 zu veröffentlichen.

Zu der methodischen Vorgehensweise ist anzumerken, daß einige Eingabegrößen des Commerzbank-Referenzmodells ebenfalls unter dem Einfluß der Vorbereitungen zur Währungsunion oder der Währungsunionerwartung stehen. Das hat zur Folge, daß die Wertabweichung der tatsächlichen Rendite von ihrem modellgestützten Schätzwert nicht den gesamten potentiellen Währungsunioneinfluß beinhaltet, da der Schätzwert diesen Einfluß über die Eingabegrößen mit berücksichtigen wird. So ist anzunehmen, daß die staatliche Kreditaufnahme vor dem Hintergrund der Erfüllungspflicht der fiskalpolitischen Konvergenzkriterien geringer ausgefallen ist, als sie unter „normalen" Umständen ausgefallen wäre. Dabei führt die geringere Beanspruchung des Kapitalmarktes durch die öffentliche Hand im Schätzansatz zu einem geringeren Schätzwert für die Kapitalmarktrendite. In der Interpretation der Ergebnisse ist dementsprechend darauf zu achten, welche währungsunionbezogenen Erklärungsansätze eines Zinsabschlages am deutschen Kapitalmarkt eventuell zum Teil schon durch die Eingabegrößen aufgefangen werden. In diesem Zusammenhang ist es sicherlich wünschenswert, ein Referenzmodell zur Schätzung des Kapitalmarktzinses zu verwenden, dessen Eingabegrößen relativ frei vom Währungsunioneinfluß sind.

Hinsichtlich der Wahl eines geeigneten Zuversichtsindikators ist festzuhalten, daß sich die finanzmarktgestützten Indikatoren, die sich auf die Preisbildung an den Terminmärkten beziehen, durchaus als ein geeignetes Instrumentarium erweisen, mit dessen Hilfe die durchschnittliche Erwartungshaltung der Marktteilnehmer in bezug auf den Starttermin und die Zusammensetzung der Währungsunion ermittelt werden kann, obwohl die Methodik gewissen Einschränkungen unterliegt. In sämtlichen Berechnungsverfahren ist zu beachten, daß die Ergebnisse formal keine Wahrscheinlichkeitsangaben, sondern nur Indikatorwerte darstellen. Daneben erweist sich die Berechnung länderspezifischer Wahrscheinlichkeitsindikatoren für diejenigen Währungen als wenig geeignet, die aus fundamentaler Sicht eine geringe Zinsdifferenz zur Referenzwährung aufweisen. Nicht zu vergessen ist die Wahl des Basiszinssatzes, also des Nicht-EWU-Niveaus, dessen Quantifizierbarkeit vom Europäischen Währungsinstitut nicht unbegründet als „art element" bezeichnet wurde.

Zu den in dieser Arbeit entwickelten Wahrscheinlichkeitsindikatoren ist als Hauptkritikpunkt anzuführen, daß sich ihre Berechnung auf Terminzinsdifferenzen fünfjähriger Anleihen bezieht und damit die Eintrittswahrscheinlichkeit eines Zeitraums und nicht eines Zeitpunkts ermittelt. Die Erwartungshaltung eines termingerechten Starts der Währungsunion und der Teilnahme eines einzelnen Landes zum 1. Januar 1999 wird dementsprechend systematisch überschätzt. Eine Neuberechnung auf Grundlage sogenannter „instantaneous forward rates", die in der Interpretation von Favero et al. (Juli 1997) die Terminzinsdifferenz von Anleihen mit einer Laufzeit von einem Tag beziffern, ist vor diesem Hintergrund naheliegend.

In der empirischen Analyse der Kapitalzinswirkungen der Währungsunion ist es dagegen durchaus sinnvoll, einen Zuversichtsindikator zu verwenden, der die Erwartungshaltung hinsichtlich des Übergangs zum gemeinsamen Währungsraum für einen Zeitraum und nicht für einen Zeitpunkt bemißt. So konnte gezeigt werden, daß der potentielle Einfluß der Währungsunion auf die Anleihepreisbildung in Abhängigkeit zur Laufzeit der Anleihe im gemeinsamen Währungsraum und zur Erwartung des jeweiligen Übergangstermins steht. In einer vertiefenden empirischen Analyse wäre es dementsprechend sinnvoll, einen Erwartungsindikator zu verwenden, der einzelne zeitpunktbezogene Wahrscheinlichkeitsindikatoren miteinander verbindet, die auf Grundlage der instantaneous forward rates für unterschiedliche Übergangsdaten ermittelt und mit der jeweiligen Restlaufzeit der Anleihe im gemeinsamen Währungsraum gewichtet werden. Auf diese Weise würde es gelingen, einen Zuversichtsindikator in der Korrelationsberechnung zu verwenden, der den wahrscheinlichkeitsgewichteten potentiellen Währungsunioneinfluß auf die Anleihepreisbildung abbildet.

Die Erklärungsansätze eines Zinsabschlags am deutschen Kapitalmarkt sind in dieser Arbeit allgemein gehalten. Sie beschränken sich auf die Beschreibung einer allgemeinen Bewertungsgrundlage für die Anleihepreisbildung an den Rentenmärkten der erwarteten Teilnehmerstaaten. Insbesondere der erwartungstheoretische Erklärungsansatz erweist sich hier als ein sehr transparentes und graphisch gut darzustellendes Verfahren, das auch zur weiteren Beschreibung des künftig zu erwartenden Zinskonvergenzprozesses zwischen den Teilnehmerstaaten der Währungsunion und den Teilnehmerstaaten der weiteren Aufnahmerunden herangezogen werden kann. In diesem Zusammenhang ist auch zu erwarten, daß mit der sukzessiven Erweiterung der Europäischen Union durch die elf assoziierten Teilnehmerstaaten und den verbleibenden Teilnehmerstaaten der Währungsunion mit

Ausnahmeregelung weiterhin Bedarf zur Berechnung länderspezifischer Wahrscheinlichkeitsindikatoren bestehen wird.

Daneben wird es sicherlich Versuche geben, die Austrittswahrscheinlichkeit eines Teilnehmerstaates aus der bestehenden Währungsunion oder die Wahrscheinlichkeit eines Auseinanderbrechens der Währungsunion durch ein ähnliches Verfahren zu bemessen: Immerhin erwarten nach Umfrageergebnissen von MMS International Anfang März 1998 vierzehn Prozent der befragten Umfrageteilnehmer ein Auseinanderbrechen der Währungsunion bis zum Jahr 2002. Vor diesem Hintergrund ist zu erwarten, daß Renditedifferenzen im zukünftigen Europäischen Währungsraum nicht nur Liquiditäts- und Bonitätsdifferenzen widerspiegeln werden, sondern auch Risiken beinhalten werden, die mit einem Scheitern des Währungsunionprojektes verbunden sind.

Anhang

Der Zusammenhang der Wahrscheinlichkeitsindikatoren – eine formale Darstellung [1)]

Die nachfolgenden Ausführungen sind vor dem Hintergrund der Aussagen dieser Arbeit zu verstehen. Die Notation ist aufgrund der Zielsetzung einer verkürzenden Darstellungsweise geändert. Als Referenzwährung der Terminzinsdifferenzen kann sowohl die ECU als auch jede andere Währung herangezogen werden, von der anzunehmen ist, daß sie unzweifelhaft zum gemeinsamen Währungsraum übergehen wird. In dieser Arbeit übernimmt diese Funktion die D-Mark. Die Laufzeitauswahl der zugrundeliegenden Anleihen ist beliebig, sollte jedoch vor dem Hintergrund der Krititk von Favero et al. (Juli 1997) kurz gehalten sein. Die Terminzinsdifferenzen beziehen sich auf Referenzzinsswap-Renditestrukturkurven. Auf die Problematik der Wahl der Schätzgrößen der erwarteten Kassazinsdifferenzen wird nicht weiter eingegangen. Desweiteren wird angenommen, daß die Ausprägungen der Terminzinsdifferenz sich im Bereich des „unteren" und "oberen" kritischen Wertes bewegen.

A Beschreibung der Umweltzustände

Ausgangspunkt der Darstellung ist die Beschreibung des möglichen Umweltzustandes, der zum vertraglich vorgesehenen Starttermin der Währungsunion vorherrschen kann. Aus Sicht des Landes 'i' kann der mögliche Umweltzustand zum 1. Januar 1999 anhand drei – sich einander ausschließender – Umweltzustände beschrieben werden:

1. Die Währungsunion findet nicht statt (KW).
2. Die Währungsunion findet statt und das Land 'i' gehört zu den Teilnehmerstaaten (WT).
3. Die Währungsunion findet statt und das Land 'i' gehört nicht zu den Teilnehmerstaaten (WKT).

[1)] *Für seine hilfreiche Unterstützung in der formalen Ausführung des Zusammenhangs der Wahrscheinlichkeitsindikatoren möchte ich Herrn Dr. Uwe Kern danken.*

Vor dem möglichen Starttermin der Währungsunion kann jedem möglichen Umweltzustand eine gewisse Wahrscheinlichkeit zugeordnet werden, wobei sich die Summe der Wahrscheinlichkeiten zu eins addiert. (Da sich die Wahrscheinlichkeitsbetrachtungen in den nachfolgenden Darstellungen auf einen Zeitpunkt beziehen, wird aus Gründen der vereinfachenden Darstellungsweise der Zeitindex 't' nicht aufgeführt).

(1) $$P(KW) + P(WT) + P(WKT) = 1$$

B Die Erklärung der Terminzinsdifferenz

Wird der grundlegenden Modellmethodik der Wahrscheinlichkeitsindikatoren gefolgt, dann wird die Terminzinsdifferenz (z) als Ergebnis der wahrscheinlichkeitsgewichteten für den 1. Januar 1999 erwarteten Kassazinsdifferenzen aufgefaßt. Dabei bezeichnet

- 'D(KW)' die erwartete Kassazinsdifferenz für den Fall, daß die Währungsunion nicht startet.
- 'D(WT)' die erwartete Kassazinsdifferenz für den Fall, daß die Währungsunion startet und Land 'i' dem gemeinsamen Währungsgebiet angehören wird.
- 'D(WKT)' die erwartete Kassazinsdifferenz für den Fall, daß die Währungsunion startet und Land 'i' dem gemeinsamen Währungsgebiet nicht angehören wird.

(2) $$z = P(KW)D(KW) + P(WT)D(WT) + P(WKT)D(WKT)$$

C Von der Terminzinsdifferenz zur länderspezifischen Wahrscheinlichkeit

Anhand der aus (1) abzuleitenden Zusammenhänge

(3) $$P(W) = 1 - P(KW) = P(WT) + P(WKT) \qquad P(WKT) = P(W) - P(WT)$$

kann die Gleichung (2) folgendermaßen umgeschrieben werden:

(4) $$z = [1 - P(W)]D(KW) + P(WT)D(WT) + [P(W) - P(WT)]D(WKT)$$

Nach Umstellung von (4)

(5) $$D(KW)-z=P(W)[D(KW)-D(WKT)]+P(WT)[D(WKT)-D(WT)]$$

und Erweiterung mit der Summe 'D(WT)-D(WT)' erhalten wir die Gleichung

(6) $$P(WT)[D(WKT)-D(WT)]=P(W)[D(WKT)-D(WT)+D(WT)-D(KW)]+D(KW)-z$$

Nach Auflösung von (6) nach 'P(WT)' erhalten wir die länderspezifische Wahrscheinlichkeit (Annahme: D(WKT) ≠ D(WT))

(7) $$P(WT)=P(W)-\frac{z-P(W)D(WT)-[1-P(W)]D(KW)}{D(WKT)-D(WT)}$$

C1 Der Übergang zum Weidmann-Ansatz

Die Gleichung (7) kann unter Berücksichtigung der Beziehung

(8) $$P(WT)=P(T\backslash W)P(W)$$

zur bedingten Wahrscheinlichkeit 'P(T\W)'

(9) $$P(T\backslash W)=1-\frac{z-P(W)D(WT)-[1-P(W)]D(KW)}{P(W)[D(WKT)-D(WT)]}$$

aufgelöst werden (Annahme: P(W) > 0). Für den Fall 'D(WT) = 0' entspricht diese Gleichung der bedingten länderspezifischen Wahrscheinlichkeit des Weidmann-Ansatzes (Juli 1996) (vgl.: Abschnitt 2.2.2.2.2).

C2 Der Übergang zum Welge-Ansatz

Anhand der Beziehung (8) kann der Weidmann-Ansatz zur Berechnung einer bedingten länderspezifischen Wahrscheinlichkeit wieder in eine unbedingte Wahrscheinlichkeit überführt werden:

(10) $$P(WT)=P(W)\cdot\left[1-\frac{z-P(W)D(WT)-[1-P(W)]D(KW)}{P(W)[D(WKT)-D(WT)]}\right]$$

Im Ergebnis erhalten wir die Methodik, nach der die Commerzbank ihre länderspezifischen Wahrscheinlichkeiten berechnet (vgl.: Abschnitt 2.2.2.2.2).

D Von der länderspezifischen zur allgemeinen Währungsunion-Wahrscheinlichkeit

Durch Auflösung der Gleichung (9) nach 'P(W)'

(11) $$P(W)=\frac{D(KW)-z}{D(KW)-P(T\setminus W)D(WT)-\left[1-P(T\setminus W)\right]D(WKT)}$$

erhält man die allgemeine Form der allgemeinen Währungsunion-Wahrscheinlichkeit. Setzen wir in einem nächsten Schritt die bedingte Wahrscheinlichkeit für das Land 'i' eins, indem wir annehmen, daß die Währungsunion ohne dieses Land nicht starten wird, erhalten wir die Gleichung (Annahme: $D(KW) \neq D(WT)$)

(12) $$P(W)=\frac{D(KW)-z}{D(KW)-D(WT)}$$

Für den Fall '$D(WT) = 0$' entspricht diese Gleichung der allgemeinen Währungsunion-Wahrscheinlichkeit des de Grauwe-Ansatzes (Mai 1996) (vgl.: Abschnitt 2.2.2.1)

(13) $$P(W)=1-\frac{z}{D(KW)}$$

E Die alternative Berechnungsmethode der länderspezifischen Wahrscheinlichkeit

Die alternative Berechnungsmethode geht auf die Arbeit von de Grauwe (Mai 1996) zurück. Sie findet Anwendung in den Ansätzen der Finanzinstitute (u. a. J. P Morgan, Credito Italiano, DB Milan) und der Arbeit von Favero et al. (Juli 1997) (vgl.: Abschnitt 2.2.2.2.1).

Die alternative Berechnungsmethodde geht nur von zwei möglichen Umweltzuständen aus:

- Land 'i' bildet eine Währungsunion mit der Referenzwährung (L)
- Land 'i' bildet keine Währungsunion mit der Referenzwährung (KL)

Entsprechend der bekannten Vorgehensweise, wird die Terminzinsdifferenz wieder als wahrscheinlichkeitsgewichtete, erwartete Kassazinsdifferenz verstanden:

(14) $$z = P(L)D(L) + P(KL)D(KL)$$

In der Terminologie des Abschnittes B entspricht

(15) $$P(L) = P(WT) \qquad P(KL) = 1 - P(WT) = P(WKT) + P(KW)$$

Entsprechend kann (14) umgeschrieben werden

(16) $$z = P(WT)D(WT) + [P(WKT) + P(KW)]D(KL)$$

Damit sind die Ansätze (2) und (16) genau dann deckungsgleich, wenn die Beziehung

(17) $$D(KL) = \frac{P(WKT)D(WKT) + P(KW)D(KW)}{P(WKT) + P(KW)}$$

erfüllt ist. Das gilt insbesondere, wenn

(18) $$D(KL) = D(WKT) = D(KW)$$

Es ist jedoch nicht davon auszugehen, daß diese Größen gleich sind. Im Ergebnis wird die Schwäche des alternativen Ansatzes in der Beschreibung der möglichen Umweltzustände sichtbar, indem nicht zwischen dem Ereignis

- Währungsunion findet nicht statt
- Währungsunion findet ohne die Beteiligung des Landes 'i' statt

unterschieden wird.

Literaturverzeichnis

11. Protokoll zum Vertrag über die Europäische Union ; Über einige Bestimmungen betreffend das Vereinigte Königreich Großbritannien und Nordirland, in: Beck-Texte im dtv, Europäischer Unionsvertrag, Berlin, S. 51-53.

12. Protokoll zum Vertrag über die Europäische Union ; Über einige Bestimmungen betreffend Dänemark, in: Beck-Texte im dtv, Europäischer Unionsvertrag, Berlin, S. 53-54.

Alesina, A./Broeck/de M./Prati, A./Tabellini, G. [Oktober 1992]; Default risk on government debt in OECD countries, in: Economic Policy, S. 427-451.

Ariel, R. [1989]; The treasury yield curve and its interpretation, New York.

Banca Commerciale Italiana [März 1997]; The Italian money markets diary, Roma.

Banca d'Italia [Februar 1997]; Bollettino Economica, Numero 28, Roma.

Banco Central Hispano [Januar 1997]; Spain: Economic Outlook, S. 23, Madrid.

Bank Gesellschaft Berlin [Oktober 1995]; EWWU – Europäische Wirtschafts- und Währungsunion, Konsequenzen für Geldmarkt, Bondmarkt und Devisenmarkt, Berlin.

Bank für Internationalen Zahlungsausgleich [August 1996]; Entwicklung des internationalen Bankgeschäfts und der internationalen Finanzmärkte, Basel.

Bank Julius Bär [Oktober 1996]; Europäische Währungsunion, Zürich.

Bank Leu [Dezember 1996]; Basic report – ratings and rating agencies: a practical guide, Zürich.

Bank of England [Dezember 1997]; Practical issues arising from the introduction of the Euro, Issue No 6, London.

Bayerische Hypotheken- und Wechselbank [April 1997]; Aktuelles zur Europäischen Währungsunion, München.

BHF-Bank [August 1995]; Zinswirkungen einer Europäischen Währungsunion, in: Wirtschaftsdienst, Nr. 1794, Frankfurt.

– [Dezember 1995]; Was wird aus ECU-Anleihen? in: Wirtschaftsdienst Nr. 1804, Frankfurt.

– [Februar 1997]; Zinsunterschiede am Euro-Rentenmarkt nach dem Start in die EWU, Wirtschaftsdienst Nr. 1845, Frankfurt.

Bierwag, G. O./Kaufmann, G. G./Toevs, A. [1983]; Duration: Its development and use in bond portfolio management, in: Financial Analysts Journal, Vol. 39, S. 15-35.

Bishop, G. [April 1991]; ECUland – The Thirteenth Member of the EC?, in: European Business Analysis, herausgegeben von Salomon Brothers, New York.

Bleymüller, J./Gehlert, G./Gülicher, H. [1989]; Statistik für Wirtschaftswissenschaftler, München.

Bode, O./Fromme, S. [November 1996]; Forward Rates: Zur Zinsprognose geeignet?, in: Die Bank, S. 668-670.

Börsen-Zeitung [30.01.1997]; Stimmung für den Euro auf dem höchsten Niveau.

– [08.04.1997]; Vorauswahl der EWU-Teilnehmer in diesem Jahr.

– [26.06.1997]; EWU-Wechselkursverfahren früh festlegen.

– [01.10.1997]; EWU-Risikoprämie für DM-Bonds ist eine Mär.

Breuer, R. E. [November 1995]; Realismus an den Bondmärkten, in: Börsen-Zeitung vom 17.11.1995.

Buiter, W. H./Kletzer, K. M. [1990]; Reflections on fiscal implications of a common currency, in: CEPR (Centre for Economic Policy Research), Discussion Papers, No. 418.

Buti, M. [1990]; Monetary and fiscal rules for public debt sustainability, in: Economic Papers, herausgegeben von der Kommission der Europäischen Gemeinschaften, No. 84.

CCF [1995]; Recherche & Innovations, Paris.

Cencini, A. [1995]; Monetary Theory – National and International, London.

Clark, E./Levasseur, M./Rousseau, P. [1994]; International Finance, London.

Commerzbank [Mai 1995]; Die Europäische Währungsunion, internes Arbeitspapier, Frankfurt.

– [Mai 1996]; Die Europäische Währungsunion – Perspektiven und Anlagestrategien im Frühjahr 1996, internes Arbeitspapier, Frankfurt.

Consensus Economics [Januar 1997]; Consensus Forecast, London.

– [August 1997]; Consensus Forecast, London.

Corriere della Sera [15.03.1997]; E torna l'allarme-tassi.

Cottarelli, C./Mecagni, M [Dezember 1990]; The risk premium on italian government debt, 1976-88, in: IMF Staff Papers, Vol. 37, No. 4, S. 865-880.

Council Regulation (EC) No. 3320/94 of 22. December 1994; On the consolidation of the existing community legislation on the definition of the ECU following the entry into force of the Treaty on European Union; aus: Economic and Market Analysis, Converting the ECU 1:1 to the EURO: Appendix, Salomon Brothers, London, S. 3-4.

Cox, C./Ross, S. A./Rubinstein, M. [September 1979]; Option pricing: a simplified approach, in: Journal of Financial Economics, Vol. 32, Nr. 1, S. 103-115.

Cox, C/Ingersoll, J. E./Ross, S. A. [September 1981]; A re-examination of traditional hypotheses about the term structure of interest rates, in: The Journal of Finance, Vol.XXXVI, No. 4, No. 2, S. 769-799.

Cox, C/Ingersoll, J. E./Ross, S. A. [März 1985]; A theory of the term structure of interest rates, in: Econometrica, Vol. 53, No. 2, S. 385-407.

Credito Italiano [Viertes Quartal 1996]; European Monetary Union: The expected market scenario, in: Economic trends in Italy, S. 30-34.

Datastream [13.02.1997]; Bond market faith in Monetary Union slipping: rates of return.

– [19.06.1997]; Tietmeyer scorns rate tool, urges EMU conversion.

Dattatreya, R. E. [Juli 1992]; Interest rate swap, in: Dictionary of Derivatives, herausgegeben von Euromoney, S. 31-35, London.

Debus, J. C. [August 1996]; Die Europäische Wirtschafts- und Währungsunion und ihre rechtlichen Implikationen für die Kreditwirtschaft, Studienarbeit der Technischen Hochschule Darmstadt, Brüssel.

De Grauwe, P. [Mai 1996]; Forward interest rates as predictors of EMU, in: Discussion paper No. 1395, herausgegeben vom Centre for Economic Policy Research, London.

Deutsche Bank Research [März 1995]; Die dritte Stufe der Europäischen Währungsunion – Auswirkungen auf die Rentenmärkte, in: G3-Themen, Nr. 77, Frankfurt

– [November 1995]; Europäische Währungsunion: Belastungsfaktor für den deutschen Rentenmarkt, in: Deutschland-Themen, Nr. 165.

Deutsche Bank Research Milan [September 1996]; Simulation and forecast of the Italian yield spread, in: Background papers.

Deutsche Börse [Juni 1994]; Deutscher Rentenindex REX, Frankfurt.

Deutsche Bundesbank [März 1979]; Das Europäische Währungssystem, in: Monatsberichte, S. 11-18, Frankfurt.

– [Mai 1992]; Die Märkte für die private ECU, in: Monatsberichte, S. 26-38, Frankfurt.

– [1993]; Die Deutsche Bundesbank - Geldpolitische Aufgaben und Instrumente, in: Sonderdrucke der Deutschen Bundesbank, Nr. 7, Frankfurt.

– [November 1993]; Entwicklung und Bestimmungsfaktoren des Außenwerts der D-Mark, in: Monatsberichte, S. 41-60, Frankfurt.

– [November 1995]; Europäisches Währungssystem – Abweichungsindikator, in: Devisenkursstatistik, S. 84, Frankfurt.
– [September 1996]; Erläuterungen – Zur Berechnung der Renditestrukturdaten, in: Kapitalmarktstatistik, S. 61, Frankfurt.
– [ab September 1996]; Informationsbrief zur Europäischen Wirtschafts- und Währungsunion, in loser Folge erscheinende Publikation, Frankfurt.
– [November 1996]; Die Entwicklung der Kapitalmarktzinsen seit Anfang der neunziger Jahre, in: Monatsberichte, S. 17-32, Frankfurt.
– [Oktober 1997]; Schätzung von Zinsstrukturkurven, in: Monatsberichte, S. 61-66, Frankfurt.

Deutsche Morgan Grenfell [Februar 1997]; Structuring trades for EMU, unveröffentlichtes Vortragsmanuskript von David Knott, Deutsche Morgan Grenfell.

DIRI (Dresdner International Research Institute) [August 1995]; Die Europäischen Rentenmärkte auf dem Weg zur Währungsunion, in: Rentenfocus Spezial, Frankfurt.

Dybvig, P. H./Marshall, W. J. [Februar 1996]; Pricing long bonds – pitfalls and opportunities, in: Financial Analysts Journal, S. 32-39.

Emerson, M./Gros, D./Italianer, A./Risani-Ferrry, J./Reichenbach, H. (1991); Ein Markt – eine Währung. Potentielle Nutzen und Kosten der Errichtung einer Wirtschafts- und Währungsunion, herausgegeben von der Kommission der Europäischen Gemeinschaften, Bonn.

Europäischer Rat [Dezember 1995]; Tagung am 15. und 16. Dezember 1995 in Madrid, veröffentlicht von der Europäischen Kommission 96/C 22/02, Abl EG Nr. C22/2-5.
– [Dezember 1996]; Tagung am 13. und 14. Dezember 1996 in Dublin, in: EU-Nachrichten Nr. 7, herausgegeben von der Europäischen Kommission, Vertretung in der Bundesrepublik Deutschland.

Europäisches Währungsinstitut [April 1994]; Jahresbericht 1993, Frankfurt.
– [April 1995]; Jahresbericht 1994, Frankfurt.
– [November 1995]; Der Übergang zur einheitlichen Währung, Frankfurt.
– [April 1996]; Jahresbericht 1995, Frankfurt.
– [November 1996]; Fortschritte auf dem Wege zur Konvergenz 1996, Frankfurt.
– [April 1997]; Jahresbericht 1996, Frankfurt.

European Commission [May 1995]; Green Paper – On the practical arrangements for the introduction of the single currency, Brüssel.

– [Juli 1996]; Legal framework for the use of the Euro, in: Working document of the Commission Services, II/395/96-EN-Rev.1, Brüssel.

– [2. Juli 1997]; The impact of the euro on the capital markets, in: Pressemitteilung der Europäischen Kommission, DN: IP/97/593.

European Monetary Institute [November 1995]; Progress towards convergence, Frankfurt.

– [März 1997]; A survey of the methods estimating EMU-probabilities, unveröffentlichtes internes Informationspapier des Europäischen Währungsinstitutes.

EUROSTAT [Mai 1996]; ECUSTAT, Themenkreis 2, Reihe B, Brüssel.

Fabozzi, F. J. [1987]; Bond yield measures and price volatility properties, in: The handbook of fixed income securities, herausgegeben von Frank J. Fabozzi und Irving M. Pollak, S. 50-85, Illinois.

– [1993]; Bond markets, analysis and strategies, London.

Favero, C. A./Giavazzi, F./Spaventa, L. [Januar 1996]; High yields: the spread on german interest rates, in: CEPR discussion paper, No. 1330.

Favero, C. A./Giavazzi, F./Iacone, F. [Juli 1997]; Extracting information from asset prices: the methodology of EMU calculators, in: CEPR discussion paper.

Filc, W. [1992]; Theorie und Empirie des Kapitalmarktzinses, in: Wissenschaft für die Praxis, herausgegeben vom Deutschen Sparkassenverlag, Stuttgart.

Financial Times [22.04.1997]; The fine art of Emu forecasting.

Folkerts-Landau, D./Garbner, P [März 1992]; The pivate ECU: a currency floating on grossamer wings, in: NBER Working Paper, No. 4017.

– [März 1995]; Determing the value of a financial unit of account based on composite currencies: the case of the private ECU, in: IMF Staff Papers, Vol.42, No. 1.

Fuhrmann, W. [1994]; Geld und Kredit - Prinzipien monetärer Makroökonomik, München.

Gandolfo, G. [1995]; International Economics II, Berlin.

Gebauer, W./Müller, M./Schmidt, K. J. W./Thiel, M./Worms A. [Juni 1993]; Determinants of Long-Term Interest Rates in Selected Countries – Towards a European Central Bank Policy Design, herausgegeben vom Institut für Kapitalmarktforschung der J. W. von Goethe-Universität in Frankfurt, Working Paper, Nr. 31, Frankfurt.

Gobal Fixed Income Research [Mai 1997]; Currency & Bond Market Trends – a biweekly review, herausgegeben von Merrill Lynch, New York.

Goldman Sachs [Mai 1996]; European bonds spreads and the probability of Emu, unveröffentlichtes (?) internes Arbeitspapier.

– [Juni 1996]; Are markets losing faith in Buba?, in: German weekly analyst, Issue No. 22, Frankfurt.

– [Februar 1997]; Estimating the probability of Emu – a new approach, in: European Economics Analyst.

– [September 1997]; The brave new European bond market, in: German Weekly Analyst, Issue No. 32, Frankfurt.

Goldstein, M/Woglom, G. [1992]; Market based fiscal discipline in monetary unions: evidence from the US municipal bond market, in: Establishing a central bank: Issues in Europe and lessons from the US, herausgegeben von M. Canzoneri, V. Grilli und P. Masson, Cambridge.

Gros, D./Lannoo, K. [Oktober 1996]; The passage to the Euro, Report of a CEPS working party, in: Centre of European Policy Studies, draft 4/10/96.

Grosch, U. [1994]; Von der ECU zum ECU, in: Maastricht: Königsweg oder Irrweg zur Wirtschafts- und Währungsunion, herausgegeben von R. Caesar und H.-E. Scharrer, Schriften des Institutes für Europäische Politik, S. 483-497, Bonn.

Handelsblatt [31.07.1996]; „Euro kommt 1999".

– [30.08.1996]; Franc-Schwäche stört Euro-Optimismus kaum

– [31.10.1996]: Euro-Optimismus nimmt weiter zu.

– [29.11.1996]; Italien gilt nicht als reif für die erste Runde.

– [20.12.1996]; Dublin hat die Chancen auf pünktlichen Start erhöht.

– [31.01.1997]: Der Glaube an den Euro wächst.

– [25.02.1997]; Waigels Finanznot und Kohls bröckelnde Machtstellung nähren Zweifel.

– [27.03.1997]; Deutsche Haushaltsprobleme dämpfen weiterhin den Euro-Optimismus.

– [30.04.1997]; Wahl in Frankreich dürfte Euro nicht aufhalten.

– [30.05.1997]; Chancen für die große EWU gestiegen.

– [31.07.1997]; Frankreichs Haushaltskurs hellt Eurostimmung auf.

– [01.09.1997]; Der Euro ist so stark wie sein mächtigster Fan.

– [01.10.1997]; EWWU-Barometer springt auf 84 Prozent.

Hansmann, M. [April 1997]; Commerzbank-Rentenindex – Umstellung auf ein neues Indexportfolio, herausgegeben von der Commerzbank (Investment Research), Frankfurt.

Hatzius, J. [17. September 1997]; Der deutsche Rentenmarkt im Bann der Währungsunion, in: RTRS-Reuters-Forum.

Heinemann, F. [Oktober 1992]; Maastricht und die ECU-Anleihemärkte – ein Beispiel politikverursachter Volatilität, in: ZEW Newsletters, S. 8-11, Mannheim.

– [März 1996]; Währungsunion und deutsche Kapitalmarktzinsen, in: Discussion Paper No. 95-05, herausgegeben vom Zentrum für Europäische Wirtschaftsforschung, Mannheim.

Henri, W. [1989]; Fundamentalanalyse der Zinsentwicklung, in: Methoden und Instrumente der Zins- und Wechselkursentwicklung, herausgegeben vom Verband öffentlicher Banken, Berichte und Analysen, Band 9, Bonn, 7-23.

Holden, K./Thompson, J. L. [1996]; Forecasting interest rates from financial futures markets, in: Applied Financial Economics, Nr. 6, S. 4449-461.

Holschuh, K. [1996]; Der neue deutsche Geldmarkt – Rund um LIBOR und FIBOR, herausgegeben von der Commerzbank, Frankfurt.

Holschuh, K./Soika, T. [1989]; Kann der Zinsverlauf geschätzt werden?, in: Der langfristige Kredit, 3/89, S. 43-46.

Horne, J. von [August 1963]; Interest-rate risk and the term structure of interest rates, in: Journal of Political Economy, S. 344-351.

Hott, C./Kuhn, M. [09.07.96]; Kauf von Fremdwährungsanleihen endet oft mit Enttäuschung, in: Handelsblatt.

Husted, S./Melvin, M. [1993]; International Economics, New York.

Independent Strategy [24.02.97]; From the heavy hitters to bench warmers, Emu hopefuls view for a league of their own; in: Wall Street Journal.

Investment Research [1995]; Zins, Rendite und Duration, herausgegeben von der Commerzbank, Frankfurt.

– [Januar/Februar 1995]; Rentenmarkt Deutschland, internes Arbeitspapier, Frankfurt. S. 12-14.

– [Januar 1997]: Euro-Rentenmarkt Countdown: T minus 24 Monate, herausgegeben von der Commerzbank, Frankfurt.

– [März 1997]: Euro-Rentenmarkt Countdown: T minus 22 Monate, herausgegeben von der Commerzbank, Frankfurt.

– [Mai/Juni 1997]: Euro-Rentenmarkt Countdown: T minus 20 Monate, herausgegeben von der Commerzbank, Frankfurt.

– [Juli/August 1997]; Euro-Rentenmarkt Countdown: T minus 18 Monate, herausgegeben von der Commerzbank, Frankfurt.

– [September/Oktober]; Euro-Rentenmarkt Countdown: T minus 16 Monate, herausgegeben von der Commerzbank, Frankfurt.

– [November/Dezember]; Euro-Rentenmarkt Countdown: T minus 14 Monate, herausgegeben von der Commerzbank, Frankfurt.

Issing, O. [1993]; Einführung in die Geldtheorie, München.

Jaenicke J./Broll, U. [1996]; Zinsparität – Erste Ergebnisse für die Zeit nach der deutschen Vereinigung, in: Konjunkturpolitik, 42. Jahrgang, Heft 1, 23-38.

Jones, F./Wolkowitz B. [1987]; The determinants of interest rates on fixed income securities, in: The handbook of fixed income securities, herausgegeben von Frank J. Fabozzi und Irving M. Pollack, S. 121-170, Illinois.

J. P. Morgan [Juli 1995]; Emu: A valuation framework, London.

– [Oktober 1996]; The EMU-Calculator, in: Foreign Exchange Research, herausgegeben von J.P. Morgan, London.

– [Januar 1997]; The EMU-Calculator handbook, in: Foreign Exchange Research: Technical series, herausgegeben von J.P. Morgan, London.

Juchems, A. [1997]; Kapitalmarktzinsen: Ökonometrische Schätzung und Prognose, in: Ifo Schnelldienst, 24/97.

Juchems, A. [November 1998]; Ifo-Institut München, mündliche Mitteilung.

Kapner, K. R./Marshall J. F. [1992]; The swaps handbook – Swaps and related risk management instruments, New York.

Kavaller, I. G./Marshall, J. F. [Mai/Juni 1996]; Deriving zero-coupon rates: alternatives to orthodoxy, in: Financial Analysts Journal, S. 51-56.

Klanten, T. [1996]; Europäische Kommission: Rechtsrahmen für die Verwendung des Euro, in: ZBB Nr. 3/96, S. 258-261.

Kommission der Europäischen Gemeinschaften [September 1991]; Der ECU und seine Rolle in der Übergangsphase zur Währungsunion, in: Europäische Wirtschaft, S. 127-158, Brüssel.

Kopprasch, R./Macfarlane, J./Ross, D. R./Showers, J. [1987]; The interest rate swap market: yield mathematics, terminology, and conventions, in: The handbook of fixed income securities, herausgegeben von Frank J. Fabozzi und Irving M. Pollack, S. 1259-1287, Illinois.

Landgraf, R. [29.07.1996]; „Jumbos" sollen Attraktivität erhöhen, in: Handelsblatt.

Lehment, Harmen [1996]; Wie sollen die Wechselkurse in der Europäischen Währungsunion festgelegt werden?, in: Die Weltwirtschaft, S. 61-69, Tübingen.

LGT-Lichtenstein [Oktober 1996]; Europäische Währungsunion: Szenarien zur Entwicklung an den Rentenmärkten, Frankfurt.

– [1997]; Risk & Reward, 2. Quartal 1997, Frankfurt, S. 25-32.

Loistl, O. [1991]; Computergestütztes Wertpapiermanagement, München.

Lønning, I. M. [1994]; Default premia on european government debt, (unveröffentlichtes?) Discussion-Paper.

Lutz, A./Niehans, J. [1980]; Faktorpreisbildung II, Zinstheorie, in: Handwörterbuch der Wirtschaftswissenschaften, Bd. 2, Stuttgart, S. 530-548.

Maddala, G. S. [1992]; Introduction to Econometrics, New York.

Mazzaferro, F. [Mai 1994]; The ECU revisited, in: De Pecunia, Volume VI, No. 1.

McCallum, B. T. [Mai 1992]; Determinacy of the exchange value of the private ECU, in: Carnegie-Mellon University, Pennsylvania.

Meiselmann, David [1962]; The term structure of interest rates, New York.

Meister, E. [03.06.1997]; Vortrag im Rahmen der gemeinsamen Konferenz der Landtags-Präsidentinnen und Landtagspräsidenten der Bundesländer der Bundesrepublik Deutschland, der Republik Österreich und von Südtirol, in: Rededokumente der Deutschen Bundesbank, Frankfurt.

Merrill Lynch [November 1996]; The outlook for intra european spreads after EMU: assessing sovereign credit risk within a monetary union, London.

MMS International [Januar 1997]; Q1 Bond and Currency Outlook 1997, London.

Moody's Investors Service [Februar 1997]; Credit risk implications of EMU for European Sovereign Credits – special comment, Report Number 22190.

Morgan Stanley [April 1996]; European Perspectives: Special EMU Issue, herausgegeben vom Investment Research U.K: and Europe.

Nelson, C. R./Siegel, A. F. [1987]; Parsimonious modeling of yield curves, in: Journal of Business, No. 60, S. 473-489.

Neumann, M. J. M. [1993]; Sicherung der Geldwertstabilität auf dem Weg zur und in die Währungsunion, Schrift für die Tagung des Walter Euken Institutes „EG 2000 – Perspektive wohin?", hier: Ausdruck für die interne Berichterstattung der Commerzbank Frankfurt.

Norfield, A. [Juni 1992]; Forward Rate Agreements, in: Dictionary of Derivatives, herausgegeben von Euro-Money, S. 25-27.

Obstfeld, M. [Oktober 1992]; Discussion, in: Alesina, A./Broeck/de M./Prati, A./Tabellini, G. [Oktober 1992]; Default risk on government debt in OECD countries, in: Economic Policy, S. 427-451.

Oppenheim Finanzanalyse [Februar 1996]; Keine Angst vorm Euro – Kapitalmarktimplikationen der Europäischen Währungsunion, Köln.

– [Oktober 1996]; The euro and the capital markets – seven essential questions and answers for investors, Köln.

Paribas [Februar 1997]; EMU-Countdown, London.

Pindyck R. S./Rubinfeld D. L [1991]; Econometric models & economic forecast, New York.

Pfister, J. [Dezember 1993]; Ist das Europäische Währungssystem am Ende?, in: Zeitschrift für internationale Politik, Heft Nr. 24, 711-717, Bonn

Salomon Brothers [Februar 1996]; Converting the ECU 1:1 to the Euro – 20 common questions; and Appendix, in: Economic and Market Analysis, London.

– [August 1996]; How big is the world Bond Market, in: International bond market analysis, London.

Sargent, T. J./Wallace, N. [1981]; Some unpleasant monetarist arithmetic, in: FRB Minneapolis Quarterly Review, No. 5, wieder abgedruckt in: Rational expectations and inflation, herausgegeben von Sargent, T. J., New York, S. 158-190

Schich, S., T. [Oktober 1996]; Alternative specifications of the German term structure and its information content regarding inflation, in: Discussion paper 8/96, Economic Research Group, herausgegeben von der Deutschen Bundesbank, Frankfurt.

Schlesinger, H./Weber, M./Ziebarth, G. [1993]; Staatsverschuldung – ohne Ende?, Darmstadt.

Schober, J. [1989]; Zinsprognose mit Hilfe eines ökonometrischen Modells, in: Methoden und Instrumente der Zins- und Wechselkursentwicklung, herausgegeben vom Verband öffentlicher Banken, Berichte und Analysen, Band 9, Bonn, 24-36.

Schweizerische Bankgesellschaft [Juli 1996]; Europäische Währungsunion ante portas – Update Juli 1996, in: Basic Report.

Smith, C. W./Smithson, C. W./Wilford D. S. [1990]; Managing financial risk, New York.

Söderlind, P./Svensson L.E.O. [1997]; New techniques to extract market expectations from financial instruments, in: CEPR discussion paper, No. 1556.

Stehle, R. [Oktober 1995]; Das Zinsparitätengesetz, in: WiSt, Heft 10, S. 521-524.

– [Oktober 1995A]; Empirische Untersuchungen zum Zinsparitätengesetz, in: WiSt, Heft 10, S. 517-520.

Steiner, M./Bruns, Christoph [1996]; Wertpapiermanagement, Stuttgart.
Steinherr, A. [1994]; ECU interest and exchange rates: the key role of EMU, in: 30 years of European Monetary Integration from Werner Plan to EMU, herausgegeben von Alfred Steinherr, S. 243-251, London.
Steuer, H. [24.10.1996]; Dänemark wird 1999 nicht dabei sein, in: Handelsblatt.
Svensson, L.E.O. [September 1994]; Estimating and interpreting forward interest rates: Sweden 1992 - 1994, in: IMF Working paper, No. 114.
Temperton, P./Radaelli, G./Tyley B. [1993]; The European Currency Unit, in: The European Bond Markets, herausgegeben von Stuart K. McLean, S. 68-113, Cambridge.
Tuckman, B. [1995]; Fixed income securities – Tools for today's markets, New York.
Vereinsbank [Juli 1996]; Europäische Währungsunion: Szenario Kern-WWU 1999 weiter bestätigt, in: Fokus Europa, Nr. 3, München.
– [April 1997]; Der Euro und die Kapitalmäkte – von der Provinzliga in die Weltliga, München.
Verordnung (EWG) Nr. 1971/89 des Rates vom 19. Juni 1989; Zur Änderung von Artikel 1 der Verordnung (EWG) Nr. 3180/78 zur Änderung des Wertes der vom Europäischen Fonds für währungspolitische Zusammenarbeit verwendeten Rechnungseinheit, aus: Europäische Wirtschaft, Der ECU und seine Rolle in der Übergangsphase zur Währungsunion, S. 155, Brüssel.
Verordnung (EWG) Nr. 2662/84 des Rates vom 15. September 1984; Zur Änderung von Artikel 1 der Verordnung (EWG) Nr. 3180/78 zur Änderung des Wertes der vom Europäischen Fonds für währungspolitische Zusammenarbeit verwendeten Rechnungseinheit, aus: Europäische Wirtschaft, Der ECU und seine Rolle in der Übergangsphase zur Währungsunion, S. 154, Brüssel.
Verordnung (EWG) Nr. 3180/78 des Rates vom 18. Dezember 1978; Zur Änderung des Wertes der vom Europäischen Fonds für währungspolitische Zusammenarbeit verwendeten Rechnungseinheit, aus: Europäische Wirtschaft, Der ECU und seine Rolle in der Übergangsphase zur Währungsunion, S. 153, Brüssel.
Vertrag über die Europäische Union [1992]; in: Beck-Texte im dtv, Europäischer Unionsvertrag, Berlin, S. 1-17.
Vertrag zur Gründung der Europäischen Gemeinschaft (1957) in der Fassung des Vertrages über die Europäische Union vom 07.02.1992 [1992]; in: Beck-Texte im dtv, Europäischer Unionsvertrag, Berlin, S. 1-17.

Wall Street Journal [24.02.97]; From the heavy hitters to bench warmers, EMU hopefuls vie for a league of their own.

Walz, H./Weber, T. [März 1989]; Der Zinsstrukturkurveneffekt, in: WiSt Heft Nr. 3, S. 133-137.

Weidmann [Juli 1996]; The likelihood of European Monetary Union, in: Projektbereich B, Diskussion Paper No B-382, herausgegeben von der Rheinischen Friedrich-Wilhelms-Universität Bonn. Zusätzlich erschienen in: BNL, Quarterly Review, No. 199, Dezember 1996.

Willms, M. [1992]; Internationale Währungspolitik, München.

Yawitz, J. B./Maloney K. J./Ederington, L. H. [September 1985]; Taxes, default risk and yield spreads, in: The Journal of Finance, S. 1127-1140.

ZEW (Zentrum für Europäische Wirtschaftsforschung) [März 1996]; ZEW Finanzreport, Sonderausgabe Währungsunion, Mannheim.

– [März 1997]; ZEW Finanzreport, Sonderausgabe Währungsunion, Mannheim.

Peter Lang · Europäischer Verlag der Wissenschaften

Michael Steiner (Hrsg.)

Wirtschaftspolitische Beratung heute

Mit Beiträgen von Wolfgang Franz, Helmut Kramer, Herbert Paierl, Gerhard Rosegger, Kurt Rothschild, Michael Steiner, Erich Streißler, Gunther Tichy

Frankfurt/M., Berlin, Bern, New York, Paris, Wien, 1998. 83 S.
ISBN 3-631-32969-5 · br. DM 28.–*

Wirtschaftspolitische Beratung bewegt sich seit jeher im Spannungsfeld vielfältiger Interessen, oft widersprüchlicher ökonomischer Erkenntnisse und unterschiedlicher Verantwortungsbereiche der Beratenen und Beratenden. Angesichts der Debatten um Globalisierung und Internationalisierung, des Konfliktes von Staatsinterventionismus versus Neoliberalismus sowie der Situation auf dem Arbeitsmarkt bleibt sie auch heute eine heikle Aufgabe. Die Beiträge dieses Bandes – von international renommierten Wirtschaftsforschern verfaßt – geben einen Einblick in die Schwierigkeiten der wirtschaftspolitischen Beratung; sie zeigen aber auch, daß man alten und neuen Problemen nicht hilflos ausgeliefert ist und ökonomischer common sense korrigierend einzugreifen vermag.

Aus dem Inhalt: Wider das Technokratentum in der Ökonomie · Wirtschaftliche Beratung als selbstreflexive Aufklärung · Beratung als kontinuierlicher Diskurs · Beratung als diktatorisches Unterfangen · Über die Liebe zwischen Politikern und Beratern und andere kontroverse Fragen der Politikberatung · Gegen wirtschaftliche und denkerische Krisen

Frankfurt/M · Berlin · Bern · New York · Paris · Wien
Auslieferung: Verlag Peter Lang AG
Jupiterstr. 15, CH-3000 Bern 15
Telefax (004131) 9402131
*inklusive Mehrwertsteuer
Preisänderungen vorbehalten

FSC
www.fsc.org
MIX
Papier | Fördert
gute Waldnutzung
FSC® C083411

Kolibri 360 GmbH
Ferdinand-Jühlke-Straße 7
99095 Erfurt, Deutschland
produktsicherheit@kolibri360.de

Druck:
CPI Druckdienstleistungen GmbH
im Auftrag der
Kolibri 360 GmbH
Ferdinand-Jühlke-Str. 7
99095 Erfurt